취업
공부를 **멈춰야**
성공한다

신정수 지음

가림출판사

책머리에

　자녀의 성공적인 삶을 위해서는 부모의 변화와 혁신이 필요하다고 생각하여 이 책을 쓰게 되었습니다.

　오늘날의 취업시장은 30년 전 부모님들이 취업했던 시장과는 많은 부분이 다릅니다.

　여전히 70~80년대의 방식으로 자녀를 지도하기 때문에 예상치도 못한 실패를 거듭하고 있는 것은 아닐까요?

　대학교수들조차도 모두 같은 방식으로 학생들을 지도하기 때문에 낙타가 바늘구멍을 통과하는 것만큼 취업은 더욱더 힘들어지고 아이들은 점점 자신감을 잃어가고 더 많이 아파하고 있습니다.

　처음부터 많은 것들이 잘못되었기 때문입니다.

　공부 열심히 해서, 좋은 성적 받아서, 명문대학만 들어가면 모든 것이 잘 될 거라 생각했기 때문입니다.

　자녀들의 적성이나 잠재력은 전혀 고려하지 않은 채로, 오직 대학교 이름만 보고 진학시키려는 기성세대의 잘못된 사고방식과 욕심이 아이들을 더 힘들게 만들고 있습니다.

　성적순에 의해 선택한 학과 공부가 무슨 의미가 있겠습니까? 싫어도 졸업하기 위해서 학과공부를 붙잡고 있어야 하고, 전공과는 전혀 다른 뭔가를 선택해서 해보려니 두렵기만 하고, 취업하려면 높은 학점이 있어야 하고, 토익점수가 높아야 한다는 말만 듣고 학교, 도서관, 영어학원을 다람쥐 쳇바퀴 돌듯 뱅글뱅글 돌면서 대학시절을 보냅니다.

객관적으로 생각해 봅시다

우리 아이가 정말 공부를 잘하나요?

공부하기를 즐기고 좋아 했나요?

일류대학에 입학했나요?

적성이나 잠재력을 고려했거나, 하고 싶은 일에 맞춰서 학과를 선택했나요?

대학을 다니면서도 계속 고등학교 때처럼 공부만을 강요하지는 않았나요?

공부만 열심히 하면 일류대학 학생을 이길 수 있다고 생각하시나요?

일류대학을 졸업한 학생들 모두가 원하는 대기업에 취업하고 성공한다고 생각하시나요?

당신이 만약 사장이라면?

당신 자녀를 채용하시겠습니까?

대한민국 부모들 대부분은 획일적인 생각을 하고 있습니다.

일류대학에 진학하고, 이름만 대면 알만한 기업에 취업하면 모든 것이 잘 될 거라고 생각합니다.

평생직장은 사라졌습니다.

30대 후반이 정년이라고들 합니다. 이제는 직장이 아닌 직업을 가지고 살아가야 합니다.

시대가 바뀌고 세상이 변하는 속도에 편승해야 하고, 속도보다 더 중요한 방향에 집중해야 하고, 직장보다는 직업을 가지고 살아갈 수 있도록 지도해야 합니다.

부모 욕심으로 자녀를 키우지 말아야 합니다.

필자는 대학에서 취업전담교수로 12년째 학생들 진로 및 취업지도를 하고 있습니다.

필자가 만났던 학생들 대부분이 졸업반이 될 때까지 진로나 취업에 대해서 매일 고민은 하고 있지만 명쾌한 해답을 가지고 있는 학생은 많지 않았습니다.

- 학교레벨이 취업하는데 걸림돌이 될 거란 생각
- 전공을 살려야 하는지, 살리지 않을 경우 어떻게 하면 되는지에 대한 고민
- 학점이 낮거나 영어성적이 낮다고 해서 취업에 대한 자신감 상실
- 부모들이 원하고 있는 기업에 입사하고 싶지만 스펙이 턱없이 부족하거나 기업이 원하는 자격요건을 갖추지 못한 상태에서의 좌절감
- 연봉이 높거나 이름만 대면 알만한 기업에 무조건 입사서류를 제출하고 거듭 실패를 맛보는 안타까움
- 지원하는 직무에 대한 경험을 해보지 못했고 전혀 아는 바가 없는 상태로 마구잡이식 지원
- 성실하게 학교생활을 했고, 성적도 높고, 영어성적도 중간레벨로, 30개 이상 기업에 서류를 제출했지만, 단 한번도 1차 서류심사를 통과해보지 못한 아픈 경험
- 취업만큼은 in seoul 해야 된다는 벽창호 같은 인재
- 졸업 전에 취업하고 싶은데 그 와중에도 눈높이를 낮추지 못하는 사람

취업이 왜 안 될까요?

실력이 없어서 취업이 안 된다면 이해라도 하겠지만, 높은 스펙을 갖췄는데도 취업을 못하고 있습니다.

무엇이 문제일까요?

탈락하는 원인이 무엇인지 알지 못하고, 불안한 마음으로 오늘 아침에도 부모님 눈을 피해 서둘러 집을 빠져 나가지는 않았는지요?

점점 자신감을 잃어가고, 친구나 아는 사람 만나는 것을 피하게 되고, 특히 엄마, 아빠 볼 낯이 없어 소심해지고 있습니다.

이럴 때일수록 아이들에게 힘과 용기를 주셔야 합니다. 자신감을 잃어버리면 모든 것을 잃어버릴 수 있기 때문입니다.

세상의 변화와 기업의 갈증을 알아야 성공할 수 있습니다.

취업하는데 무슨 세상의 변화까지 들먹이냐고 하실지 모르지만, 30년 전의 한국은 전통적인 방식의 환경에도 불구하고 경제성장 1%에 5~6만 개 일자리가 만들어졌습니다. 당시는 6%대 경제성장을 했고 대학을 졸업하는 30만 명에게 30만 개의 일자리가 있었기 때문에 취업이란 문제가 심각하지 않았습니다.

그러나 컴퓨터가 보급되면서, 디지털 시대가 도래되면서, 경제성장 1%에 1.5~2만 개 정도 일자리가 만들어지며 급속하게 일자리가 줄어들었습니다. 요즘은 3~4%대 성장을 합니다. 대학을 졸업하는 사람은 47만 명에 육박하지만 일자리는 겨우 8만 개 정도 된다는 결론이 나옵니다.

따라서 오늘보다 더 좋은 취업 환경은 앞으로 없을 것입니다.

30년 전에 취업하던 방법과 요즘 취업하려는 방법이 똑같습니다.

취업환경이 어렵다지만 취업하는 사람이 있습니다.

이런 사람들은 나름 취업을 위한 특별한 처방을 가지고 있을까요?

이 책을 다 읽고 난 후에는 처방책을 발견하고 활용하면 성공할 수 있다는 확신이 생길 것입니다.

12년 동안 진로 및 취업에 대해 고민하는 학생들과 시간을 보냈습니다. 그러다보니 학생들의 표정, 스펙만 들어도 진로와 취업에 대해 카운슬링을 할 수 있게 되었습니다.

취업을 못하고 있는 학생들에게 가장 큰 문제가 뭐였을까요?

학생들은 모두 SKY 학생들(서울대, 연세대, 고려대)을 닮아가고 있었습니다. SKY 학생들처럼 전공 공부도 열심히 해서 높은 학점을 받고, 토익점수도 만점 받고 싶어 합니다. 토익점수 만점만 받으면 취업은 따놓은 당상이라고 생각하고 있습니다. 토익점수 만점자가 기업에 정말 필요할까요?

해외연수가 필수라는 소문에 너 나 할 것 없이 모두 해외로 어학연수를 떠납니다. 특별한 계획이나 목적 없이 그냥 떠납니다. 모든 학생들이 취업을 위해 준비하는 것들이 다 똑같습니다. SKY 학생이나 일반대학교 학생들이 모두 같은 준비를 하고 있습니다.

같은 방식으로 취업을 준비한다면 누가 더 유리할까요? 일반대학교 학생이 열심히 해서 일류대학교 학생을 따라잡지 못한다는 것이 아닙니다. 승률이 낮다는 말을 하고 싶은 겁니다.

승률을 높이려면 어떻게 해야 할까요?

결론은 간단합니다.

준비 방식이 달라야 합니다.

SKY 학생들처럼 공부 잘하고 토익점수를 높이길 원하지만 스펙으로 경쟁하려는 어리석음을 반복하지 마세요. 스펙(학점, 토익점수)은 지원하는 회사가 정한 커트라인을 통과하면 됩니다.

당락을 결정짓는 것 중에 하나가 경험(업무를 수행할 수 있는 역량)입니다.

저희가 취업할 때는 IN PUT을 봤습니다.

그것은 지적 잠재력이었습니다.

SKY를 졸업했다면 뭐든 잘할 것으로 믿었습니다.

그러나 IMF를 겪으면서 많이 달라졌습니다.

요즘은 OUT PUT을 봅니다.

학교 다니면서 뭘 했느냐가 중요합니다.

결국 성과중심으로 이동하고 있습니다.

학과 공부 이외에 사회활동이나 경험한 사실을 더 중요시 여깁니다. 따라서 학교 밖에서 다양한 경험을 하는 것은 스펙을 쌓는 일보다 더 중요한 일이 되었습니다.

그 다음 문제는 모두 이름만 들으면 알만한 기업으로 취업하고 싶어 한다는 것입니다.

자녀들이 알고 있는 직업은 몇 가지나 될까요?

종이에 생각나는 것들을 적어보라고 하세요.

몇 가지나 적었나요?

30개, 아니면 50개, 그 이상…….

정말 몇 개 되지 않는 직업을 놓고 전국에 취업예비생들이 경쟁을 벌이고 있습니다. 그래서 많은 사람들이 실패하고 좌절하고 포기하는 것입니다. 더 많은 직업 중에서 찾아야 됩니다.

또 하나 생각해 보겠습니다.

취업을 하려고 회사에 들어가려고만 생각했지 어떤 일을 하면서 살아야겠다는 생각은 해봤을까요?

이름만 대면 알만한 회사!

돈 많이 주는 회사!

이것이 최악의 함정입니다.

이것은 사람들의 눈과 귀를 멀게 하고 우리 아이들을 힘들게 만드는 원인이기도 합니다. 부모들 모두가 이 병에 걸려 있다고 해도 과언이 아닙니다.

'대기업, 명문, 명품만을 지향하는 병입니다.'

이 병은 부모들이 더 심각한지도 모르겠습니다.

고치려면 많은 시간이 흘러야겠지요.

자식들이 더 많이 고통 받고 아파해야 포기하거나 버릴지도 모르겠습니다.

공부하던 것들을 잠시 멈추고 잘하고 좋아하는 것들을 생각해 봅시다. 늦었더라도 지금부터 잘하고 좋아하는 것을 찾아서 경험을 해봐야 취업의 길이 보입니다.

지금부터 남에게 보여주기 위해 자식들을 다그치지 마세요.

우리 아이들이 정말 행복해질 수 있는 선택을 하게 하세요.

명문, 명품이 아니더라도 즐겁고 재미있고 행복하게 할 수 있는 일이 있습니다. 다시 태어나도 또 하고 싶은 일을 선택할 수 있도록 지도하셔야 합니다.

그것이 직업이 되어야 합니다.

부모 욕심을 채우고 주변 사람들에게 보여주기 위해 명품 직장을 계속 강요한다면 우리 아이들은 더 힘들어 할 수 있습니다. 남의 눈을 의식하지 말고 우리 아이들이 행복해지는 길을 선택하세요. 어떤 기업이 아니라 어떤 일을 하면서 사느냐가 더 중요합니다.

우리 아이들이 즐겁고 행복해지려면 싸움의 방식을 바꿔야 합니다. 학점이나 토익점수로 싸우지 마세요. 스펙이 나보다 높은 학생들이 너무 많습니다.

다양한 경험을 하게 하세요.

지금까지는 오직 열심히 공부만 했습니다. 그래서 세상이 어떻게 바뀌고 있는지도 모르고 기업이 어떻게 달라져왔는지, 어떤 인재를 채용하는지 모르고 부모가 좋아하니 공부를 열심히 했을 뿐입니다. 그렇다고 성적이 좋았던 것도 아닙니다.

그러면서 우리 아이들은 이런 기도를 합니다.

'바라건데 취업에 성공한 선배처럼 더도 덜도 말고 졸업 전에 적당한 기업에 취업만 할 수 있으면 좋겠습니다.'

사오정! 퇴출! 명퇴! 오류도! 등 많은 단어들이 유행어처럼 번지고 있습니다.

하지만 그 단어들의 중심에 있는 명품 직장을 들어가지 못해서 안달합니다. 아직도 사람들은 깨우치지 못한 것 같습니다. 미련스럽게 똑같은 생각과 방법만을 고수하며 반복하고 있습니다.

미래는 온전히 홀로서서 우리 아이들이 살아가야 합니다.

아빠, 엄마가 지도하던 취업방법은 모두 옛날 방식입니다.

30년 전 취업 방법을 강요하지 마세요.

이 글을 읽는 동안 옛날 생각들을 다 비웠으면 좋겠습니다.

그리고 새로운 방식으로 아이들과 이야기할 준비를 하세요.

중·고등학교 진학을 어떻게 하는지, 대학과 학과를 어떻게 찾아가야 하는지, 대학생활을 하면서 무엇을 준비해야 하는지, 취업에 필요한 역량과 가치가 무엇이며, 1초 만에 결정되는 자기소개서를 어떻게 작성해야 하는지, 함께 일할 사람을 선택하는 면접을 위해 어떤 준비를 해야 하는지…….

자녀들의 강점을 발견하고, 강점을 더 강화시키는 생각을 계속하세요. 강점에 지식과 기술을 어떻게 융합시켜서 혁신적 발상을 할지 고민하세요.

학교 레벨과 스펙보다 더 중요한 것이 무엇인지도 찾으시고 기업이 원하는 역량과 가치를 만드는데 집중하기 바랍니다.

우리 아이들의 풍요로운 삶과 행복을 위해서 잠시 모든 것들을 내려놓고 여기에 집중하면 좋겠습니다.

이 한 권의 책을 통해서 부모들이 우려하고 걱정하는 많은 문제들에 대해 명쾌하고 선명한 해결책을 얻기를 바라며, 자녀들의 진로와 취업에 관해서도 수준 높은 카운슬러의 기량을 갖추시길 소망합니다.

아름다운 시골마을 퇴촌 연구실에서……

신정수 샘

Contents

17

부모들의 오류와
자녀들의 생각

◆ ◇ ◆

월급쟁이로

아침에 남들처럼 출근하고

저녁에 집 앞 포장마차에서 소주 한 잔 기울이며

주절주절 회사 이야기 하고

어머니 좋아하시는 통닭 한 마리 사들고 퇴근하고 싶은데

참 그것도 어렵네요.

—K대학교 졸업생 김재경

◆ ◇ ◆

안녕하세요 교수님

출근한 지 3개월 돼가는데요.

일에 대한 흥미도 없고

매일 똑같은 일의 반복이고

퇴근도 윗분들 눈치 보느라 제때 하지 못하고

주변에 아는 친구나 선배들에게 물어봐도

'사는 게 다 그런 거야'라며 그냥 계속 회사를 다니라고 합니다.

월요일이라 더 복잡한 전철을 타고 출근을 하고 있지만

제가 발을 돌려서 교수님을 찾아가면

교수님처럼 잘하고 좋아하는 일을 찾아주실 수 있을까요?

—K대학교 졸업생 조혜란

1장 부모들이 자녀에게 어떤 생각

◆ ◇ ◆

제가 일본어를 좋아해서 일본어 학과에 들어온 것이 아닙니다.

성적순에 의해 일본어 학과를 선택한 것입니다.

3학년이 지나고 있는데도 불구하고 일본어를 잘하는 것도 아니고, 전공을 살려서 취업하기도 어려울 것 같습니다.

뭘 잘하는지 좋아하는지도 모르겠고, 그렇다고 공부를 잘해서 학점이 높은 것도 아니어서 마음은 불안하여 남들 다니는 토익학원에 들락거리고는 있지만 점수가 500점대라서 어디에 내놓지도 못하는 상태입니다.

남은 대학시간을 어떻게 활용해야 졸업 전에 취업할 수 있을까요?

—D대학교 3학년 신지은

◆ ◇ ◆

저는 공부를 잘하거나 공부하는 것을 좋아하지도 않습니다.

서울에서 어렸을 때부터 비싼 학원을 다니긴 했어도 좋은 성적을 내본 적은 없습니다.

다만 부모님을 안정시키기 위해서 늘 책상에 앉아서 책을 펴놓고 공부하는 척은 했지요. 수능시험에 형편없는 성적을 얻어서 J대학에 입학은 했는데, 엄마는 지금도 공부하란 말과 졸업할 때는 은행이나 공무원 시험 보라고 귀에 딱지가 앉도록 세뇌시키고 있습니다.

전공은 문헌정보학과인데 제가 뭘 하면 좋을까요?

공부를 딱히 잘하는 것도 아니고 그렇다고 공부 말고는 해본 것도 없어서 그저 막막하기만 합니다.

—J대학교 2학년 조민우

◆ ◇ ◆

졸업을 한 학기 남겨두고 있는데 사실 불안합니다.

전공을 살려야 하는지, 전공을 살리지 않는다면 뭘 해야 할지…….

남들처럼 마구잡이식으로 회사를 지원한다고 해서

성공할 것 같지도 않고

부모님은 졸업 전에 취업해야 한다고 늘 말씀하시는데

스트레스만 엄청 받고 있습니다.

편의점에서 아르바이트 6개월 한 경험

레스토랑에서 서빙 한 경험이 있긴 한데…….

―K대학교 4학년 이민기

필자는 대학에서 학생들의 진로 및 취업과 관련된 카운슬러로 12년째 근무하고 있습니다.

필자가 만났던 대부분의 학생들은 꿈과 목표가 명확하지 않았으며 남들이 이름만 대면 알만한 회사로 취업하기만을 간절히 바라고 있었습니다.

반면에 대기업에 어렵게 입사했음에도 몇 달을 못 버티고 퇴사하는 학생들도 많이 봤습니다.

이유는 간단합니다.

진로는 방향입니다.

진로와 취업이 함께 검토·결정되어야 취업 후 일하는 것이 재미있고, 성과도 내게 되고, 주변으로부터 인정받게 되면서 자신의 존재감에 대한 자신감을 갖게 됨으로써 회사라는 집단생활이 즐겁고 재미있다는 생각이 들면서 계속 그 일을 할 수 있게 됩니다.

직장이 평생을 책임져주던 시대는 끝났습니다.

직장을 통해서 직업을 가질 수 있도록 준비해야 합니다.

직업을 갖기 위해서는 진로와 취업을 동시에 검토해서 선택해야 합니다.

내가 가는 길이 맞는 거야?

학생들 대부분은 성적에 맞춰서 학교에 지원합니다.

이런 현상이 일어나는 데에는 부모나 주변 사람들이 부추기는 것 또한 한몫 한다고 생각합니다.

명문대학에 입학해서 좋은 인적네트워크를 갖게 되는 것은 큰 힘이 되기도 하지만 취업할 때에는 명문대학이라는 이유로 절대적인 보탬이 되는 것은 아닙니다.

학생들 대부분은 전공 공부를 열심히 합니다.

4점대라야 어디라도 서류를 넣을 수 있다고 믿고 열심히 학점 따기에 급급해 있습니다.

2013년 1월 29일부터는 역량기반지원서를 작성해 지원하게 되었으며 플랫폼에는 따로 학점을 표기하는 난이 없습니다.

역량기반지원서는 말 그대로 업무를 수행할 수 있는 역량을 말하는 것이며 학점보다도 지원한 직무를 위해 학교를 다니면서 무엇을 준비했느냐를 묻고 있습니다.

역량기반지원서를 쓰기 이전에는 삼성, LG, 현대, SK 등 대기업 학점 커트라인이 3.0이었습니다.

대학에서 배우는 학문이 기업에 그렇게 도움 되지 않기 때문에 적합한 인재를 선발하여 재교육 시킬 준비를 하고 있는 것이 기업의 입장입니다.

적합한 인재를 선발하기 위해 기업은 직무적성검사를 봅니다.

직무적성검사를 통해 지원자의 인성, 직무수행력, 신뢰도, 잠재력 등을 알 수 있습니다.

학교의 간판이나 성적보다도 가장 우수한 잠재력을 지닌 적합한 인재를 찾아내서 재교육을 시키면 기업이 원하는 인재로 거듭난다고 믿고 있습니다.

제가 경험한 학생들 중에서 높은 학점을 취득한 학생의 경우 중견기업이나 중소기업으로 지원하겠다는 학생은 드물었습니다.

학점이 높으면 좋은 기업에 취업할 수 있을 거라고 선배들이나 교수님들에게 들어왔기 때문입니다.

그러나 대기업에 지원하기 위해서는 높은 학점뿐만 아니라 영어성적(토익, OPIC, 스피킹레벨)도 필요합니다.

문제는 높은 학점을 취득했고, 영어성적도 우수한 학생의 경우입니다. 스펙(학점, 영어성적)이 우수하다고 해서 대기업에 입사할 수 있는 것은 아닙니다만 학생들은 일단 스펙이 우수하면 중견기업이나 중소기업으로 지원 자체를 하지 않습니다.

반면에 누구나 알만한 기업의 채용공고가 뜨면 무조건 지원하고 봅니다.

좋은 학교를 졸업하고 영어를 잘하는 인재는 이제 너무 많습니다.

기업은 신입사원 한 사람이 회사에 돈을 벌어 줄 거라고 생각하지는 않습니다. 다만 기존의 조직에 잘 적응하고, 사람들과 소통할 줄 알고, 성실하게 생활할 수 있는 기본기를 갖춘 인재면 충분합니다.

- 높은 학점을 취득하려고 시간을 허비하지 마세요.
- 직무적성검사를 통해서 본인의 잠재력을 확인하세요.
- 잠재력을 확인한 후 가장 적합한 직무를 선택하세요.
- 선택한 직무에 필요한 경험을 학교 밖에서 하세요.

높은 학점을 취득하려고 교과서에 매달리는 학생은 백수로 지내게 될지 모릅니다.

취업하려면 학교 밖으로 나가서 자신이 지원할 직무와 연관성 있는 경험을 해봐야 합니다.

공부 말고 내가 해본 것은 무엇인가

부모님들의 대학시절과 비교한다면 세상이 여러 번 바뀌었고 취업 환경도 완전히 바뀌었는데도 불구하고 부모님들은 옛날 공부하던 생각만 하고 계속 공부만 하라고 합니다.

이제 그 공부를 멈춰야 합니다.

공부는 공부를 할 줄 아는 사람이 해서 새로운 것을 연구하고 만들어 가는 것이고, 공부에 자신이 없는 사람은 공부하기를 멈춰야 성공합니다.

명문대학도 아닌 일반대학에 진학해서 계속 공부만 한다면 명문대학에 입학한 학생을 어떻게 따라잡겠습니까?

공부 말고 다른 것으로 이길 준비를 시켜야 합니다.

공부 외에 해본 것이 없습니다.

부모님들은 공부 외에는 '하지마'로 일관해 왔습니다.

그래서 대학 4학년이 되어서야 비로소 깨우칩니다.

'내세울 것이 하나도 없다.'

학생들 대부분은

내가 뭘 잘하고, 뭘 좋아하고, 무엇이 되고 싶은지를 전혀 모릅니다.

이것이 가장 큰 문제입니다.

이제는 지식평준화 사회입니다. 스마트폰으로 상사가 묻는 내용을 빨리 찾아내는 인재가 유능한 인재입니다.

스마트폰이 없던 시절에는 모든 지식을 머리에 담고 있는 사람이 유능한 인재라 했습니다.

이제는 정보화 시대입니다.

필요한 것은 언제 어디서나, 무엇이든 검색할 수 있는 시대입니다.

공부 잘하는 것보다 더 중요한 것은

무엇을 할 때 즐겁고 행복한가를 발견하는 것입니다.

대기업이 아니면 어떻습니까?

공사나 공무원이 아니면 어떻습니까?

돈 많이 주는 기업이 아니면 어떻습니까?

부모님들 세대에 많은 것을 보시지 않았나요?

명퇴, 황퇴, 조퇴, 사오정…….

명문대학을 졸업하고 대기업에 근무하던 인재가 45세에 정년퇴직 당했던 시대가 우리 부모들 세대입니다.

요즘은 삼십대 후반이 정년퇴직을 하는 시대가 되었습니다.

이십대 중후반에 취업해서 삼십대 후반에 퇴출당하는 기업을 못 들어가서 왜 안달을 하는지 도무지 이해가 되지 않습니다.

퇴출 이후에 재취업은 더 힘듭니다.

아날로그 시대가 아닌 디지털 시대라서 속도를 따라잡지 못하기 때문에 다른 일을 찾아봐야 합니다.

그때는 더 힘든 시련을 겪게 될지 모릅니다.

공부하는 것을 잠시 멈추고
아이들이 하고 싶은 것이 무엇인지 물어보세요.
그리고 흔쾌히 수락해주세요.
새로운 가능성을 찾아 낼 수 있을 겁니다.

배낭여행을 떠나는 것도 좋습니다

낯선 곳으로 가서 뭐라도 경험해 보는 것도 좋습니다.

어떤 일을 하면서 돈을 버는지, 생활 문화는 어떤지, 무엇을 고민하고 있는지, 한국과 다른 것들은 뭐가 있는지, 외국 사람들이 좋아하는 한국의 제품을 배낭에 넣고 외국에 나가서 물건을 팔아

보는 것도 정말 좋은 경험이 될 것 같습니다.

저도 대학시절 한국제품(옷, 화장품, 전자제품)을 좋아하는 동남아 사람들을 보고 힌트를 얻어 이것저것 사서 동남아 여행을 하면서 팔아본 기억이 있습니다.

옷은 이동하기 용이해서 선택했고 홍콩, 대만, 싱가포르에서 가져갔던 120벌의 옷을 다 팔았습니다.

돌아와서 환전해 보니 여행에 든 비용 대비 4배가 넘는 수익을 창출했으며, 그때 얻게 된 용기와 도전을 통한 경험은 제 삶에 '할 수 있다는 자신감'을 갖게 했습니다.

해외여행이 아니라도 됩니다.

동대문 새벽시장을 돌아보면서 1천 가지나 된다는 직업군을 발견해 보는 것도 좋고, 가락시장에서 새벽에 경매하는 경매사를 관찰해 보는 것도 좋습니다.

많은 사람들이 어떤 일들을 하면서 돈을 벌고 살아가는지, 학교라는 울타리 안에서 공부밖에 해본 것이 없는 학생들에게 새롭고 다양한 직업군을 알게 하는 것은 중요한 과정입니다.

인턴이나 아르바이트를 하겠다면 흔쾌히 허락해 주세요

내 자식이 궂은 일을 하면서 힘들어 하는 것을 좋아할 부모님은 없습니다.

그러나 그 생활을 통해서 세상을 배우고 기업을 이해하고 사람과 소통하는 법을 배웁니다.

취업할 때도 성적보다 더 상위에 있는 것이 경험입니다. 현장에서 경험하면서 매출을 향상시킬 수 있는 아이디어를 연구해보고 그런 아이디어를 취업할 때 적어서 제출하면 취업에 성공하는 '0순위'가 됩니다. 이런 아이디어를 기업에서는 '가치'라 말하고, 가치는 취업에 '0순위'로 대접 받습니다.

제가 쓴 ≪취업! 역량과 가치로 디자인하라≫라는 책이 있습니다.

역량이란?

업무를 수행할 수 있는 능력을 말합니다.

현장에서 경험해본 것도 역량 중에 하나이며 기업에서는 높은 학점이나 영어점수보다 더 중요하게 여깁니다.

가치란?

기업이 시장을 선점하거나 돈을 벌 수 있는 아이디어를 말합니다.

글로벌 경쟁에서 승리하고 시장을 선점하기 위해서는 특별한 아이디어가 필요합니다.

취업의 가장 상위에 있는 것이 바로 '가치'입니다.

> ## 우리 아이들이 성공하려면 '역량과 가치'를 지녀야 합니다

학교 밖으로 나가서 사회와 기업을 이해하고 공부한 것들을 현장에 활용해 보기도 하고 돈 버는 것이 얼마나 힘든지도 경험해 봐야 합니다. 공부를 잘하지 못해도 사회에서 성공할 수 있겠다는 '자기확신'도 다져보고 성공하는 사회인으로 살아갈 지혜를 배우는 것이 더 중요합니다.

앞에서 말씀드렸습니다만, 대기업의 커트라인이 3.0인 이유가 여기에 있습니다.

학교에서 배운 지식은 이미 오래전 것입니다.

그래서 저는 이를 화석조각들의 모음이라 말합니다.

대학 교육도 마찬가지로 지식과 지식이 결합된 융복합화 상품이 필요하고 새로운 시대에 걸맞는 디지털화된 시스템을 개발하

는 등의 탁월한 교수법이 필요하다고 생각합니다. 하지만 기존의 방대한 지식을 가르치기에도 턱없이 시간이 부족하다는 이유 때문에 현실적으로 그러한 노력을 기울이시는 분들은 많지 않습니다.

결국 신조어로 만들어지는 것들은 모두 학생들이 풀어낼 과제인 것이지요.

기업은 당장 활용 가능한 인재와 아이디어가 필요합니다.

학교에서 배우는 공부는 기업이 선호하는 '역량과 가치'를 충족시키지 못합니다.

'역량과 가치'는 취업 성공의 핵심 키워드라는 것을 잊지 마세요.

‖ 운동을 배워보겠다면 그것도 허락해 주세요

요즘은 골프로 비즈니스를 합니다.

학생 신분으로 골프를 할 줄 안다는 것은 좋은 평가를 받을 수 있습니다.

남들 다 하고 있는 획일적인 선택보다는 아무나 하지 않는 특별한 가치를 지니는 선택을 하는 것도 좋은 전략입니다.

신입사원이 골프를 할 줄 안다는 것은 상당히 매력적인 경쟁력이 될 수 있습니다.

‖ 어학연수를 떠난다면 말리세요

해외연수가 취업하는 스펙중 하나라고 말들 합니다만 필수요건은 아닙니다.

대한민국의 외국어 교육은 정말 잘못되어 있습니다. 대학 4학년 때까지 영어학원을 다녔어도, 토익성적은 900점이 넘어도 말은 못합니다.

공부하는 방법에 문제가 있기 때문입니다.

많은 학생들이 어릴 때 학원에 의존하면서 공부하는 경우가 많습니다. 학원에 가면 6개월 정도 문법을 가르칩니다. 그리고 나서 6천 단어를 다 외웁니다. 그리고 말을 합니다. 주어, 동사, 목적어를 결합시켜서 문장을 만들어 가면서 말을 하자니 매끄러울 리가 없습니다.

1만 번을 듣게 하세요.

아이가 태어나서 '엄마'란 소리를 20개월 정도에 합니다.

(20개월 × 30일 × 하루 엄마소리 20회 = 12,000번)

엄마란 소리를 1만 2천 번을 듣고서야 비로소 '엄마', '아빠'란 말을 하기 시작합니다.

아이가 말을 시작하면 4~5개월 후에는 단어와 단어를 조합해서 말하기 시작합니다.

'엄마 우유'

'아빠 사랑해'

단어와 단어가 결합되고 아이의 표정과 움직임만 보더라도 의사소통이 가능합니다.

우리말을 배웠던 것처럼 외국어를 공부해야지 비싼 학원에 가서 공부한다고, 해외 나가서 공부한다고 남의 나라 언어가 하루아침에 모국어처럼 나오는 것은 불가능합니다.

1만 번을 반복하여 들으면서 비슷하게 흉내를 내는 연습을 계속해야 합니다.

인터넷 강의를 통해 공부하며 생활영어를 바탕으로 한 미국, 영국 영화나 드라마를 한 편 구입하고 계속 반복해서 천 번을 보고 듣는 학습법을 추천합니다.

저는 서울 근교 퇴촌이라는 시골에서 살고 있습니다.

제 딸아이는 13살이고 학교를 다닌다면 초등학교 6학년입니다만 집에서 홈스쿨을 하고 있습니다. 언어공부는 집에서 듣는 인터넷 강의와 원어민 선생과의 하루 1시간 동영상 강의를 통해서 하고 있습니다.

중국어와 영어를 공부하고 있으며 해외 여행이 자유로운 상태이고, 현재는 반크라는 민간외교 사이트에 회원으로 가입해서 외국에 한국을 알리는 '외교기자' 역을 수행하고 있습니다.

공부는 혼자하는 것입니다.

학원에 의존하면 높은 성적은 올릴 수 있을지 몰라도 유창하게 말을 하는데 한계가 있습니다.

비싼 비용 들여가면서 해외 연수를 떠나는 것이 효율성 면에서 좋을지 검토해 보기 바라며, 더불어 인터넷 강의나 동영상을 이용한 원어민과의 1 : 1 맞춤식 강의도 검토해 보기 바랍니다.

단, 해외에서 일하면서 공부할 수 있는 워킹홀리데이는 추천합니다. 워킹홀리데이는 강점이 있습니다.

- 외국에서 일하는 경험을 갖게 됨으로써 자신감이 향상된다.
- 생활언어를 몸소 배울 수 있다.
- 돈을 벌 수 있으며, 돈의 가치를 깨우친다.
- 문화를 이해하고 외국인과 소통하는 역량을 갖출 수 있다.

일을 하면서 자연스럽게 외국인들과 어울릴 수 있고 외국인의 문화 속에 들어가서 함께 생활하는 기회를 만들 수 있으며 힘든 노동과 땀을 흘리면서 깨우치고 얻게 되는 것들은 큰 자산이 되기 때문입니다.

내가 뭘 잘하는지
정말 모르겠다

아이들은 많이 두려워합니다.

자신이 뭘 잘하는지 모르기 때문에 더 두렵습니다.

공부를 잘하면 공부해서 성공하면 되는데 그것도 남들보다 월등하지 못하기 때문에 두려워합니다.

대부분의 학생들은 자신이 다닌 대학에 대해서도 열등감을 가지고 있습니다.

변변치 못한 영어성적과 학교 간판 때문에 자신을 더 초라하게 만들고 있습니다.

이것저것 해봐야 합니다.

성공도 해보고, 실패도 해보고, 사랑도 해보고, 좌절도 해봐야 합니다.

청춘들이 지금 고민하는 것도 청춘의 특권입니다.

지금보다 더 나은 삶을 살기 위해 고민하는 것입니다.

사회와 기업을 이해해야 합니다.

GE그룹을 20년 동안 이끌면서 세계 1위 기업으로 성장시킨 잭 웰치에게 물었습니다.

'당신에게 기업은 뭐라 생각합니까?'

그는 '승리!(wictory)'라 했습니다.

기업은 시장경쟁에서 승리해야 돈을 벌고, 돈을 벌어야 직원들에게 급여를 지급할 수 있으며, 그 돈으로 직원들은 가정을 이끌수 있기 때문이라고 했습니다.

기업은 승리하기 위해 매일 노력합니다.

승리하는데 도움이 되는 인재를 찾기 위해 많은 노력을 기울입니다. 또한 '최고의 인재'가 아닌 '최적의 인재'를 선택하려 애쓰고 있습니다.

명문대를 졸업하고, 영어성적도 우수하고, 학점도 높은 인재가 필요한 것이 아닙니다. 직무에 가장 적합한 성향을 지닌 인재를 선택하기를 원합니다.

기업의 구조는 크게 4가지로 압축할 수 있습니다.

- 개발(연구) 및 생산업무
- 판매업무
- 홍보, 광고, 마케팅업무

● 지원업무

잘할 수 있는 것이 무엇인지 접근해 가는 방법을 말씀드리려고
합니다.

첫 번째로 권하는 것은 직무적성검사를 통해서 자신의 몸속에
있는 잠재력을 분석해서 직무라는 방향을 결정하는 것인데, 이것
은 확률통계학적 자료에 의한 것으로 98%의 적중률을 가지고 있
습니다. 인터넷에서 손쉽게 여러 회사의 직무검사에 대한 정보를
얻을 수 있습니다.

회사마다 특징이 있으니 잘 살펴보시고 결정하세요.

테스트 이후 즉시 결과물을 인쇄해서 볼 수 있습니다.

두 번째로는 기업의 구조를 이해하고 접근하는 방법입니다.

기업은 위에서 설명한 것처럼 크게 4개의 직무군을 가지고 있
습니다. 직무군에 따른 내용정리를 바탕으로 관련된 직무를 수행
하려면 학교를 다니면서 무엇을 해야 하고, 취득할 것이 무엇인지
살펴봅니다.

≫ 개발 및 생산업무

전문성을 요구하는 직군으로써 연구개발, 기술개발, 생산, 검품 등
이공계 계열의 학과들이 주류를 이룬다고 보시면 됩니다.

3C란 고객(customer), 자사(company), 경쟁사(competitor)를 의미합니
다. 회사는 시장경쟁에서 승리하기 위해서 싸움의 방식을 연구하는
3C분석에 주안점을 두고 있습니다.

시장을 선점하기 위해서는 경쟁력 있는 신상품을 개발해야 하는데

학교생활을 하면서 사용하는 제품이나 만날 수 있는 다양한 상품에 대해 불편한 점에 대한 개선을 생각하고 더 나은 편의를 구상하는 사람이라면 연구, 개발직군으로 지원해도 됩니다.

취업하는 방법은

1. 전문영역을 공부하지 않았으나 가치있는 아이디어를 창출하고자 생각한다면 아이디어를 글로 명확하게 옮겨 놓아야 합니다.
2. 파워포인트를 활용해서 'OOO 아이디어 제안서'란 제목을 붙여서 작성합니다.
3. 제안내용을 간략하게 압축해서 프레젠테이션 할 준비를 해야 합니다.
4. 제안서를 제출하기 전에 전문가에 자문을 꼭 구해보고 수정, 보완해야 됩니다.
5. 아이디어 상품과 관련된 기업을 직접 찾아갑니다.

가치 있는 아이디어를 가지고 직접 방문한 용기 있는 젊은이를 내쫓는 어리석은 CEO는 없을 것입니다.

좋은 사례를 하나 들어보겠습니다.
침대 아시죠?
중소기업 브랜드에서 외국 수입품 침대까지 우리들 가정에 한두 개씩 모두 있습니다. 가구는 선매품이라 한 번 팔게 되면 상당히 오랫동안 사용합니다. 회전율이 낮은 상품 중에 하나입니다.

가정에 침대가 모두 있는 상태에서 가구를 생산하는 업체들은 생존을 위해 새로운 디자인과 탁월한 소재를 개발하는데 안간힘을 씁니다.

그러나 시장에 침대가 넘쳐나다 보면 탁월한 소재에 새로운 디자인을 가미한 침대만으로는 시장 트렌드를 주도하지 못합니다. 특별한 가치를 지닌 완전히 다른 개념의 상품개발이 이루어져야 시장을 선점할 수 있습니다.

'침대 + IT'가 결합된 상품이 개발되어 잠을 자고 일어나서 침대 지지대에 설치된 스크린을 보면 자신의 건강상태가 수치로 표기되어 몸무게, 당 수치, 혈압 등을 볼 수 있다면, 마치 냉장고에서 김치만을 꺼내서 김치냉장고를 만들었던 것처럼 새로운 시장을 만들어 낼 것입니다.

이러한 상품을 연구해서 관련된 회사를 직접 찾아가면 성공할 수 있습니다.

≫ 판매

가장 많은 인력을 채용하기도 하지만 회사에서는 가장 중요한 부서가 되었습니다.

제가 상담했던 학생들 중에 40~50%가 판매직에 관심을 가지고 있었습니다. 그러나 학생들은 아무런 기초지식과 경험이 없는 상태에서 채용 인력이 다수라는 이유로 무작정 지원하는 경우가 많았습니다.

일단 판매직에 지원하려면 다음과 같은 항목을 충족시키는지 검토해보시기 바랍니다.

1. 좋은 외적 이미지를 지닐 것

2. 소통하는 역량을 갖출 것

3. 관계를 중요시 여기며 인간관계 형성을 잘할 것

4. 유연하고 부드러운 성향을 지닐 것

5. 숫자 개념(매출 목표달성)과 분석력이 탁월할 것

6. 성공과 실패한 경험을 갖출 것

5번 항목의 역량에 의문이 가시나요?

판매를 하는 사람은 원가개념, 영업이익, 회사의 자금 회전율까지 모두 파악하고 있어야 하며 또한 판매에 있어서도 탁월한 분석력이 필요합니다.

하버드 대학 MBA과정에서 운영되는 전략적 세일링(strategic selling) 내용을 분석하면 단순판매 시대는 끝이 났고 이제는 복합판매 시대가 도래했기 때문에 새로운 판매기술로 무장하라고 합니다.

사례를 하나 들어보겠습니다.

보험 가입해 보셨지요?

제 친구가 대기업의 기획실장으로 근무하다가 퇴출되었습니다. 조직슬림화로 가는 분위기에서 재취업을 하려고 여기저기 서류를 넣다보니 보험회사에서 연락이 왔었나 봅니다.

친구가 저에게 전화를 했습니다.

'정수야 다른 회사는 어렵고 보험회사에서 채용해준다는데 어

떻게 할까?'

친구가 아침에 어디라도 출근할 수만 있다면 좋겠다던 말이 생각났지만, 저는 이렇게 말했습니다.

'네가 보험회사에 입사하면 내가 보험 하나 들어줘야 하는데, 우리 집사람을 설득해서 보험을 들 수 있다면 입사해라!'

친구는 보험회사 입사를 포기했습니다.

예전에는 말을 잘 하거나 혹은 상품에 대해 잘 아는 사람이면 물건을 팔 수 있었습니다. 그러나 이젠 책임소지가 커지다보니 복잡한 이해관계자들이 모두 만족해야 판매가 이루어집니다.

- 돈을 결제하는 경제구매 영향자
- 엔지니어로 거르는 역할을 하는 기술구매 영향자
- 다수를 보유하고 있는 사용구매 영향자

위 세 사람 모두를 만족시켜야 판매가 일어나기 때문에 이해관계자들을 잘 분석해 내는 능력은 필수적이라고 할 수 있습니다.

6번 항목 역시 간과할 수 없는 항목입니다.

물건을 팔아본 경험이 중요합니다.

백화점 매대에서 물건을 팔아본 경험도 좋습니다. 편의점에서 일해본 경험도 좋습니다. 여름철 해수욕장에서 치킨과 맥주를 팔아본 경험도 좋습니다.

경험한 사건들을 구체적으로 정리하면 하나의 스토리가 됩니다.

부산에 사는 제자 이야기로 사례를 들어볼까 합니다.

방학 때 공부만 하지 말고 판매직으로 가려면 뭐라도 팔아보는 경험을 하라고 지도했었습니다.

부산 해운대 해수욕장에서 치킨에 시원한 캔맥주를 팔기로 결심을 하고 집근처에 있는 치킨집에서 통닭 50마리를 카드로 주문했습니다.

사람들이 많이 몰리는 12시쯤에 해수욕장에 도착해서 판매를 시작하면 점심시간에 수영하느라 배고팠던 사람들이 구름처럼 몰려와서 치킨과 시원한 캔맥주를 사먹을 것이고, 구입가격에 2배로 판매가격을 책정했으니 금새 자금이 2배로 불어날거라는 희망이 가득했었답니다.

물건을 아이스박스에 넣어서 전철로 이동하고, 택시로 해운대 해수욕장까지 옮겼으나 어디서 어떻게 시작해야 될지 막막했었답니다. 한 시간 가량 관망하고는 작은 박스를 구해서 치킨과 캔맥주를 담아서 이리저리 뛰어다니기 시작했는데 예상과는 다르게 잘 팔리지 않았습니다.

피서객들은 아이스박스에 먹을거리를 미리 준비했거나, 치킨 한 마리를 사면 캔맥주 하나를 서비스로 준다는 뛰는 놈 위에 나는 놈의 치킨을 구매하더라는 것입니다.

2시간을 뛰어다녔는데 고작 8마리밖에 팔지 못해서 하는 수 없이 세일을 결심하고 치킨 한 마리에 캔맥주 2개를 끼워서 만 원에 판매하기 시작했지만 더운 날씨에 아이스박스 속에 넣어둔 치킨이 상해버리는 바람에 더 이상 판매를 할 수 없었고 투자금 50%를 겨우 건졌다고 합니다.

실패한 케이스입니다.

다음날에는 첫날에 실패한 원인을 분석하고 대안을 모색해서 새로운 전략으로 판매를 시작했답니다.

≫ 문제해결과 대안

1. 한꺼번에 50마리를 구입하지 말고 소량을 구매할 것
2. 해수욕장과 가까운 거래처를 개발하여 이동경로를 단축할 것
3. 패키지 상품으로 가격을 저렴하게 하되 회전율을 높일 것
4. 팀파워와 동기부여를 갖기 위해 구성원을 늘릴 것
5. 주변의 식당, 샤워장, 숙박, 먹거리 등의 정보를 파악해서 필요한 고객에게 제공할 것

친구 2명을 섭외해서 작전에 돌입한 결과 크게 성공했다고 합니다.

처음 실패한 원인은 다음과 같습니다.

1. 해수욕장까지 이동경로가 너무 길었고 필요 이상의 상품을 구입했음
2. 사전 조사 없이 뛰어들다보니 초기 진입에 실패함
3. 재고관리 및 판매 전략을 갖추지 못했음
4. 고객들의 다양한 서비스 요구를 준비하지 못했음

하나의 사례지만 실패한 원인을 규명하고 대안을 세워서 새롭게 시작한 경험 스토리를 구체적으로 기술함으로써 판매직을 지원해서 현재 모 식품회사 영업부에서 근무하고 있습니다.

판매직을 지원하려면 스펙으로 지원하는 것보다 관련된 분야에

서 경험을 하는 것이 중요합니다.

- 성과를 내기 위해 취했던 전략이나 아이디어를 구체적으로 기술한다.
- 성공과 실패의 원인을 분석하고 대응했던 전략이나 실행계획들을 기술한다.
- 판매를 하면서 느낀 점이나 얻게 된 것들을 구체적으로 기술한다.
- 본인의 경험이 현업에 어떤 영향을 미칠 것이라는 비전을 제시한다.

≫ 홍보, 광고, 마케팅

이 분야는 공부를 많이 한 사람보다도 선천적으로 타고난 재능을 가진 사람이면 충분히 업무를 수행할 수 있습니다. 시장 판세를 읽어내는 능력과 시대를 선도하는 느낌(feeling)이 좋은 인재가 유리한 분야입니다.

전공은 하지 않았더라도 이 분야로 지원하기 위해서는
1. 마케팅과 경영에 관한 기초지식 수강하기
2. 공모전에 참석해서 입상한 경력 보유하기
3. 관심있는 산업의 광보, 홍보물을 블로그에서 관리하기
4. 기업 또는 제품을 알리기 위한 차별화된 역량 보유하기

2번 항목, 공모전에 대한 보충설명을 하겠습니다.
공모를 하는 기업은 대부분 규모가 있는 회사로써 공모전의 요

지는 다음과 같습니다.

- 사내 갈등요인을 해결할 수 있는 아이디어 공모전
- 신상품 개발을 위한 공모전
- 기존의 것을 개선하거나 결합시키는 융복합 공모전
- 기업의 사회적 책임과 공익을 위한 공모전

기업 공모전에 입상할 경우 대부분 취업이 보장되며 한 분야를 충분히 파악하고 있다고 기업이 판단함으로써 경쟁력을 갖추게 됩니다. 위 업무는 꼭 전공을 해야 가능하지는 않습니다.

공모전이나 관련 프로젝트들을 다양하게 해본 경험과 산출물들을 제시하면 승산이 있습니다.

창의적인 발상을 즐기고 핵심키워드를 잘 뽑아내는 진취적인 인재를 선호하는 직무입니다. 이러한 직무에 지원하고 싶다면 지금 SNS(소셜미디어)를 개설하여 트위터로 묻고, 블로그로 보여주며, 페이스북에서 만나는 실전게임을 즐기기 바랍니다.

명문대학 졸업한
옆집 형도 5학년에
다니고 있다네요?

'MBC 스페셜 불편한 청춘! 대학 5학년'

이 프로그램은 취업을 못하고 5학년으로 유급해서 학생 신분을 유지하면서 취업준비를 하고 있는 취업준비생들의 이야기를 방송했던 내용입니다. 이름만 대면 알만한 명문대학에 재학하고 있으면서 스펙도 상당히 높은 학생들이 출연을 했습니다.

그중 몇 명의 이야기를 소개해보려고 합니다.

≫ 서울대학교 언론정보학과 5학년 양○○

마케터로 지원했는데, 면접관이 마케터와 관련해서 해본 것이 있냐는 질문에 아무런 답을 못해서 탈락했습니다. 지금은 자동차회사 홍보요원 활동을 하면서 고등학생들에게 자동차 회사를 알리는 홍보물을 찍으며 실적을 만들고 있습니다.

지원자는 지원한 직무에 적합한 성향을 지녀야 하고, 회사는 지원자의 직무를 경험해본 사실을 확인합니다.

지원한 직무를 해본 경험이 없으면 처음부터 가르쳐야 하는데 그것은 시간과 비용이 든다고 생각하기 때문에 일을 할 줄 아는 사람을 채용하는 것입니다. 비용이 드는 인재는 채용하지 않습니다.

≫ 서울대학교 동양사학과 5학년 안○○

취업하려고 보니 영어가 부족하다고 느꼈는지 호주로 해외연수를 떠나는 학생입니다. 현재 나이가 만 27세로 연수 다녀오면 28세가 되고, 취업할 때는 29세가 됩니다.

연수를 다녀와서 취업하려면 아마도 나이제한에 걸려서 취업하기 더 힘들지도 모르겠습니다. 대학 동기생들이 대리로 승진하는 나이기 때문에 여자 나이 만 28세로 취업하기가 어려운게 현실이니까요.

이런 경우에는 지금 가지고 있는 강점을 더 강화시켜서 일단 하고 싶은 일을 선택한 후 작은 회사라도 입사해서 경력을 쌓으면서 다른 기업으로 이동할 생각을 해야 합니다.

≫ 성균관대학교 법학과 4년 장학생 김○○

토익점수 930점

토익스피킹 6급

한자자격검정 2급

한국사능력검정시험 2급

메이크 어위시재단 봉사활동

태국문화체험(2년 10개월)

사시공부를 한 학생임에도 불구하고 정말 다양한 스펙을 가지고 있는 우수한 학생입니다. 그러나 김 군은 역량기반지원서에서 묻고 있는 항목들을 채울 수 없었나 봅니다.

자기소개서에서 물었던 질문은 다음과 같습니다.

1. 창의적인 발상을 통해 좋은 성과를 냈던 경험을 기술하시오.
2. 팀을 만들어 수행했던 경험 중에서 본인의 포지션과 결과에 대해 기술하시오.
3. 지원부서는 무엇이며 이를 위해 학교생활을 하면서 준비한 것을 기술하시오.

사시공부와 남들에게 보여줘야 하는 스펙을 취득하느라 역량기반지원서에서 묻고 있는 항목에 대해 경험할 시간이 없었던 것 같습니다. 기업은 최고의 인재를 채용하지 않습니다. '최적의 인재'를 선택합니다.

남들에게 보여주려는 공부를 멈추게 하고, 하고 싶은 일의 분야에서 경험해봐야 합니다.

그런 과정이 없으면 역량기반지원서 자체에 쓸 내용이 없습니다.

≫ 고려대학교 임상병리학과 5학년 이○○

2010년 2학기 고려대학교 최우등생 표창

토익 945점

토익스피킹 6급

일본어 JLPT 2급

컴퓨터 활용능력 2급

워드프로세스 1급

한자급수 2급

BLS-Proridor 심폐소생술 자격증

봉사활동 3회

앞에서의 사례들과는 다르게 이 군은 다음과 같은 인터뷰를 했습니다.

'응답하라 112 프로젝트' 참여 해외 탐방기회를 잡았습니다.

이력서에 한 줄 쓰기 위해 이런 프로젝트에 참여하는 것이 아닙니다. 전공을 살리려면 전문성을 갖춰야 합니다.

전공과 관련있는 연구논문, 프로젝트 등의 산출물을 가지고 있어야 경쟁력을 갖추는 것이지 높은 스펙만 보유한다고 해서 전문성을 인정하지는 않습니다."

따라서 이 군은 전문성을 갖추기 위한 경험과 결과물을 만들려 노력하고 있습니다.

≫ 우석대학교 영어교육과 박○○

4.5만점에 4.39 학점 취득

토익 900점대

토익 스피킹 7급

일본어능력시험 JPT 890, JLPT N2

MOS마스터(워드, 엑셀, 아웃룩, 파워포인트)

컴퓨터 활용능력 2급

말레이시아 쿠알라룸푸르 말라야대학 교환학생

미국 동테네시 주립대학 교환학생

국제 비보이 마스터즈 챔피언십 통역

박 군은 지방대학에서 공부을 했지만 상당히 수준 있는 어학실력을 갖췄습니다.

그럼에도 불구하고 취업을 못했습니다.

남들이 다 한다는 봉사활동 시간을 확보하기 위해서 헌혈을 20회가 넘게 하고 있습니다. 헌혈을 하면 봉사활동으로 시간을 인정하는 제도를 이용하려 했던 것입니다.

서울에 올라와서 구직활동을 하면서 라면으로 끼니를 때우는 학생이 헌혈까지 하고 있으니 안타까운 현실입니다.

봉사활동은 구직자 모두에게 필요하지는 않습니다. 모든 기업이 채용하는데 봉사활동이 필수인 것도 아닙니다.

다만, 일반 사무직군이나 경영지원직군으로 입사하려는 사람들은 좋은 인성을 지녀야 합니다.

회사 측에서는 같은 조건을 보유한 봉사활동을 한 사람과 하지 않은 두 사람이 있다면, 봉사활동을 한 사람이 좋은 인성을 지니고 있다고 판단하고 선택하는 경우가 있기 때문입니다.

박 군은 '자기소개서 작성하는 것이 이렇게 어려운 줄 몰랐다'라고 했습니다.

회사는 학교 성적을 묻지 않습니다.

명문대학을 졸업했는가를 보려고 하지 않습니다.

학교를 다니면서 어떤 직무를 지원할 것인지 결정하고, 그 직무를 수행하기 위해 필요한 준비를 어떻게 해왔느냐를 묻습니다.

개인이 성과를 냈던 것보다도 팀을 짜서 같이 프로젝트를 하고, 자신의 포지션은 무엇이었고, 어떤 역량으로 프로젝트를 수행했고, 결과는 어떻게 나왔느냐는 질문을 합니다.

부모님들도 회사생활 해보셨지요?

학교에서 배운 것들을 얼마나 활용하던가요?

대학 졸업자들이 회사에 들어와서 문서도 하나 만들지 못했던 기억나시죠?

부서에 배치되었던 신입사원이 아무것도 몰라서 시간 내서 가르쳐 준적이 있으시죠?

인력시장에 우수한 스펙을 갖춘 인재는 너무 많습니다.

회사가 많이 달라졌습니다.

예전에는 필요한 인원을 회사에서 일괄 채용해서 부서로 발령 냈었지만 지금은 부서에서 같이 일할 대리급부터 1차 면접에 참석하고, 2차 면접은 일을 시킬 팀장이 면접하고, 3차 임원들이 확인하고, 4차 CEO가 최종 의사 결정을 하는 시스템으로 채용과정이 설계되어 있습니다.

같이 일할 대리급 1차 면접이 가장 중요합니다. 대리들은 자신과 일할 가장 적합한 인재를 찾으려고 노력합니다.

유연하고 부드러운 성향을 지니고, 컴퓨터 활용능력이 뛰어나고, 파워포인트로 멀티슬라이드를 만들어서 발표도 유창하게 할 줄 알고, 동료들과 잘 어울리면서 팀을 위해 헌신할 줄 알고, 겸손하게 선배를 존중할 줄 아는 후배를 찾아서 2차 면접에 의향서를 제출합니다.

가장 중요한 것은 1차 면접 때 바로 위에서 같이 일할 대리 선배의 눈에 드는 것입니다.

> **정리해 보겠습니다**
>
> 가장 우선 되어야 할 것은 어떤 일(직무)을 하면서 직장생활을 할 것인가입니다. 하려는 직무가 결정되면 학교 밖으로 나가서 연관된 일을 경험하게 하세요.
> 그 다음에는 소프트웨어를 갖출 수 있어야 합니다.
> 컴퓨터 활용능력, 파워포인트를 활용한 멀티슬라이드 작성, 프레젠테이션 스킬, 기획 & 문서작성 능력, 문제해결력, 직장 예절과 비즈니스 매너, SNS 활용능력 등이 필요합니다.

역량기반지원서를 제대로 쓰기 위해서는 아래 세 가지 항목에 대해 준비해야 합니다.

1. 지원하는 직무와 관련된 경험과 성과에 대해 기술할 것
2. 팀을 구성해서 프로젝트를 진행해본 성공과 실패사례
3. 직무를 수행하기 위해 준비한 소프트웨어들

졸업을 유예해서 대학 5학년으로 재직하고 있는 것과 미취업자로 졸업했을 경우 중 취업을 위해서는 대학 5학년으로 재직하고 있는 것이 유리하다는 고려대학교 전 총학생회장의 인터뷰가 있

었습니다.

기업은 재학생이든 졸업생이든 상관하지 않습니다.

다만 지원한 직무를 수행할 수 있는 인재인지, 또 기존의 팀원들과 잘 어울려서 생활할 수 있는 유연하고 부드러운 인재인가를 확인할 뿐입니다. 대학교 10학년이 되더라도 지원하는 직무에 대한 전문성이나 소프트웨어를 갖추지 못했거나 팀원들과 잘 어울리지 못할 것 같은 성향을 지녔다면 절대로 채용하지 않습니다.

졸업 이후에 지원하는 직무를 위해 경험했던 사실과 내용을 입증한다면 졸업 후 바로 취업을 하지 못했더라도 실질적인 문제가 될 것은 없습니다.

대학 5학년으로 남든 미취업자로 졸업을 하든 지원한 직무를 수행할 수 있느냐가 가장 중요합니다.

S그룹 해외사업부에서 유럽과 비즈니스를 진행할 팀장급 인재가 필요하다면 어떻게 채용할까요?

SKY 출신에 영어영문학과를 수석졸업한 사람을 채용하지 않습니다. 유럽권에서 공부하고 현지에서 일하고 있는 전문가를 스카우트합니다.

대학생활 모두를 언어에 투자하는 어리석음을 범하지 마세요.

부모들의 기대와 바람이 너무 커서 자식들이 힘겨워 합니다.

부모들이 기대하는 것은 대기업, 금융권, 공사, 공무원이 단연 1순위입니다.

이 회사들의 채용규모는 졸업하는 학생들의 10% 정도에 불과합니다.

명문대를 들어가야 된다

이제는 역량기반지원서를 작성하는 시대입니다.

말 그대로 일할 수 있는 능력을 적어야 됩니다.

대학 이름, 성적, 영어점수, 자격증, 해외연수 등 기록하는 난이 없는 지원서를 작성합니다. 대기업은 서류를 제출하기 전에 직무적성검사부터 테스트합니다.

지원하는 직무에 적합한 인성과 잠재력을 지니고 있지 못하면 지원서조차 내지 못합니다.

명문대학에 입학시키기 위해 저학년 때부터 공부만 시킵니다.

인성이나 타고난 잠재력(재능)에 대해서는 중요하다고는 생각하지만 그것까지 고려해가면서 아이의 진로를 선택하기보다는 당장 눈앞에 보여지는 성적을 올리는 것이 더 중요하다고 생각합니다.

대학간판보다도 더 중요한 것이 잠재력을 따라서 진로를 선택하는 것입니다.

독일의 72%가 전공을 살려서 직장생활을 하는 것에 비해, 우리나라는 단 15%만이 전공을 살린다고 합니다.

평생 직업을 가지고 살아야 하는 시대입니다.

그만큼 본인이 잘하고, 좋아하고, 계속할 수 있는 일을 선택해야 합니다. 성적순에 의해서 학교와 학과를 찾아가는 오류를 범하지 마세요.

아이들이 재미있어하고 즐거워하는 일을 하며 성장할 수 있고 그것을 상급학교에서 공부할 수 있도록 도움을 주는 것이 바람직하다고 생각합니다.

우리가 자식들의 인생을 대신 살아줄 수는 없습니다.

세상이 변했음에도 불구하고 옛날 방식대로 공부하고 취업하던 기억에 의존해 진로 및 취업지도 방법까지 그대로 발자취를 밟는다면 실패할 확률이 높습니다.

좋은 품성을 지니고 남들과 어울릴 줄 알게 하고 팀을 위해 헌신하고 문제를 해결할 수 있는 지혜를 갖춘 아이로 자라는 것이 좋습니다.

공부! 공부! 공부해라

우리가 살아오면서 공부했던 것들을 얼마나 사용했을까요?

수학시간에 배웠던 미적분과 방정식들은 시험보고 나서 한 번도 써먹어 본적이 없는 것 같습니다.

그런 공부를 왜 열심히 했을까요?

남들에게 보여주는 성적순위가 그렇게 중요했던가요?

'쌀 한가마니에 쌀알은 몇 톨일까요?'

이런 문제는 교과서에 없는 문제입니다.

대학생들에게 물어봤더니 제대로 답하는 사람이 없었습니다.

어떤 학생은 이렇게 답했습니다.

'10만 톨!'

조금만 더 올려

'20만 톨!'

좀 내려

'11만 5천 톨'

어떤 학생은 전혀 고민해 보지도 않고

'모르겠습니다'로 답해 버립니다.

교과서에 없는 내용은 어떻게 풀어낼지를 잘 모르는 것 같습니다.

없는 것을 어떻게 만들어 내느냐?

해결 안 되는 문제를 어떻게 풀어낼 것인가?

지금보다 더 좋은 성과를 내기 위해서는 어떤 방법이 있을까?

월 1억 원 매출을 어떻게 하면 2억 원으로 향상시킬 수 있을까?

사회생활을 하면서 수많은 물음들과 마주하게 되는 경우가 많은데 시장에서 생존하고, 성장하기 위해서는 교과서적인 생각으로는 분명 한계가 있습니다.

배운 것을 응용해서 융합된 새로운 기능의 상품이 만들어지고 1리터에 2천 원하는 기름을 넣고 8km 달리는 자동차보다는 50km를 달릴 수 있는 자동차를 선호합니다.

인공지능형이 내장된 스마트한 자동차도 미래로부터 빌려 쓰고 있는 자원도 처음의 자연처럼 돌려 놓기 위해 기름을 대체할 새로운 에너지로 달리는 자동차도 필요합니다.

아이들이 가지고 다니는 가방 역시 GPS가 내장되어서 더 안전해져야 합니다.

우리에게는 기존의 것을 더 편리하고 효율적으로 개선하는 아이디어가 필요합니다.

남들에게 보여주려는 공부는 멈춰야 합니다.

세상을 살아가면서 필요한 공부를 하게 하세요.

성적보다 학교 간판보다 타고난 잠재력(재능)을 따라가게 하세요.

남들에게 자랑하고 싶은 만큼 아이들이 힘들어 합니다.

아이들이 하고 싶어 하는 것을 할 수 있도록 지원해 주세요.

아이들이 행복해 하는 만큼 풍요로운 삶을 살 것입니다.

왕년에 부모님 세대가 취업할 때는

아날로그 시대에는 사람손이 많이 필요했었다면 디지털 시대에는 컴퓨터 한 대가 열 사람 몫의 일을 처리할 수 있습니다.

20~30년 전만 하더라도 고등학교 졸업생들이 은행에 근무했었지만, 이제는 대학을 졸업해도 입사하기 어려운 곳이 되었습니다.

아주머니들이 대거 취업했던 보험영업도 이제는 대학 졸업생들로 채워지고 있습니다. 이 자리도 불과 4~5년 후에는 들어가지 못해서 아우성칠 것 같습니다.

일자리는 전문화되고 세분화되고 있습니다.

예를 든다면 예전에는 회사 내에 영업부를 두었지만 이제는 전문으로 영업만 하는 회사에 판매를 위탁합니다.

마케팅, 광고, 홍보도 회사 내 부서가 있었지만 이제는 전문회사에 위탁해서 양질의 산출물을 만들어내는 형태로, 기업의 몸집은 줄이고 성과는 향상시키기 위한 기업 슬림화의 중요한 핵심이 되었기 때문입니다.

지금 4학년 자녀를 둔 부모님들 대부분은 70년대 중반에서 80년대 중반에 대학을 다녔던 분들이 대부분입니다.

이때는 88올림픽 이후 한국 경제가 왕성하게 성장할 때라서 일자리도 많았고 30만 명이 졸업하는 시기에 30만 개의 일자리가 생겼기 때문에 가능했습니다.

상업고등학교를 졸업하고 은행에 취업했었고, 보험시장의 활성화에 힘입어 보험영업 직종도 활기를 띠었지만, 대학생들은 힘든 영업이라 판단해서 지원하기를 꺼려했고 보험회사는 아주머니들을 활용해서 그 시장을 파고 들었습니다.

시장이 전문화되고 세분화되니 사람이 만든 기계나 컴퓨터에 사람이 밀려나는 일이 비일비재해졌고 자동화 시설이 늘어나게 되니 로봇이 사람 일을 대신하고 있습니다.

3D 직종의 힘들고 어려운 일은 저개발국가의 사람들이 몰려와서 그 자리를 채우고 있습니다. 마치 60, 70년대 우리나라가 외화로 돈을 벌었던 모습과 닮아 있습니다.

예전에 부모 세대도 꺼리던 일을 자식들 보고 해보라는 말은 차마 못합니다. 그런 일은 내 자식이 비록 취업이 안되어 놀고 있더라도 다른 사람이 해야 한다고 생각합니다.

왜 내 자식은 그런 일을 해서는 안 된다고 생각합니까?

비전이 보이지 않아서 입니까?

초라해 보여서입니까?

남들에게 자랑할 수 없어서 입니까?

돈을 적게 벌기 때문입니까?

부모들의 자존심이 허락하지 않습니까?

몇몇 40대 중반의 친구들은 퇴출당한 후 지금까지 집에서 놀고 있습니다. 평균 수명을 80세로 보더라도 35년을 경제 활동을 하지 않고 살아가야 하는 것입니다.

27세에 취업했다고 본다면 직장생활 17~20년 정도 합니다.

결혼해서 아파트 하나 은행 대출 받아서 구입했고 아이들 학원 한 두 곳 보내면서 키웠으며, 그 아이들이 지금 고등학교나 대학에서 공부하고 있습니다.

졸업해서 직장 구하고 결혼한다고 하면 큰 목돈이 들어가야 하는데, 퇴직금은 아파트 대출 이자 줄이려고 제일 먼저 원금 상환했고, 나머지는 아이들 공부 가르치느라 다 써버렸으니 결혼한다고 하면 근심걱정이 이만저만이 아닙니다.

이것이 우리나라 베이비부머 세대들의 공통된 이야기 아니겠습니까?

우리 아이들은 삼십대 후반이 정년입니다.

알고 있으면서도 우리가 선택하는 유일한 해결책은 공부 열심히 해서 대기업, 금융권, 공사, 공무원으로 일자리를 갖길 소망하는 것입니다.

직업을 가지고 살아가야 되지 않겠습니까?

내 자식이 무엇을 잘하는지, 무엇을 좋아하는지, 무엇에 관심이 있는지 다양한 것을 해볼 수 있도록 기회를 만들어 주는 것이 필요하다고 생각됩니다.

취업하는 것만으로 모든 것이 해결되지는 않습니다. 평생 즐겁게 일할 수 있는 직업을 가지고 살아가게 도와줘야 합니다.

이름만 대면 알만한 기업에 입사하는 것에 연연해하지 마세요.

제가 알고 지내는 교수 내외분이 있습니다.

아들이 한 명인데 고등학교를 자퇴하고 세상과 소통하면서 성장할 수 있도록 키우셨습니다. 인도에서 봉사활동을 하면서 여러 해 생활했었고 독일에서는 고등학교에 입학해서 공부할 수 있는 기회도 가졌습니다.

대학은 아빠가 교수로 계시는 대구에 있는 국립대 경영학과에 입학했습니다. 졸업하고 취업할 때쯤 아이의 나이가 30세가 넘다 보니 신입사원으로 입사하기가 어렵게 되었습니다.

명문 국립대를 졸업했고, 비즈니스 영어가 가능한 실력을 갖춘 아이임에도 불구하고 제빵 만드는 기술을 배워서 평생 홀로 설 수 있게 하자는 가족 의견에 따라 제빵 만드는 기술을 배우고 있습니다.

2~3백만 원 받는 봉급쟁이로 살기 위해 기업을 기웃거리기보다는 평생 제빵 만드는 직업을 가지고 홀로설 수 있는 길을 선택해서 너무 즐겁다고 합니다.

부모들도 자식에 대한 기대와 욕심을 내려놓아야 우리 아이들이 잘할 수 있는 직업을 선택할 수 있습니다.

평생 직업을 가지고 살아가는 것이 어쩌면 부모를 도와주는 선택이기도 합니다.

차고 넘치는 기대!

검사 생활을 하시다가 변호사 사무소를 개업하신 선배가 계십니다. 어렸을 때 너무 어렵게 생활했고, 가난이 얼마나 무서운 것인지 뼈저리게 느낀 분입니다.

아들 둘을 모두 외국에서 유학을 시켰습니다.

큰 아이는 미국 명문대 에모리대학 회계학을 전공했고, 작은 아들은 일본 와세다 대학에서 경영학을 전공했습니다.

큰 아들은 졸업 이후 한국으로 돌아와서 한국은행과 STX에 동시 합격을 했으나 STX를 선택했습니다.

그런데 STX는 얼마 전 부도위기에 놓이게 되었습니다.

자금을 담당하는 포지션에서 회사부도는 치명적인 아픔을 안겼습니다. 결국 2년 만에 회사를 그만두게 되었습니다.

퇴사 이후 재취업을 위해 채용공고를 리서치 해봤지만 자금, 회계 부서로 채용하는 기업이 많지 않았습니다.

강남 삼성동에 위치한 모 호텔에서 자금, 회계 경력직을 채용한다는 공고를 보고 부모들과 상의를 했는데 아버지의 거절로 서류조차 내보지 못했습니다.

변호사인 아버지는 '내가 그 호텔 사장도 잘 알고 있는 분인데,

너를 그런 곳에 취업시키려고 유학 보낸 줄 아느냐, 한국은행으로 다시 가라고 하셨습니다.

제가 기업은행을 추천해본 적도 있었으나 '우리 아들이 창구에서 남의 돈이나 받고 있다는 것을 한 번도 상상해 보지 않았네……'로 거절하였습니다.

당연히 그만큼 공부시켰으니 그만한 기대를 갖는 것도 이해합니다만 취업은 성적순이 아닙니다.

부모들의 높은 기대가 우리 아이들을 더 작아지게 만들고, 소심해지게 만들고 조급하게 만들고, 눈치를 보면서 의기소침한 생활을 하게 만듭니다.

취업이 좀 늦으면 어떻습니까?

우리 아이가 좋아하고 즐거워하면서 일할 수 있고 직장에서 배운 역량으로 평생 직업을 유지해 갈 수 있다면, 어떤 분야에 전문가가 되어서 돈도 많이 벌 수 있다면, 그 분야를 대표하는 일인자로 성장할 수 있다면, 삼십대 후반에 퇴출당하는 대기업보다 좋지 않겠습니까?

멀리보고 응원하세요.

부모가 자식들을 믿어 줘야 합니다.

자신 있게 세상을 살 수 있도록 용기를 줘야 합니다.

자신을 사랑하고, 성공해 보려고 열심히 뭔가에 열중할 수 있도록 격려해 주세요.

부모가 자식을 믿지 못하는데, 누가 내 자식을 믿고 일을 시키
겠습니까?

부모님이 먼저 조급해 하지 마세요.

용돈도 더 많이 주면서 용기를 북돋아 주세요.

그러면 부모님이 소원하는 것이 비로소 이루어집니다.

공부하는 것을 잠시 멈추고
아이들이 하고 싶은 것이 무엇인지 물어보세요.
그리고 흔쾌히 수락해주세요.
새로운 가능성을 찾아 낼 수 있을 겁니다.

♥♥

명품 가방을 들고 명품 브랜드를 입고 명품 아파트에 살고 명품 대형차를 몰고 다니고 싶어 하는 부모들의 마음을 우리 아이들이 닮아 최고만을 원하고 있는지도 모르겠습니다.

분명한 것은 명품을 현재 간절히 원하고 있다는 것입니다.

원하는 것을 얻으려면 지금 당장은 필요한 것을 찾아 움직여야 합니다.

시간이 지나고 나야 원하는 것을 얻을 수 있다는 것입니다.

♥♥

부모들의 변화와 혁신이 필요한 시대

부모의 열등감이 아이를 불행하게 만든 것은 아닐까?

자존감을 가지고 살고 계시는 부모님들이 얼마나 될까요?

왜 지방으로 갈수록 브랜드를 선호할까요?

왜 브랜드를 입고, 들고, 타고 다녀야 남들에게 인정받는다고 생각할까요?

사실 남들은 내가 명품 브랜드 옷을 입었는지 명품 브랜드의 가방을 들었는지 명품 자가용을 타고 다니는지 전혀 관심조차 갖지 않고 있는데도 불구하고, 본인 스스로가 부족한 것들에 대한 열등감으로 가득하다보니 혼자 그렇게 생각하고 있는지도 모르겠습니다.

당신이 무슨 대학을 졸업했고 무슨 전공을 했으며 학창 시절 공부는 잘했는지에 대해 중요하게 생각하지 않습니다.

지금 나와의 관계에서 어떤 사람인가가 중요하지 과거에 화려

했거나 부족했던 것들은 의미가 없습니다.

아이들에게도 열등감은 말없이 대물림 되는 것 같습니다.

아이들이 신고 다니는 신발도 대부분 잘 알려진 브랜드가 아니면 신지 않습니다. 입는 옷들도 모두 브랜드여야 합니다. 들고 다니는 가방도 모두 그렇습니다.

한때 아웃도어 브랜드 겨울 상의가 마치 학생들의 교복처럼 성행했었습니다. 한 벌에 50만 원이 넘는 옷을 남들이 입고 다니니 형편이 어렵더라도 사줘야 했습니다.

내 자식이 왕따를 당하거나 열등감을 가질까봐 사줬습니다.

마치 그런 명품 브랜드를 지니고 다니면 그 사람의 정체성에 대한 메타포로 인식한다는 것이 문제입니다.

지방대학을 다니거나 남들이 말하는 삼류대학을 다니면 어떻습니까?

예의바르고, 어른을 존경하고, 어려운 사람을 보면 도와줄 수 있고, 친구들과 잘 소통하고, 자신이 속해있는 조직을 위해 헌신할 줄 아는, 도전과 열정을 지닌 아이면 충분합니다.

우리 아이들을 열등감에서 벗어나게 해야 합니다.
열등감 대신 자존감으로 살 수 있도록 해야 합니다.
꿈과 목표를 향해 도전할 수 있도록 도와야 합니다.
남들과 어울려서 잘 지낼 수 있는 성품을 지닐 수 있게 해야 합니다.
공부 잘하는 아이보다 세상을 잘 살 수 있는 지혜를 지닌 아이로 키워야 합니다.

　사회생활을 할 수 있는 준비를 시키는 시간으로 대학생활을 할

수 있게 해야 합니다.

사회생활 잘하는
아이로 키우려면
어떻게 해야 할까?

취업하려면 학교 밖으로 나가서 인턴이나 아르바이트를 경험해
보라고 지도합니다.

기업이 원하는 인재는 공부 잘한 명문대학교 출신이 아닙니다.

좋은 인성을 지닌 인재로써 기존의 선배사원들과 잘 어울릴 수
있어야 하고 지원한 직무는 입사 전에 해본 경험이 있어서 입사
후 바로 업무에 투입되더라도 스스로 업무를 수행해 갈 수 있는
역량을 갖춰야 합니다.

기본기를 갖춘 성실한 인재

기본기, 성실!

쉽지만 정말 어려운 것입니다.

요즘 젊은이들은 이기적이며 자기중심적이어서 팀을 이루고 있는 조직 내에서 기본기를 충실히 이행한다는 것이 쉽지 않은 것 같습니다.

회사생활 안에서의 기본기와 성실해야 할 부분들을 예로 들어보자면, 출근시간 10분 전에 회사에 도착하고, 선배와 동료들에게 인사 잘하고, 거래처 분들과 좋은 관계를 유지하고, 회의 전에 미리 전달된 주제에 대해 좋은 정보와 자료를 준비하고, 퇴근 시간이 좀 늦더라도 긍정적으로 임하는 자세, 이런 것들이 기본기와 성실에 해당됩니다.

기본중의 기본이라 어떻게 보면 뻔한 내용처럼 보이지만 이런 기본기만 갖춰도 선배사원들은 좋아합니다.

회사에서 인정받고 있는 제자 이야기를 소개하겠습니다.

EM엔지니어링사는 국내 전자파 차단 기술 분야 1위 기업입니다. 설계자 채용의뢰가 있어서 정영진 학생을 추천했습니다.

입사 2개월 후에 회사 전무님으로부터 '사장님께서 교수님을 꼭 뵙고 싶어 하신다'는 전갈을 받았습니다.

3개월이 지나서야 겨우 시간을 맞춰서 사장님을 뵈었는데 제자에 대해 칭찬을 늘어놓으셨습니다.

저를 만나러 오던 날 아침 이야기를 하셨습니다.

제작 의뢰를 받은 기계를 평택에 있는 공장에 납품하는 날인데 아침에 직원들이 현장으로 출근하다보니 납품할 사람이 없었답니다.

마침 영진 군이 눈에 띄기에 운전할 줄 아냐고 물어보았더니 면허증은 있으나 회사차를 가지고 운전하기는 아직 이르다고 했답니다.

제작된 기계를 평택 공장에 납품해야 하는데 사람이 없다고 했더니 '사장님 걱정하지 마세요. 제가 어떻게든 평택공장에 납품하고 오겠습니다' 하면서 기계를 메고 회사를 나갔다는 것입니다.

사장과 제가 만나고 있는 12시쯤 영진 군으로부터 전화가 걸려왔습니다.

'평택 공장에 무사히 납품하고 납품 확인서를 받아서 회사로 들어가는 중입니다'라는 내용이었습니다.

이것이 **기본기**라 생각합니다.

차가 없더라도 버스타고 전철을 타고서라도 납품에 대한 문제를 해결하는 것, 그러나 요즘 젊은이들은 이런 행동을 결정하기보다는 기다렸다가 운전이 가능한 사람이 들어오면 평택공장에 납품하겠다는 선택을 많이 합니다.

그래서 회사는 기본기를 갖춘 인재를 좋아합니다.

우리 아이는 위와 같은 상황이었다면 어떤 선택을 할까요?

소통할 수 있는 인재

집단생활에서의 소통은 어렵게 느껴질 때도 있습니다.

나보다 상대방을 더 배려한다는 처세술이 포함되기 때문입니다.

쉬운 사례로 설명하겠습니다.

박지영이라는 제자가 삼성생명에서 주관하는 SFP인턴십 과정에 참석했습니다.

전국에서 지원한 학생들을 인터뷰해서 금융권에 자질을 갖춘 인재들을 선발하여 금융 전반에 대해 1개월간 학습할 수 있는 수준 높은 인턴과정으로 알려져 있습니다.

10명이 한 팀으로 구성되어 100여 명이 동시에 과정을 진행합니다.

지영 양이 소속된 팀원 중에 유독 한 여학생이 전체 분위기를 망치고 있었다고 합니다. 그 여학생은 서울에 있는 명문여대를 다니고 있었는데 최종평가에서 팀원 전원이 함께 일하고 싶지 않은 인재로 그 여학생을 지목했다고 합니다.

하루는 부장님이 지영 양이 속해 있는 팀원들에게 '오늘 점심은 8팀과 하겠습니다. 점심 메뉴로 드시고 싶은 것이 있나요?' 라고 물으셨는데 팀원들 대부분은 '회사 앞에 된장찌개 잘하는 집 있어요. 부장님 지하에 있는 식당도 좋습니다'

문제의 여학생에게 부장님이 묻자 이렇게 답했답니다.

'비싼거요??????'

식사를 하고 팀원들이 강의장 내에서 유튜브를 여럿이 모여서 보고 있는데 그 여학생이 '오침에 방해되니 나가서 봐라……'고 했답니다.

이런 사람과 같이 일하고 싶은 사람은 없을 것입니다.

서로 신경 쓰이고, 신경전을 벌여야 하고, 눈치를 봐야 하고, 기분을 맞춰줘야 하기 때문입니다.

자기 편한대로 생각하는 것은 좋은 소통이 아닙니다.

남을 위해 배려하지 못하는 소통도 좋은 소통이 되지 못합니다.

조직생활에는 헌신적이고 배려하는 소통이 필요할 뿐입니다.

창의적인 발상을 하는 인재

치열한 싸움이 매일 벌어지고 있는 지금, 신입사원 연봉이 3천만 원이 넘는 회사에서 선배사원 말귀도 못 알아듣고 문서도 하나 제대로 만들지 못하는 신입사원을 채용하고 싶겠습니까?

기업 경쟁이 치열해지고, 신제품이 매일 쏟아져 나오고, 소비자들의 구매패턴이 예측하지 못할 정도로 변해가고, 생산기술이 자동화로 변하면서 과잉공급으로 물건이 넘쳐나고, 원화 가치상승, 엔저 현상, 달러 가치하락, 위엔화가 강세를 보이며 FTA(자유무역협정), TPP(환태평양경제동반자협정)로 또 다른 협정을 통해 국가 간의 장벽이 허물어지고 경쟁관계는 세계화로 넓어지고 있습니다.

기업은 매일 시장경쟁에서 승리하기 위해서 안간힘을 쓰고 있습니다.

우리도 학교에서 공부해봤지만 학교에서 공부한 것을 현장에서 얼마나 활용할 수 있었던가요?

신문에는 2.7% 활용한다고 기록되어 있었습니다.

이런 활용도로는 치열한 경쟁에 직면한 기업을 승리로 이끌기는 힘듭니다.

그래서 기업은 경력자들을 채용하거나 전문가를 스카우트해서 그 분야에 적합한 인재를 채용하려고 노력합니다.

따라서 지원하는 직무에 적합한 성향을 지니고 조직원들과 잘 어울릴줄 알며, 일을 수행할 수 있는 기본기를 갖췄고, 회사의 어려운 문제를 해결할 수 있는 아이디어를 제공할 수 있는 인재라면 채용을 망설이지는 않을 것입니다.

제가 쓴 책 ≪취업 역량과 가치로 디자인하라≫는 책이 있습니다.

역량이라는 것은 업무를 수행할 수 있는 능력을 갖춘 것을 말하고 가치란 것은 회사가 시장을 선점하거나 경쟁에서 이길 수 있는 아이디어를 제공하는 것을 말합니다.

10년이 넘는 시간동안 학점이 부족하고 지방대에 다니며 영어 점수와 자격증이 없는 학생들을 전략적으로 취업시킨 방법은 '지원회사의 갈증요인을 해결할 수 있는 아이디어를 제공하라'였습니다.

아이디어를 제공하는 것은 **가치**입니다.

가치는 취업하는데 가장 상위에 있습니다.

우리나라 신생아 출생률이 매년 7만 명씩 줄어들고 있습니다.

아이들의 음식과 옷, 용품들을 판매하는 기업뿐만이 아니라 학교는 교실이 줄어들고 2016년도가 되면 학생정원 1만 명인 학교 7개가 시장에서 자연 퇴출될 수밖에 없습니다.

아파트 매매도 줄고, 자동차도 그만큼 판매가 줄어들게 됩니다.

신생아 출생률 저하로 인해 모든 산업에 영향을 미치게 됩니다.

이런 환경에서 기업은 어떤 인재가 필요하겠습니까?

학점이 높은 인재?

명문대 졸업생?

자격증을 5개 취득한 인재?

영어실력이 탁월한 인재?

잘생기고 늘씬한 인재?

이 모든 것보다 우선하는 것이 돈을 벌 수 있는 아이디어를 제공하는 인재가 아닐까요?

창발적 행위를 할 수 있도록 너무 공부만 하라고 하지 마세요.

성적 높이려고 공부만 하다보면 왜 공부를 해야 되는지 조차도 모르고 별로 좋아하지도 않은 공부를 계속 해가는데 특별한 소득을 기대하기는 어렵지 않겠습니까?

오히려 공부만 하기보다는 내가 잘하는 것이 뭔지, 내가 좋아하는 것은 뭔지, 내가 진정 하고 싶은 것이 뭔지를 발견하는 것이 더 중요하지 않겠습니까?

대한민국 부모들은 내 자식이 공부 잘해서 특목고 진학하고, 외고 진학해서 서울대, 연세대, 고려대, 카이스트, 포항공대, 성균관대, 서강대 등 대한민국 기업이 선정한 1군 대학에 입학만 하면 대기업에도 취업하고 평생 돈도 많이 벌 수 있다. 그리고 결혼도 조건에 맞춰서 좋은 혼사자리가 줄서서 들어오고, 좋은 주택에 비싼 자가용도 타고 다니면서 살 수 있다는 허황된 로망을 심어주면서 단 하루도 잊지 않고 아이들에게 공부하라는 마법을 걸고 있지는 않습니까?

모든 학생들이 열심히 공부해서 마지막에는 모두가 비슷한 수준의 성적을 거둔다면 어떻게 평가를 할까요?

영어도 적당히 할 줄 알고, 학점도 4.0대 수준에 해외연수도 비슷한 기간을 다녀오고, 마치 적당히 수영하고 적당히 뒤뚱거리며 걷고 적당히 날 수 있는 오리로 성장시킬 겁니까?

기업에서 인재를 필요로 할 때는 수영할 사람이 오리처럼 수영하는 사람이 아니라 돌고래처럼 수영하는 사람이 필요하고, 뜀박질을 해야 될 사람이 필요하면 치타같이 달리는 사람을 채용할 것이고, 날아야 할 때는 독수리 같이 날 수 있는 사람을 선택하지 않겠습니까?

우리 아이들을 오리처럼 키우지 마세요.

조직 속에서 잘 적응하면서 생활할 수 있는 아이로 키워야 하고, 밥 값할 수 있는 역량을 지니고 있어서 회사 일을 스스로 해낼 수 있어야 하고, 남들보다 월등하게 잘하는 것이 하나라도 있는 아이로 키워야 합니다.

교과서적인 생각을 하기보다는 항상 가치 있는 창의적인 발상을 할 수 있는 아이들로 키워야 합니다.

기업은 성공을 위해서 현재 하고, 있는 시스템보다 더 개선되고 효율적인 시스템을 만들어 내야 하고, 지금 판매되고 있는 제품에 IT가 결합된 융복합화 상품을 개발하고 싶어 합니다. 그래서 스스로 성과를 내며 자발적으로 움직이는 기업의 구조를 갖추길 원하며 시장선점과 경쟁우위를 점하기 위해서 늘 새로운 것들과 앞서 갈 것들을 연구하고 있습니다.

시장통에서 사업하는 분들과 소통도 해보고, 동대문 시장에서 일하는 직업의 종류가 몇 가지나 되는지도 알아봐야 하고, 사람들이 왜 S사의 스마트폰을 사는지, 스마트폰을 사용하면서 불편해서 개선할 것은 뭔지, 스마트폰에 추가했으면 좋을 콘텐츠가 무엇인지, 지금의 판매 방법보다 더 좋은 방법은 없는지 연구해야 합니다.

우리가 타고 다니는 멍청한 자동차에 컴퓨터도 넣고, 음성인식도 넣고, 자동으로 운전도 해주고, 휘발유 대신 전기나 수소, 탄소로 대체할 수 있는 방법을, 운전자가 더 안전할 수 있는 방법을 연구 개발해야 합니다.

사장님들은 무엇을 고민하고 있는지 생각해봐야 하고 직접 경험해 봐야 합니다.

문제를 발견하고 더 좋은 개선책을 생각할 수 있는 기회를 가져야 합니다.

돌아다니면서 어떤 일들을 하면서 돈을 벌고 사는지 알아야 진로를 선택하고, 이것저것 해본 것이 있어야 무엇을 잘하는지, 좋아하는지, 해보고 싶은 것이 무엇인지를 선택할 수 있고, 사회와 기업을 알아야 무엇을 준비할 것인지를 알게 되고, 창의적인 발상이 왜 필요한지도 알게 될 것으로 생각됩니다.

문제해결력을 갖춘 인재

기업은 매일 문제해결을 위해 노력하고 있습니다.

그러나 우리 아이들은 그런 문제에는 전혀 관심조차 없이 생활합니다.

회사에 입사하면 당면한 문제를 해결할 줄 아는 인재가 필요한데 학교에서 배운 것에도 집에서 배운 것들도 그런 문제를 해결할 수 있는 방법을 가르쳐 주지 않습니다.

그래서 문제가 생기면 어떻게 풀어낼지 전혀 모를뿐더러 고민조차도 하려 하지 않습니다.

원화가치가 10원 하락하면 현대자동차는 1년에 4,900억 원을 손해 본다고 합니다.

삼성전자는 수조 원을 손해 봅니다.

휴대전화 시장을 선도하던 모토로라, 노키아사는 왜 퇴출되었을까요?

1980년대 세계 2위 회사였던 코닥은 왜 사라졌을까요?

공룡은 힘이 약해서 사라졌을까요?

변화에 대응하지 못했기 때문에 사라졌습니다.

우리 아이들은 변화에 대응할 전략을 가지고 있을까요?

채용시장이 변화하고 기업의 경쟁이 변화하고 스마트폰으로 학문의 가치가 변화하는데 여전히 교과서만 파고 있으니 걱정입니다.

애플사의 스티브 잡스는 디지털 시대를 선도했습니다.

그는 많이 배운 사람도 아니고, 컴퓨터를 전공한 사람도 아닙니다. 다만 책과 같은 컴퓨터를 만들겠다는 일념 하나로 매킨토시 컴퓨터를 만들어 냈고, 아이패드를 만들었고, 스마트폰을 만들어 유비쿼터스 세상을 선점했습니다.

그는 머릿속으로 그림을 그리면 그 상품을 현실에 내놓았습니다.

우리는 머릿속으로 간절히 원하는 것을 상상하고 그것을 그림으로 그려가는 꿈을 꾸고 있는 아이들로 왜 키워가지 못할까요?

우리는 30대 후반에 퇴출되는 봉급쟁이로 키우지 못해서 안달들을 합니다.

윗사람이 시키는 일만 평생 하고 살아야 할까요?

스티브 잡스 이후에 엘론 머스크란 인물이 출현했습니다.

그는 지구가 오염되면 사람이 살 수 없으니 지구를 오염시키지 않을 전기자동차를 만들어야 된다는 소명을 품고 벤처회사를 만들어 전기자동차를 개발하는데 성공했으며, 연료비용도 절감하고, 지구환경에도 기여하고, 기존 자동차보다 승차감도 좋으며, 소음도 거의 없어 수천 명이 돈을 내놓고 기다리고 있다고 합니다.

지구가 오염되면 사람이 살 수 없으니 화성으로 사람을 옮겨야 된다는 생각을 했고, 전기자동차를 판매한 수익금으로 사람을 화성으로 실어 나를 수 있는 왕복활동이 가능한 인공위성을 나사의 10분의 1가격으로 만드는데 성공했습니다.

지금은 미국 나사의 심부름으로 1회에 3,600억 원을 받고 우주 항공기지에 물건을 배달하는 일까지 맡고 있다고 합니다. 언젠가는 지구에서 화성을 오가는 미래가 도래하겠죠?

우리 아이가 지금 하고 있는 공부에 매력을 느끼고 있습니까?
계속 밀어붙이면 성공할 수 있겠습니까?
성공할 수 있다는 확신이 든다면 밀어 붙여야겠지만 지금이라도 아니라고 판단되면 공부를 멈추게 하세요.

"공부를 멈춰야 성공할 수 있습니다."

평범한 일상 속에서도 어떤 생각을 하면서 생활하느냐가 중요합니다.
지금부터라도 잘할 수 있고 좋아할 수 있고 계속하고 싶어 하는 일을 찾을 수 있도록 도와주세요.

집안에 놓여 있는 여러 가지 물건들에서 영감을 얻을 수 있습니다. 길을 걸으면서 볼 수 있는 것들에 대해서도 영감을 얻을 수 있습니다.

먹고 있는 음식, 입고 있는 옷, 자고 있는 집, 쓰고 있는 집기류 등 모두가 생각을 바꾸면 새로운 재품을 만들 수 있고, 그것은 사람을 더 안전하고 편리하게, 더 건강하게 만들 수 있을지도 모릅니다.

집 주소보다는 메일 주소를 알려주는 시대입니다.

내 것을 소유하기보다는 공유하는 시대입니다.

배부른 음식보다도 다이어트를 생각하면서 간편식으로 전환하는 시대입니다.

컴퓨터를 들고 다니지 않고 스마트폰으로 모든 것을 해결하는 시대입니다.

회사에 출근하지 않고 현장으로 바로 가거나 재택근무를 하는 시대입니다.

공부에 집착하기보다는 새로운 경험을 하게 하세요.

그래야 문제를 해결할 수 있는 역량을 스스로 알아가며 배워갈 수 있습니다.

사무기기 및 컴퓨터 활용능력을 갖춘 인재

50, 60대의 아버지들이 직장생활을 할 때 사용했던 복사기를 기억하십니까?

그때는 복사기능 하나뿐이라 사용하기가 간단했습니다.

그러나 요즘 복사기는 마치 회사 내 전자서버 같은 기능을 갖추고 있습니다. 저도 자주 사용하는 기기가 아니라서 지금도 복사기 앞에서 망설이다 직원들의 도움을 받을 때가 많습니다.

회사에서 어떤 사무기기들을 사용하고 있는지 대부분이 전혀 모릅니다. 인턴이나 아르바이트를 하면서 취업 전에 간접적으로 회사 생활을 경험해보게 하는 것이 중요합니다.

새벽에 일어나서 출근 준비를 하고 출근 버스도 타보고, 푸시맨이 있는 전철도 타보면서 일하러 다니는 것이 쉽지 않다는 것도 체험하면서 배워야 합니다.

아침에 팀원들과 회의도 하고, 상사가 시킨 문서를 잘못 만들어서 지적도 당해보고, 거래처나 고객을 만나서 비즈니스도 해보고, 회사 식당에서 직원들과 식사도 해보고, 퇴근 후에는 회식도 하고, 노래방에 들러서 목청껏 노래도 불러보고, 술이 덜 깬 상태로 허겁지겁 출근도 해보는 경험이 필요하지 않겠습니까?

업무지시도 이제는 컴퓨터를 이용하는 시대라서 영업사원은 현장으로 바로 출근하고 모든 결과물을 컴퓨터로 보고합니다. 컴퓨터에 약한 상사들은 항상 정보나 자료를 찾아내라는 지시를 합니다.

대부분의 일들을 파워포인트로 작성해서 멀티슬라이드로 보고하고 발표합니다. PT 면접으로 수준을 확인하는 것은 기업들이 이같은 역량을 중요하다고 생각하기 때문입니다. 또한 컴퓨터를 사용하면서부터 대부분의 정보와 자료는 컴퓨터 검색을 통해 얻는 경우가 많아졌습니다.

2장 취업을 준비하며 명심해야 할 것들

이에 따라 컴퓨터로 자료를 검색하는 능력을 지녀야 하고, 파워포인트로 문서작성이 가능해야 하며, 파워포인트로 멀티슬라이드를 멋지게 작성할 수 있어야 인정을 받습니다.

스마트폰도 이제는 사용 용도에 따라서 사무기기로 분류될 수 있습니다.

회사 밖에서도 급한 자료나 정보를 찾을 때는 스마트폰이 정말 유용합니다.

제 경우는 딸에게 궁금한 정보나 아이가 알고 있어야 할 시사적인 문제들을 가능한 스마트폰으로 찾도록 훈련을 시킵니다. 지식 평준화 사회에 맞춰서 스마트폰을 잘 활용할 수 있는 역량을 갖출 수 있도록 훈련을 시키는 것입니다.

외국 기업들은 예전부터 상시 채용이나 추천에 의한 채용을 해
왔습니다.

채용 공고를 내서 많은 인력을 불러 모아 다양한 면접 과정을
거치면서 인재를 채용하기보다는, 주변의 전문인 또는 지인들로
부터 잡 포지션에 적합한 인재를 추천받아서 채용하는 것이 더 효
율적이고 좋은 성과를 냈기 때문입니다.

한국 기업들은 짧은 기간에 고속성장을 하다보니 지금까지는
다량의 인원을 채용해서 적합한 부서에 배치해도 회사는 성장했
었고 큰 문제가 없었기 때문에 지금까지는 공개 채용을 했었습니
다. 그러나 현대자동차가 최근 이공계를 제외한 분야는 상시 채용
으로 채용 방법을 전환한다고 발표했습니다.

대학에서 취업을 전담하고 있는 필자로서는 큰 변화라 생각되

며, 이 문제에 대응하기 위해서 새로운 취업 전략과 연구를 계속하고 있습니다.

상시 채용!

회사 입장에서 본다면 언제라도 기회는 주지만 채용하지 않을 수 있다는 말로도 해석할 수 있을 것 같습니다.

상시 채용을 할 경우 온라인으로 접수를 받고 화상 면접이나 오프라인에서 면접을 진행하고, 적합한 인재 여부가 확인이 되면 인턴과정을 거친 후에 채용하게 됩니다.

그러나 상시 채용을 하는 회사에 서류를 넣고 무한정 채용을 기다려야 하는 불확실함에 도전적인 열정을 보일만한 학생들이 얼마나 있을까요?

회사 내에 채용 계획이 없는 상황이라면 서류를 제출하고도 한없이 기다려야 하고, 제출한 서류에 대해서도 아무런 연락이 없는 상태가 지속되면 혹시나 하는 마음에 또 다른 액션을 취하기가 어렵지 않겠습니까?

상시 채용 공고를 홈페이지에 띄워놓고서 접수된 서류에 대해서 응답도 없고, 아무도 채용하지 않아도 누구하나 반박하거나 이의를 제기할 수 없는 상황으로 전개될 수도 있는 것입니다.

공개 채용은 시간과 비용이 상당히 많이 소요되고 낭비적인 요소가 많기 때문에 기업들은 공개 채용보다 상시 채용으로 전환하는 추세입니다.

그렇다면 이에 대응할 취업전략은 어떻게 짜는 것이 좋을까요?

가장 먼저 지원할 직무를 결정하고

직무 수행에 필요한 각종 역량들을 취득한 후에

- 기획 & 문서작성능력

- 컴퓨터 활용능력

- 프레젠테이션 스킬

- 문제해결력

- 직장 예절과 매너

- SNS 활용능력

- 각종 공모전

- 연구 및 프로젝트 수행

- 직무와 연관된 인턴과 아르바이트 등

역량과 가치를 구체적으로 기술하여 내 발로 회사를 찾아가는 방법이 가장 좋습니다.

내 발로 내 일자리 찾아가는 시대

큰 연못에 피라미들이 1백만 마리가 살고 있다고 가정해 보겠습니다.

고기들이 먹을 알밥을 100개 만들어서 연못에 던졌습니다. 1백만 마리 중에 그 알밥을 먹을 수 있는 피라미는 100마리뿐입니다.

졸업자 대략 50만 명, 미취업자 50만 명…… 취업 시장은 1백만 명이 경합을 벌이고 있습니다. 경력을 포기하고 상위기업으로 이동하고 싶어하는 구직자는 30만 명으로 추산됩니다.

대전광역시, 광주광역시 인구에 버금가는 숫자가 서로 좋은 기업에 취업하려고 경합을 벌이고 있습니다.

전국 대학의 경영학과 학생들 인원이 학교마다 정원은 다르겠지만 평균 150명으로 추산해 보면, 대략 3만 명이나 됩니다.

인사팀, 교육팀, 총무팀, 자금팀, 회계팀, 기획팀, 마케팅팀, 홍보팀, 노무팀 등 3만 명의 학생들이 10개도 되지 않은 부서를 놓고 모두 몰려다니고 있습니다.

이런 상황에서 취업할 수 있는 확률은 너무도 낮습니다.

일본 역시 취업난이 심각한 것은 우리 사정과 크게 다르지 않습니다.

일본은 공개 채용이 사라진지 오래되었고 자기 발로 직장을 찾아 가야 합니다.

낮에는 학교 수업을 듣고, 저녁에는 가고 싶은 회사를 겨냥해서 자기소개서를 작성해서 다음날 학교 수업이 끝나고 그 회사를 찾아가서 자신을 소개하고 채용해 줄 것을 간곡히 부탁한 다음에, 집으로 돌아와서는 내일 찾아갈 회사에 대해 자기소개서를 또 작성하고 있습니다.

3~4학년 동안 300개가 넘는 회사에 서류를 제출했지만 단 한 곳에서도 인터뷰 요청을 받지 못하고 있는 것이 지금 일본의 현실입니다.

시간이 좀 걸리더라도

지금부터는

무엇을 잘하고 좋아하는지

직장이 아닌 평생 직업을 가지고 살아갈 수 있는 것들을 검토해서

가능한 회사를 직접 찾아가서 서류를 제출하고

인터뷰를 통해서 취업할 수 있도록 지도하는 것이 효율적입니다.

평생 직업을 가지고 살게 하라

　우리 아이들은 공부를 잘 하든, 하지 못하든 모두가 책상머리에 붙어 앉아서 공부만 했습니다.

　그래서 자신이 무엇을 잘하는지 전혀 모릅니다.

　부모가 '하라하라'해서 하다보니 꿈도 목표도 없는 상태로 그저 책상에 앉아서 시간을 보내왔고, 지금도 같은 패턴으로 공부하고 있는 학생들이 많을거라고 예상합니다.

　기대하는 성적이 나오지 않으면 부모들은 야단치고 잔소리를 늘어놓으며, 주변의 다른 아이들과 비교하면서 큰 소리치고 하소연만 늘어놓습니다.

　부모들이 책을 보면서 아이들에게 공부하라는 부모가 얼마나 될까요?

부모가 책을 보면 아이는 자연스럽게 책을 보면서 놉니다.

부모가 이웃을 위해 봉사하면 아이도 자연스럽게 남을 위해 봉사하고 헌신합니다.

부모가 다정다감하게 대화하면 아이들도 남들과 유연하고 부드럽게 소통합니다.

아이들을 공부시키려면 부모부터 공부하는 습관을 보여주세요. 그러면 아이는 자연스럽게 책을 보면서 즐깁니다.

공부 잘하는 것보다 더 중요한 것이 기본기와 태도라 생각됩니다. 궁금한 것, 알아야 할 것들은 인터넷이나 스마트폰으로 해결할 수 있습니다.

그러나 생활에 기본이 되는 예의범절과 태도는 잘 교육되어야 만들어집니다.

우리도 아이들에게 공부만 강요할 것이 아니라, 저마다의 타고난 재능을 살려주는 독일 교육문화를 벤치마킹하면 좋겠다는 생각입니다.

독일은 전공을 활용하는 사람이 72%나 된다고 합니다.

독일은 힘든 시기를 거치면서도 여러 분야에서 안정적이란 소리를 듣습니다. 교육기반이 탄탄한 것이 단연 한 몫을 하지 않았을까 생각합니다.

독일에서 공부에 흥미가 없는 학생은 중학교를 졸업하면서 1년 정도의 휴학기간을 가지며, 국가에서 만들어 놓은 직업훈련시설에서 50여 가지의 일들을 경험해 볼 수 있는 프로그램을 시행하고 있습니다.

집을 짓는 과정을 운영하는 교육시설에서는 벽돌도 찍어서 만들어 보고, 벽돌을 쌓는 작업도 해보고, 시멘트로 벽을 칠하는 작업도 경험하고, 벽지를 바르는 일도 해보고, 인테리어에 필요한 소품들도 만들기도 하고, 전기도 직접 가설하기도 하고, 보일러를 설치하는 작업도 경험합니다.

경험을 통해 가장 잘할 수 있고 흥미있는 분야를 선택한 후 고등학교를 진학하게 됩니다. 예를 들어 전기를 설치하는 일이 재미있고 흥미로웠다면 전기 기술학교로 진학해서 기술을 배워 사회로 진출하게 되는 것입니다.

공부를 좋아하고 잘하는 학생들은 고등학교를 졸업하고 휴학을 합니다. 대학에서 전공할 분야를 여러 가지 경험해 본 후에 전공을 중심으로 학교를 진학하고 졸업 후에 전공을 살려서 사회로 진출합니다.

전공과 관련된 회사와 협의해서 수업이외의 시간은 현장에서 인턴생활을 하면서 대학 4년을 보냅니다.

졸업할 시점에는 회사 관계자들과 인터뷰해서 학생이 원할 경우 회사에 남아서 계속 근무하거나 다른 회사로 옮겨가기도 합니다.

독일 학생 모두가 우리나라 대부분의 학생들처럼 대학을 진학하기 위해서 공부하지 않습니다. 저마다 타고난 재능(잠재력)을 살리려 노력합니다.

우리나라의 부모들은 무조건 명문대학에 들어가야 성공한다고 믿고 전공은 그에 비해 중요하게 여기지 않고 있습니다. 명문대학만 졸업하면 다 좋은 기업에 입사하고 연봉도 많이 받는 줄로만 알고 있습니다.

대학과 전공을 선택하는 것은 수많은 진로를 선택할 수 있는 것 중 하나에 불과합니다. 대학교수가 학생들의 잠재력이나 재능을 발견해서 탁월한 진로를 안내해 주지는 못합니다.

이것은 온전히 부모의 몫이라 생각합니다.

필자도 아이를 키우는 입장에서 가장 힘든 일은 아이를 '잘 키워내는 것'이라 생각했습니다.

어떤 것을 좋아하고 관심 있어 하는지, 앞으로도 건강한 아이로 키우려면 어떻게 해야 하는지, 고등학교 진학과 대학을 어떻게 보내서 무슨 일을 하면서 살게 할지 정말 큰 고민입니다.

올바른 선택과 실패를 줄이기 위해 항상 대화하고 아이가 잘하고 즐겁게 할 수 있는 분야로 전공을 계속 좁혀나가고 있습니다.

힘들고 어려워지는 세상 속에서 홀로 당당하게 살아갈 수 있는 역량을 갖출 수 있도록 도와주는 것이 가장 중요하다고 생각합니다. 그래서 공부도 남들에게 보여주는 공부를 멈추고 사회생활을 하면서 홀로설 수 있도록 지도하고 있습니다.

대기업, 금융권, 공사, 공무원······

우리 아이들이 입사했으면 하는 기업들입니다.

이러한 기업에 들어갈 수 있는 숫자는 고작 10%에 불과합니다.

그렇다면 나머지 90%는 실패했다고 생각하십니까?

지금의 부모들이 직장생활을 했을 때는 45세가 정년이었습니다.

그때 만들어졌던 신조어들이 '사오정' 아니었던가요?

우리 아이들에게는 삼십대 후반이 정년입니다.

재취업도 어렵습니다.

첫 직장이 크고 위대한 기업이 아니라고 낙담하지 마세요.

첫 직장에서 연봉이 많지 않다고 해서 낙심하지 마세요.

직장을 평생 할 수 있는 직업을 얻기 위해 거쳐 가는 과정이라 생각하면 어떨까요?

평생 직장이란 말은 이미 오래전에 사라졌습니다.

회사 이름에 연연해하지 말고 직업을 가지고 평생 즐겁게 일하면서 생활하는 것이 더 중요합니다.

저는 현재 프리랜서로 생활하고 있습니다.

1. 대학교 교수도 계약직으로 일합니다

정교수를 못해서가 아니라 정교수가 되면 다른 일들을 못하고 학교에서 시키는 일만 해야 하기 때문에 저는 정교수를 정중하게 거절했습니다. 물론 연금도 나오지 않지만 한번도 두려워해 본적이 없습니다.

그러나 제 역량을 필요로 하는 학교에서는 계약직이지만 고액 연봉을 지급하기 때문에 연금을 준비하면 해결될 문제입니다. 계약된 학교는 일주일에 3일만 출근합니다. 나머지 2일은 타 대학에서 강의하고 있습니다.

2. 기업 강의에 출강합니다

직장생활 이후 컨설팅 회사를 만들어서 의학, 유통, 전자, 대학, 프렌차이즈 등 경영전략 분야를 컨설팅하고 있습니다.

그런 경험을 살려서 경영전략 분야의 책을 출판하면서 대한민국 CEO가 읽어야 할 서적 100권에 제가 쓴 두 권의 책이 들어갔었습니다. 덕분에 전경련 CEO 조찬 특강, 능률협회 CEO 조찬 특강, 상공회의소 CEO 강의 등 기업 강의에 출강하게 되었습니다.

제 강의 콘셉트는 '컨설팅 강의'입니다.

책 한 권을 읽고 이 회사 저 회사를 돌아다니면서 강의하는 강사가 아니라 강의를 의뢰한 회사가 시장을 선점하거나 효율경영을 할 수 있도록 카운슬링하는 컨설팅 강의를 하는 강사로 이미지를 구축시켰습니다.

3. 카운슬링연구소를 운영하고 있습니다

주로 기업과 대학을 대상으로 전략 분야를 컨설팅하고 있으며 여름, 겨울방학 때는 취업관련 프로그램을 개발하여 취업준비생들을 대상으로 전국을 돌아다니면서 강의를 하고 있습니다.

제가 쓴 ≪취업 역량과 가치로 디자인하라≫는 책은 대한민국 취업시장에 교과서로 통하고 있습니다.

기업을 대상으로 컨설팅과 강의를 하면서 얻게 된 노하우를 학생들 취업에 도움이 될 수 있도록 객관적인 사실만을 담은 책입니다.

저는 가치있는 발상을 잘하는 것이 장점입니다.

제가 정교수가 되고, 정직원이 되면 그런 발상을 멈출까봐 두려워서 정교수, 정직원을 거부하고 있습니다.

제게 강의를 의뢰한 회사가 시장경쟁에서 승리하고 제게 취업을 의뢰하는 학생들을 성공시키기 위해 고민해서 성공시키는 그런 일이 즐겁고 보람되며 행복해서 계속 프리랜서로 일하려고 합니다.

♥♥

우리가 잊지 말아야 할 것은

우리 아이들이 행복하게 살아갈 수 있도록 도움을 줘야 합니다.

좋은 성적을 내지 못한다고 야단치지 마세요.

명문 대학에 들어가지 못했다고 인생 끝난 것처럼 말하지 마세요.

아이들이 하고 싶은 것이 있다면 '하지마' 보다는 '열심히 끝까지 해봐
라'라고 말하세요.

부모들이 못했거나 하고 싶었던 것들에 대해서 아이들을 통해서 대신
이루려고도 하지 마세요.

아이들이 행복한 시간을 보내면서 성장하고 사회인이 될 수 있게 도와
주면 됩니다.

아이들이 행복하게 잘 살아가는 것이 우리에게는 최고의 선물입니다.

♥♥

제3장

부모도 알고 있어야 할
변하고 있는 세상 이야기

블루칼라와
화이트칼라의 붕괴

　블루칼라라 불리는 막노동을 하던 사람들이 포크레인과 크레인에 밀려서 98.5%의 인력이 다른 일자리를 찾아 떠난 지 오래되었습니다. 삽과 곡괭이를 들고 땅을 파던 일손이 포크레인에 밀려났고 크레인 한 대가 부두에서 목재를 나르던 수백 명의 일꾼들을 대신하고 있습니다.

　하얀 와이셔츠를 입고 타이를 메고 책상에서 행정업무를 보던 화이트칼라들도 컴퓨터에 밀려서 10명의 일을 1명이 처리할 수 있는 시대가 되었습니다. 기술발전이 가속화되고 컴퓨터가 보급되면서 우리 사회도 수많은 블루칼라 현장에서 사라져간 노동인력을 눈으로 확인할 수 있습니다.

　지게차와 포크레인은 노동현장에서 수많은 노동인력을 집으로 돌려보냈으며, 컴퓨터가 보급되면서 고급인력을 밀어냈고, 다른 직업을 찾거나 그 현장에서 사라졌습니다.

한때 돈 잘 벌던 자동차 영업사원들이 대리점마다 70~100명씩 근무했던 시절이 있었습니다. 그러나 인터넷으로 자동차를 구매하는 시대가 열리면서 3~5명만이 근무하고 있습니다.

제조회사들도 영업사원을 두고 전국을 뛰면서 판매하던 방식을 홈쇼핑을 통해서 물건을 팔면서 시간과 비용을 절감하는 한편, 매출향상과 빠른 자금회전력을 통해서 연구개발에만 집중하는 경영방식을 선택함으로써 수많은 영업사원들이 다른 일자리로 이동했습니다.

화이트칼라 환경에는 효율경영 시스템 확대와 기업 내 구조조정을 통해서 조직을 슬림화시키고, 전문성과 효율경영에 초점을 맞춰서 기업구조가 개편되고 있습니다.

ERP(Enterprise Resource Planning, 전사적 자원관리), ASP (Application Service Provider, 응용소프트웨어 임대), SI(System integration, 시스템 통합)는 지게차보다 인원을 감축시키는데 더 큰 역할을 수행하고 있습니다.

ERP 프로그램이 설치되기 전에는 담당 부서나 기관의 실무자들이 수시로 올리던 통계자료를 부문별로 엑셀파일에 집계해서 공유하는 정도였습니다. 그리고 당일 필요한 시점의 정확한 자원의 양을 파악하거나 활용·응용하기는 불가능한 상황이었으나, ERP 프로그램이 설치된 이후에는 관련 담당자들 몇 사람이 실시간 올리는 자료와 정보를 전사적인 차원에서 공유하고 활용할 수 있게 되었습니다.

ASP는 인터넷과 같은 통신망을 통해 전사적자원관리(ERP), 제품정보관리(PDM), 그룹웨어, 전자상거래(EC) 등 하이엔드 애플리케이션은 물론 오피스 제품 등을 빌려주는 것입니다.

SI는 기업이 필요로 하는 정보시스템에 관한 기획에서부터 개발과 구축, 나아가서는 운영까지의 모든 서비스를 제공하는 것입니다.

컴퓨터가 보급되면서 경영 효율성을 향상시키기 위해 다양한 시스템이 개발되고 그로 인해서 조직을 슬림화시키는 현상을 당연하게 받아들이는 문화가 생겨났으며, 화이트칼라들은 급속하게 줄어들게 되었습니다.

앞으로는 똑똑한 기계와 로봇이 인공지능을 갖추게 되면서 사람의 일자리는 계속 줄어들게 될 것 같습니다.

스마트폰이 세상을 바꿔가는 이야기

전화를 걸고 걸려온 전화를 받던 전화기 기능이 말 그대로 '똑똑한 전화기'로 탈바꿈했습니다.

인터넷이 전화기 속으로 들어가서 언제 어디서라도 인터넷 활용이 가능하고, 영상통화로 보고 싶은 사람들을 보면서 통화할 수 있게 되고, 금융 업무가 가능하고, 노래를 들을 수 있는 MP3 플레이어가 내장되고, 캠코더와 더불어 녹음기가 별도로 필요하지 않게 되었습니다.

고화질의 사진촬영기능과 앨범기능을 갖추고, TV와 영화를 볼 수 있는 기능을 갖추고, 70~80만 원 하는 내비게이션을 사지 않아도 되고, 여행할 때 자주 사용하는 무전기 기능도 있고, 게임기 없이도 게임을 즐길 수 있고, GPS 기능과 대체의학을 준비하는 기능 등 다양한 앱을 통해서 더 많은 기능을 활용하고 있습니다.

유비쿼터스라 하여 언제 어디서나 필요한 것을 취할 수 있는 시대를 열고 있는 것이 스마트폰입니다.

생각해 봅시다.

MP3 플레이어를 만들던 회사는 스마트폰이 MP3를 내장하는 순간 어떻게 되었을까요? 결국에는 편리성과 다양성을 갖춘 제품이 시장을 선점하게 될 것입니다.

MP3 플레이어를 만들던 회사는 명문대학을 졸업한 학점이 우수하고 영어성적이 높은 인재가 필요하지 않습니다. MP3 플레이어 기술을 활용해서 대체품을 개발할 아이디어를 주는 인재가 필요하지 않겠습니까?

삼성블루텍은 MP3 플레이어를 만들던 회사였지만 스마트폰이 MP3 플레이어를 흡수할 것을 예측하고 대체품을 연구했습니다. 소리로 어떤 것을 만들까?

홈시어터를 개발해서 현재 대한민국 홈시어터 시장 1위를 차지하고 있습니다.

내비게이션, 사진기, 캠코더, 녹음기, TV

예전과 같은 방식으로는 성공을 보장받지 못합니다.

동종업계의 경쟁을 뛰어넘어 아예 새로운 산업에서 적이 출현하는 환경으로 전환되고 있습니다.

새로운 방법을 응용할 줄 알고 새롭게 생각할 수 있어야 하며, 더 편리하고 더 안전한 환경에서 고객을 리드할 수 있는 창의적 발상을 할 수 있도록 환경을 만들어 주세요.

창의적 발상의 시작은 직접 경험하면서 느끼는 데서부터 시작됩니다. 불편함을 느끼고, 문제를 발견하고, 유사 제품을 비교해 가면서 '왜(Why)?, 어떻게(How)?' 스스로 질문하는 습관이 필요합니다.

여기에 부모님들의 격려와 지원이 있다면 더 좋은 결과를 얻을 수 있는 원동력이 된다고 생각합니다.

모든 기업은 공부 잘한 아이보다 괴짜 같은 발상을 하면서 창의적 발상이 뛰어난 인재를 더 선호합니다.

CIT 산업으로 전환되는 기업의 갈증

CIT란

Convergence + IT가 결합되는 형태를 말합니다.

기존의 제품과 IT가 결합함으로써 기능이나 사용 용도가 더 다양해진 신제품입니다.

간단한 사례를 통해 설명하겠습니다.

생산업체도 많고 브랜드도 다양한 침대는 회전율이 낮은 상품입니다. 한 번 구매를 하면 최소한 10년 이상 사용해도 전혀 문제가 없기 때문입니다. 더이상 끼어들 틈이 없어 보이는 이 침대시장을 선점하기 위해 기존 침대에서 소재나 디자인을 새롭게 하는 것만으로는 고객을 만족시킬 수 없습니다.

회사의 슬로건이나 브랜드 콘셉트만으로도 고객을 불러 모았던 시절도 있었습니다.

'침대는 가구가 아니라 과학입니다.'

에이스침대 회사의 슬로건입니다. 침대에 '과학'이란 단어를 사용함으로써 고객들에게 신뢰를 얻게 되면서 한국 가구산업의 대표 브랜드가 되었습니다.

인체에 좋고 편하게 잠을 잘 수 있는 소재만으로 가구를 만들어서는 새로운 시장을 만들어 내지 못합니다. 마치 냉장고에서 김치만을 꺼내서 김치냉장고를 만들어 새로운 시장을 만들었던 것처럼 새로운 침대를 만들어야 됩니다.

대학에서는 이런 말을 해주는 교수나 교과서에도, 이런 아이디어를 요구하는 내용이 전혀 없습니다. 그래서 학생들은 이런 아이디어를 생각해본 적이 없습니다.

스포츠센터에서 처음 운동을 시작할 때 인바디(inbody : 바이오 스페이스의 생체전기저항법을 이용한 체성분 분석기)를 이용해 몸에 여러 가지 성분들을 체크해본 경험이 있을 것입니다. 측정기구는 간단했지만 소요시간에 비해 다양한 몸의 성분들을 분석해 내는 기능이 놀라웠습니다.

황토침대, 옥침대, 자수정침대 등 자연석을 이용한 침대들이 많이 생산됩니다. 가격도 상당히 비쌉니다.

황토는 상온(23~24도)에서 원적외선이 38% 나옵니다.

옥은 상온에서 원적외선이 58% 나옵니다.

자수정은 상온에서 63% 나옵니다.

찜질방에 황토방, 옥방, 자수정방이 있다면 어디를 들어가야 되겠습니까? 원적외선이 많이 생성되는 자수정으로 만든 침대가 그래서 비쌉니다.

황토, 옥, 자수정으로 만든 침대는 수백만 원을 호가합니다.

심지어 천만 원이 넘는 제품도 있습니다. 그러나 침대만으로 그런 비싼 가격을 지불하기에는 조금은 아쉬움이 남습니다.

그래서 침대에도 IT가 결합된 '인공지능침대'가 필요한 때입니다. 필요에 의해 구입하는 사람도 있을 것이고 부모님 효도선물로도 좋을 것 같습니다.

나이 드신 분들의 관심사는 건강입니다.

매일 아침에 일어나서 자신의 건강상태를(마치 인바디의 분석 그래프와 같이) 스크린 화면에서 체크할 수 있다면 건강관리에 상당한 도움이 될 것입니다.

침대와 인바디가 결합된 '인공지능침대'가 탄생하면 침대시장에서 새로운 경쟁력을 갖추게 되고 시장을 선점할 수 있을 것으로 생각됩니다.

나이키 상대는 닌텐도였습니다.

나이키의 상대는 같은 스포츠용품을 만드는 아디다스였지만 나이키의 표적고객인 젊은층이 재미있는 닌텐도를 하느라 신발을 신고 돌아다니지 않기 때문에 매출감소의 원인제공자인 닌텐도가 나이키의 경쟁상대로 주목받게 된 것입니다.

스티브잡스는 같은 업종의 경쟁이 '시장점유율 경쟁'에서 신발을 신고 돌아다닐 수 있는 '시간점유율 경쟁'으로 전환되어야 한다고 조언했습니다.

나이키 신발에 스티브잡스가 만든 MP3 플레이어를 내장하자고 말입니다. 그러면 젊은 친구들이 음악을 들으면서 신발을 오래 신고 다닐 것이라 생각했기에 나이키는 신발에 MP3 플레이어를 내장했습니다.

필자는 나이키가 IT를 결합했지만 잘못된 선택을 했다고 생각합니다. 왜냐하면 음악을 들을 수 있는 기구들은 주변에 너무 많기에 음악을 듣자고 비싼 나이키 신발을 사지는 않을 것이라 생각하기 때문입니다.

신발에 만보기만 내장해도 충분합니다. 다만 만보기 기능을 훨씬 강화해야 합니다.

- 칼로리 표시 기능
- 만보기 기능
- 타이머 기능

하루 소비된 칼로리를 볼 수 있으면 다이어트하는 사람들에게 도움이 될 것 같습니다. 만보 기능이 있어서 만보를 걷게 된다면 그만한 시간을 점유할 수 있습니다. 또한 타이밍 기능이 있어서 3시간 운동하다가 음악소리가 나오면 그만하면 됩니다.

이런 기능을 갖춘 저렴한 만보기를 신발에 내장해도 시장을 점유하는데 충분할 것 같습니다.

다음은 위 아이디어를 회사에 제안한 자기소개서를 소개하겠습니다.

지원동기 및 포부 [가치]

나이키와 아디다스를 공략할 전략제안

스포츠용품 산업에 지각변동이 일어났습니다. 나이키의 경쟁자가 아디다스가 아닌 게임산업에 닌텐도 때문입니다. 나이키는 스티브잡스의 조언으로 나이키 신발에 '아이팟을 내장'해서 새로운 싸움의 방식을 연구했습니다. 나이키에 신상품이 출시되었지만 가격이 너무 비싸서 구매하는 사람은 많지 않습니다.

제가 귀사의 기획부를 지원한 동기는 다음과 같습니다.

1. 새로운 싸움의 방식을 제안
시장점유율 경쟁에서 고객의 시간점유율로 싸움의 방식을 전환해야 된다면 비싼 MP3플레이어를 내장하기보다는 '만보기'만 내장해도 충분할 것으로 사료됩니다.

2. 만보기의 기능
운동량을 체크할 수 있는 칼로리 표기와 몇 보를 걸었는가를 확인할 수 있는 만보기 기능과 시간을 정해서 걸을 수 있는 타이밍 기능만을 내장할 수 있다면 저렴한 비용에 고객은 목적구매를 할 수 있을 것이며, 타깃고객층도 젊은층을 비롯해서 다이어트가 필요한 모든 고객층으로 확대될 것으로 사료됩니다.

3. 시장을 선도하는 신제품 개발
입사 후 시장경쟁을 더 깊이 조사 · 분석하여 고객의 니즈가 아닌 원츠에 맞춘 상품을 개발할 수 있는 혁신적인 기획자가 되도록 노력하겠습니다.

이러한 가치를 전달할 수 있어야 취업에 성공할 수 있습니다.
명문대학을 졸업하고, 공부 잘하고, 영어 잘하는 사람보다 회사 성공에 보탬을 줄 수 있는 그런 인재가 필요한 때입니다.

> 컴퓨터 시대가 지나면
> 우리 아이들이 살아갈
> 다음 세상은 어떨까?

우리는 지금 제3의 물결이라고 일컫는 디지털 시대를 살아가고 있습니다. 컴퓨터가 만들어졌고, 스마트폰이 유비쿼터스 시대를 열었고, 세상의 장벽을 무너뜨리고 실시간으로 소통할 수 있는 시대를 살고 있습니다. 컴퓨터를 잘하는 인재가 돈을 벌고 성공할 수 있는 기회가 많았던 시기입니다.

컴퓨터 기기들을 통해서 사람들의 삶이

- 큰 것에서 작은 것
- 느린 것에서 빠른 것
- 비싼 것에서 싼 것

으로 이동했습니다.

20세기에 사용했던 CRT TV는 두께가 60cm 정도였으며 브라운관을 사용했었습니다. 21세기에는 PDP, LCD TV로 두께가 10cm

로 얇아지면서 평면화면을 사용합니다. 아날로그 시대를 건너오면서 CRT TV가 PDP, LCD TV로 전환되는데 40년이라는 세월이 흘렀습니다.

PDP, LCD TV가 LED TV로 전환되는데 걸린 시간은 불과 1년 걸렸습니다. TV두께도 2.9cm로 얇아졌고 화질도 HD로 양질의 퀄리티를 자랑합니다. 두껍고 덩치가 컸던 TV는 이제 골동품 박물관에 보관되었고 얇고 잘빠진 고화질 평면 TV로 전환되었습니다.

예전 홍콩영화에서 주윤발이란 배우가 벽돌만한 휴대전화를 들고 전화하던 것을 기억하실 겁니다. 벽돌만 했던 휴대전화의 크기는 수십 배 작아졌고 성능은 가히 상상을 초월할 정도로 다양해졌습니다. 휴대전화 시장이 확산되면서 휴대전화를 판매하겠다는 회사가 우후죽순으로 생겨났습니다.

IMF를 기점으로 M&A(인수합병)가 확대되면서 속도가 느렸던 기업들은 모두 M&A당했습니다. 20세기에 1위를 달리던 모토로라, 노키아는 전설 속의 기업으로 사라져 갔습니다.

21세기 산업 트렌드는 다음과 같습니다.

- 스마트
- 안전(건강)
- 그린(대체에너지)

따라서 세계 석학들은 컴퓨터 시대는 완성단계에 이르렀고 이제는 제 4의 물결인 '인간중심의 감성시대'를 준비해야 한다고 합니다.

'인간중심의 감성시대'

사람이 더 안전해지는, 더 건강하고 즐겁고 행복하게 살 수 있는 깨끗한 환경을 소망하는 시대로 전환된다는 것입니다.

우리 아이들은 인간중심의 감성시대를 살아가야 합니다.

디지털시대에는 컴퓨터를 잘하는 인재가 성공할 기회가 많았지만 미래는 예술과 스포츠를 잘하거나 남을 즐겁게 하는 인재들이 성공할 기회가 많아지는 시대입니다.

그럼에도 불구하고 명문대학에 진학시키기 위해서 아이가 좋아하는 모든 것들을 그만두게 합니다. 더 좋은 학원을 찾아서 이사를 하거나 더 좋은 학군 속으로 들어갑니다. 명문대학으로 입학시킬 수 있는 정보만이 희망이라 생각합니다.

지금부터라도 아이들이 하고 싶은 것이 있다면 주저하지 말고 밀어주세요.

주변을 둘러보세요.

예전에 잘 나가던 변호사들도 지금 무척 힘들어 합니다.

세무사들도 30만 원짜리 소프트웨어에 밀려서 용돈벌이도 힘들다고 합니다.

대체의학이 도래되면 의사도 백수가 되는 세상이 옵니다.

변화하는 세상을 읽고 아이들에게 자신감과 용기를 불어넣어줘야 합니다. 칭찬만 해줘도 아이들은 자신의 한계를 넘어서 성과를 내려고 노력합니다.

지금 잘 나가는 직업이 다음 세대에도 잘 나갈지는 아무도 장담할 수 없습니다.

공부도 적당히 할 줄 알고 영어도 조금 흥얼거릴 줄 알고 컴퓨터도 좀 하고 어학연수 1년 다녀왔고…… 이것저것 조금씩 할 줄 아는 인재는 성공하지 못합니다.

하나라도 남들에게 절대 뒤지지 않는 전문성을 지녀야 성공할 수 있습니다.

책상 앞에 의미 없이 앉아있는 것보다는 나가서 많이 경험하도록, 잘하고 좋아하고 계속 할 수 있는 것이 무엇인지를 찾아보도록 도와주세요.

재능(잠재력)을 따라가게 하세요.

그래야 평생 직업을 갖고 끝까지 잘할 수 있습니다.

기업이 원하는 인재는
어떤 인재일까?

시장경쟁에서 승리하기 위해서 기업은 매일 문제를 발견하고 개선하려고 노력하며 고객을 끌어 모으기 위해서 다양한 전략들을 연구합니다.

창의적 발상이 뛰어난 인재

새로운 산업에서 경쟁자들이 출현하는 시대입니다.

종전에는 같은 산업에 종사하는 기업끼리 경쟁하였으나 이제는 융복합화 시대가 도래되면서 다른 산업에서 경쟁자가 출현하고 있습니다.

예를 든다면 스마트폰이 다양한 콘텐츠를 내장하면서 MP3 플레이어, 내비게이션, TV, 캠코더, 무전기 등의 시장을 위협했습니다. 나이키의 경쟁자도 게임 산업의 닌텐도였습니다.

이처럼 예측불허의 새로운 산업에서 경쟁자가 출현하는 시대를 살아가는 우리에게 더 이상 교과서에서 이미 나왔거나 지나갔던 이야기들이 중요하지 않습니다. 교과서에 없는 발상을 할 수 있어야 합니다.

창의적 발상은

왜?

어떻게?

사소한 질문을 던지는 것에서부터 시작된다고 생각합니다.

많은 사람들이 교과서 중심으로 맞고 틀리는 것에만 관심을 쏟고 반에서 몇등 했는지를 중요시하며, 어떤 대학에 입학할 수 있는지만 궁금해 할 뿐입니다. 성적만 좋으면 만사형통이라 생각하고 있습니다.

그러다보니 책, 시험, 성적, 진학에만 관심을 두게 되는 것입니다.

저 물건은 왜 저렇게 만들었을까?

어떻게 하면 지금보다 더 편리해질까?

같은 용도의 제품인데 차이점이 뭘까?

잘 팔리고 안 팔리는 이유는 뭘까?

더 필요한 기능은 무엇이 있을까?

어떻게 해야 판매가격을 줄일 수 있을까?

이러한 발상에서부터 변화가 시작된다고 생각합니다. 이런 발상을 거치면서 깨우치게 되는 것이 전공분야입니다. 관심을 갖는 분야로 진입하게 되면 공부하는 것이 재미있어지고 자연스럽게 문제발견이나 의문점들도 많이 생기게 될 겁니다.

이러한 환경 속에서 창의적 발상이 시작되는 것입니다.

이와 관련해서 기업들의 채용시 활용하는 역량기반서 문항을 검토해 보겠습니다.

Case 1
팀을 구성하여 프로젝트를 진행해본 경험과 본인의 포지션과 그 결과에 대해 상세히 기술하시오.

Case 2
본인이 성과를 냈던 경험과 성공원인에 대해 기술하시오.

Case 3
자사와 경쟁사의 제품을 구분하고 자사의 경쟁력을 향상시킬 수 있는 아이디어를 제안하시오.

Case 4
자사의 거래처를 방문해본 경험과 문제점을 지적하고 대안을 제시하시오.

Case 5
자사의 제품에 추가했으면 좋겠다는 본인의 아이디어를 제안해 보시오.

Case 6
자사의 슬로건을 제안해 보시오.

위 내용들은 학생들이 제게 질문했던 문항들입니다.

이런 문항은 스펙위주로 공부한 학생들은 해결하기 어려운 문항입니다.

이러한 문제를 해결하기 위해서는

1. 어떤 직무를 어떤 회사에 입사해서 할 것인지를 미리 결정해야 합니다.

2. 저학년 때부터 그 산업과 회사에 대해 관심을 가지고 블로그 혹은 홈페이지를 만들어 다양한 정보를 수집하면서 관여도를 높여가야 합니다.

3. 관련 회사의 선배나 멘토를 통해 항상 교류하며 지내야 합니다.

4. 3C(고객, 자사, 경쟁사)에 대해 두루 분석해두는 노력이 필요합니다.

입장을 바꿔서 생각해 보겠습니다.

만약 우리가 사업을 하고 신입사원을 채용한다고 가정해 봅시다.

Case 1
일명 명문 대학을 나오고, 성적이 우수하며, 좋은 성품을 지닌 인재입니다.

Case 2
명문 대학을 나오긴 했으나 성적은 별로이며, 기타 다른 활동들을 전혀 해본 경험이 없는 인재입니다.

Case 3

잘생겼거나 예쁘게 생겼고 성격이 좋은 인재이며, 언어실력이 탁월한 인재입니다.

Case 4

서울이 아닌 대학을 졸업했으나 성적도 우수하고, 대외활동도 다양하게 했으며, 영어실력은 보통수준이지만 시장을 선점하거나 돈을 벌어줄 아이디어를 제안하는 인재입니다.

Case 5

서울에 있는 대학은 아니지만 성적은 보통수준이며, 성격이 좋아 보이고, 지원한 직무를 인턴을 통해서 경험한 사실이 있는 인재입니다.

위 5가지 케이스 중에 여러분은 어떤 인재를 채용하시겠습니까?

여러분의 생각을 나열해 보세요.

제가 만약 채용 기업의 CEO라면 다음과 같은 순으로 인재를 선발할 것 같습니다.

Case 4 - Case 5 - Case 3 - Case 1 - Case 2

채용 우선순위는 다음과 같습니다.

1순위 : 가치(돈을 벌어주거나 시장을 선점할 수 있는 아이디어)

2순위 : 경험(인턴이나 아르바이트를 통해서 지원한 직무나 유사한 경험을 해본 인재)

3순위 : 외국어 실력

4순위 : 학점/ 학교 브랜드

가치있는 발상은 채용시 가장 높은 순위를 차지합니다.

이런 아이디어를 제안하는 인재는 면접시 제안한 아이디어에 대해서 많은 질문을 받게 됨으로써 수준 높은 면접을 이끌어 낼 수 있습니다.

대학을 진학할 때부터 관심 있는 분야로 전공을 선택해야 하고, 재미있어 하는 분야를 즐기면서 공부할 수 있는 대학생활이 되어야 하며, 항상 3C에 대해 블로그에 정보와 자료를 수집해둠으로써 지원하려는 회사와 산업에 대해서 훤하게 알고 있어야 '놀라움을 자아내는 아이디어'를 생성해 낼 수 있는 가능성이 있습니다.

소통할 줄 아는 인재

소통!

너무 흔하고 쉽게 느껴지는 단어입니다.

사람들이 몰라서 못할까요?

다들 소통쯤이야 매일 하고 있는 것이고 다 안다고 생각하는데 왜 소통하는 것을 기업에서는 중요하게 여길까요?

이기적이고 자기중심적인 소통은 소통이 아니기 때문입니다.

요즘 젊은이들은 우리가 사회생활을 시작했을 때와는 다르게 자신의 일이 우선이고, 자신은 절대로 손해나 피해를 봐서는 안

되고, 여럿이 힘을 합쳐서 하는 것보다 혼자서 하는 것을 좋아하고, 남의 입장이나 기분을 고려하거나 배려하지 않고 하고 싶은 말이 있으면 그냥 던져 버립니다.

소통은 말과 글로 또는 행동으로 보여줄 수 있습니다.
다들 말은 잘 한다고 생각합니다.
그러나 잘 말하는 것은 쉽지 않습니다.
말 잘하는 사람!
잘 말하는 사람!
차이가 뭘까요?

말 잘하는 사람은 생각나는 대로 주저 없이 말하는 사람을 일컫는 말입니다.
연예계에 강호동 같은 분을 생각하시면 될 듯합니다.
순간순간 막힘없이 말을 잘하는 분입니다.
잘 말하는 사람은 논리적으로 또는 상대입장에서 이해하기 쉽도록 말하는 사람입니다.
연예계에 김제동 같은 분이라 생각합니다.
재치있으면서 적합한 사례로 상대방을 쉽게 이해시킵니다.
기업에서 원하는 인재는 말 잘하는 사람보다는 잘 말하는 사람입니다.

동문서답(東問西答)하는 사람도 있습니다.
상대방이 묻는 질문에 맞춰서 답하는 것이 아니라 생각나는대로 아무거나 답하는 사람입니다. 이런 경우 소통이 어려운 사람입니다.

상대방의 말하는 의도를 파악하고 상대방이 듣고자 하는 답을 간결하게 결론만 이야기할 줄 알아야 합니다.

많은 학생들이 서론, 본론, 결론식으로 장황하게 말을 합니다.

이런 경우도 소통이 어려운 사람이라 판단합니다.

소통 중에는 배려하는 소통이 있습니다.

옆에 동료가 밤새워 일을 처리 할 것이 생겼습니다.

소통이 힘든 사람은 자신의 일이 아니라고 생각을 해버립니다.

기업이 원하는 소통은 동료를 도와서 같이 일을 마무리하고 함께 퇴근할 수 있는 사람을 일컫습니다.

회의할 때도 소통의 기술은 중요합니다.

목소리를 높여서 자기주장만 하는 사람이 있습니다.

또는 아무런 반응도 참여도 하지 않는 사람이 있습니다.

회의에 참석하면서 아무것도 준비하지 않고 그냥 몸만 와서 앉아 있는 사람이 있습니다.

이런 사람은 소통할 줄 모르는 사람들입니다.

근거가 되는 자료나 정보를 제시하면서 논리적으로 설명하는 사람을 기업은 원합니다.

동료들 간의 소통, 거래처와의 소통, 비즈니스를 위한 소통 등 다양하게 소통하는 역량이 필요합니다.

잘 말하는 인재로 키워야겠습니다.

글을 사용해서도 소통합니다.

글로 소통하는 것은 말보다도 어렵습니다.

글을 통해서 자신의 생각을 표현해야 하고 표현한 내용을 통해서 전달하려는 의도를 상대방이 정확하게 알 수 있게 해야 합니다.

모 대학교 취업지원팀 팀장께서 보내왔던 글을 소개하겠습니다.

> 안녕하십니까. 교수님.
> 오랜만에 교수님 강의를 들으니 정신이 확 깹니다.
> 그래서 저희 학생들에게도 교수님 강의를 들을 수 있는 기회를 만들어 보려고 합니다.
> 교수님께서 가능하신 과목들을 제안해 주시면 적극 고려해서 저희 학교에 강좌를 개설하려고 합니다.
> 바쁘시겠지만 가능한 빠른 시일 내로 제안서를 보내주시면 감사하겠습니다.
> 편한 주말 되세요.
> 모 대학교 취업지원팀 000 팀장

교직원 생활 25년을 하신 분입니다.

저는 이 글을 받고 여러 가지 고민을 했습니다.

1. 특강인가? 아니면 한 학기 16주 강의를 말하는 것일까?

2. 수강하는 대상은 누굴까?

3. 대상을 모르니 강의 구성이나 콘셉트도 잡기 어려운데?

4. 강의 요일은 언제일까? 다른 대학이랑 일정이 겹치면 어쩌지?

5. 강의 시간은 몇 시간을 준비하란 말인가?

6. 강사료는 얼마나 줄까?

글 중에 '가능하신 과목들을……', '저희 학교에 강좌를 개설……'

이런 문구를 통해서 추측해 보건데

'아무래도 진로 및 취업과 관련된 한 학기 교양강좌를 개설하려나 보다'

가능한 빠른 시일 내로 보내달라는 문구도 있어서 주말 이틀 동안 아무것도 하지 않고 그 학교 학생들 수준을 고려해서 한 학기 16주 강의할 프로그램을 설계하고, 요약본을 만들고, 제안서까지 정중하게 작성해서 월요일 아침에 팀장이 볼 수 있도록 메일로 보냈습니다.

월요일 9시 15분에 회신 메일이 왔습니다.

'비용이 너무 비싸서 다음에 모시겠습니다.'

정말 황당했습니다. 이틀 동안 신경써서 만든 것에 비해 회신이 너무 성의 없이 왔기 때문입니다.

소통이 되는 좋은 글이란?

내가 원하는 것을 원하는 시간 내에 받거나 실행에 옮길 수 있게 하는 글입니다.

학생들이 취업할 때 쓴 글을 사례로 하나 더 보겠습니다.

하나의 스토리를 두 가지로 작성해 봤습니다.

Case 1은 줄글 형식으로 편지글처럼 나열했습니다.

Case 2는 결론, 근거, 방법순에 의해 작성했습니다.

Case 1

큰 변화를 시도한 경험이 있는가 그 계기는 무엇이고, 그를 통해 얻은 것을 써라

> 저는 부족한 영어회화능력을 향상시키고자 3학년1학기를 마치고 호주로 어학연수를 떠났습니다. 3개월 동안 학원을 다닌 후, 호주 문화체험을 위해 kingfisher bay 리조트에 파트타임을 하게 되었습니다. 그러나 이방인으로써 낯선 환경 속에서 적응해 나가는 것은 정말 어려운 일이였습니다. 처음에는 영어와 외국 문화에 대한 자신감을 가지고 있었는데 단지 피부색과 영어를 잘 못한다는 이유로 보이지 않는 인종차별이 있었습니다. 직접 겪어보니 영어라는 언어가 생각만큼 단시간에 쉽게 정복되는 것도 아니며, 더군다나 진정한 동료 일원으로 살아가기 위해서는 언어의 문제를 뛰어 넘어 문화적 차이까지도 극복해 낼 수 있는 특별한 적응 능력이 필요하다는 것을 깨닫게 되었습니다.

Case 2

큰 변화를 시도한 경험이 있는가 그 계기는 무엇이고, 그를 통해 얻은 것을 써라

> [계기] : 새로운 방식의 마술 기초 강의 영상을 만들다.
> 회원들의 요구 및 매직팩토리 카페 내 콘텐츠 활성화의 필요성
> [기존방식과의 차이점] : 다각도 촬영과 개념 설명
> 다른 마술 카페에서 제공하는 기초영상과 차별점을 두기 위해, 다음 요소를 염두에 두고 제작하였습니다.
> 가. 개념 설명
> 다른 마술 카페에서는 개념을 설명해주지 않아 정확한 개념을 모르는 경우가 많기에 기술 이름과 개념을 정확히 설명하였습니다.
> 나. 기존 마술 영상에는 포함되지 않은 다각도 촬영
> 한 각도에서만 촬영하지 않고, 기술을 시연했을 때, 다른 각도의 모습도 담아 이해

가 쉽도록 했습니다.

[진행과정] : 퀄리티 높은 영상 제작을 위한 노력

가. 사전 설문조사

설문조사를 통해 회원들이 마술을 배울 때 어려운 점을 파악했습니다.

나. 조용한 촬영 장소 확보

촬영 목소리가 잘 나올 수 있도록 조용한 스터디룸 장소를 확보했습니다.

다. 영상 편집

부족한 설명은 자막으로 추가하여, 이해를 도왔습니다.

[결과] : 누적 조회수 1만 건 확보

누적 조회수 1만 건을 달성할 수 있게 되었습니다. 회원들의 요구사항을 파악하고, 영상을 이해하기 쉽게 만들려고 노력한 결과라고 생각합니다.

보시기에 어떤 것이 전달력이 더 강합니까?

당연히 Case 2가 생각을 명쾌하게 정리한 느낌이 듭니다.

읽은 사람으로 하여금 '밥값 할 수 있는 역량을 이미 갖춘 인재'라는 내용을 전달함으로써 취업에 성공하려는 의지와 일할 줄 아는 인재라는 메시지를 동시에 담고 있습니다.

글도 소통의 도구입니다.

생각을 명쾌하게 정리하는 기술을 익혀야 하고 특히 입사서류를 제출할 때에는 반드시 Case 2와 같이 정리해야 합니다.

행동, 표정, 제스처 등도 소통하는 도구입니다.

지각을 하거나 결석을 했을 때 이해관계자들은 특별한 생각을 합니다.

표정만으로도 고마움을 느끼고, 좋아하는 것을 알게 되고, 싫어하는 것을 알 수 있습니다. 제스처나 춤으로도 생각을 표현하기도 합니다.

유연하고 부드러운 소통 역량을 갖출 수 있도록 지도하기 바랍니다.

지원한 직무수행이 가능한 인재

대학을 진학한 학생들은 스펙 쌓기에 집중합니다.

4.0 이상의 높은 학점을 취득하려고 노력하고, 토익 900점, 오픽 IM3 이상을 취득하려고 학원을 다니고, 해외 어학연수가 취업에 도움이 된다는 소리를 듣고 워킹홀리데이 또는 언어 연수를 1년씩 다녀옵니다. 봉사활동이 중요하다니 그것도 짬을 내서 하고 금융권에서는 3종 세트 자격증이 필수라고 도서관에서 늦게까지 공부만 합니다.

대학시절 내내 이런 것들을 취득하기 위해 전국의 모든 대학생이 똑같이 움직이고 있고 결국은 모두가 같은 수준으로 평준화가 될지도 모르겠습니다.

이런 것들은 취업을 하는데 필수항목은 아닙니다.

같은 조건이면 유리하겠지만 기업이 채용을 위해 필수라고 말한 적은 없습니다.

기업이 중요하게 여기는 것은

1. 지원한 직무를 할 줄 알고 직무에 적합한 인재일까?

2. 사람 됨됨이는 어떨까?

3. 창의적 발상과 문제해결력은 있을까?

4. 회사와 팀을 위해 협업이 가능한가?

5. 계속 우리 회사에 근무가 가능한 인재인가?

이 외에도 직무에 따라서 다른 것들도 요구하는 것이 있겠지만 '최고의 인재'를 채용하기보다는 '최적의 인재'를 선택하려 노력합니다.

학교도 최고, 영어성적도 최고, 학점도 최고인 인재가 중요하지 않고, 직무에 잘 적응하고 성향이 맞는 최고로 적합한 인재를 발굴하기 위해 면접을 준비합니다.

대학진학 전부터 가장 많이 고민해야 할 것은 단연 어떤 일을 (직무) 하면서 살 것인가를 결정하는 것입니다.

좋은 대학에 입학하기 위해서 열심히 공부밖에 한 것이 없기 때문에 쉽지가 않습니다. 다만 지금 잘 나가는 직업이나 미래 돈을 많이 벌 수 있거나 가능성이 있는 직무 또는 직업만을 고려할 뿐입니다.

대학 4학년이 되어서도 학생들은 직무에 대해 망설입니다.

전공을 살려야 되는지 전공을 살리지 않으면 어떻게 취업해야 되는지 이런 내용의 상담이 가장 많았습니다.

아이들이 다양한 것들을 경험해 볼 수 있도록 하는 것이 가장 좋은 방법입니다.

이런 직무나 직업에 관해서는 고등학교 때 좀 더 심도 있는 교육프로그램이 운영될 필요가 있습니다. 또한 직무적성검사도 고등학교 때 개개인의 성향과 잠재력을 분석해서 진로나 직무에 대한 방향제시가 이루어져야 대학 진학시 학과를 선택하고 다양한 직무체험 계획을 세워 실행함으로써 자연스럽게 직무에 대한 준비가 이루어지게 됩니다.

그러나 현실에서 전공을 살려서 직무를 선택하는 사람은 15%에 불과합니다. 힘들게 공부해서 전공과 다른 일을 선택한다는 것은 학생들에게도 위험하고 국가적으로도 큰 손실이 됩니다.

가능한 빨리 어떤 일(직무)을 할 것인가를 결정해야 하고, 결정이 되면 학교 밖으로 나가서 그와 연관된 경험을 하는 것이 가장 중요합니다.

취업하려면 학교 밖으로 나가야 합니다.

등교해서 수업 듣고, 수업이 끝나면 도서관에서 자격증 공부하고, 저녁에는 영어학원으로 이동하는 학생이 취업하기 가장 힘든 케이스입니다. 뭐라도 사회 경험을 했던 학생들은 오히려 취업하기 쉽습니다.

사회와 기업을 이해했다는 것이 채용하려는 사람들과 통하기 때문입니다.

예를 들어보겠습니다.

'이마트에 입사해서 매장관리 업무를 하고 싶다'고 가정해 보겠습니다. 우선 지원 전에 몇 가지 알아두어야 할 것들이 있습니다.

1. 이마트는 유통업입니다.

2. 매장관리 업무는 특별한 전문성보다는 경험해 보는 것으로 충분히 어필할 수 있습니다.

3. 이마트에서 경험하기 힘들면 유통산업의 매장 관련 직무를 해보면 됩니다.

편의점도 유통산업입니다.

편의점에서 아르바이트를 해볼 기회는 큰 유통회사에서 인턴을 경험하는 것보다는 기회가 많습니다. 편의점에서라도 아르바이트 경험을 해보는 것이 스펙 쌓는 일보다 더 중요합니다.

지원하려는 직무와 연관성 있는 곳에서 경험하는 것이 학점, 영어성적보다 상위의 가치를 갖습니다.

취업을 하려면 하드웨어와 소프트웨어를 갖춰야 합니다.

하드웨어는 지원직무에 전문성이 필요한 부분입니다.

연구개발, 기술개발 같은 분야는 전문지식이 필요합니다.

게임은 아무나 개발하지 못합니다. 개발할 수 있는 역량이 없는 사람이 게임을 개발하겠다고 지원하지는 않습니다.

이처럼 전문 분야에는 지원자가 고유의 전문성을 갖추고 있다는 사실을 입증시키는 것이 필수적입니다. 이런 분야를 지원하는 사람들은 프로젝트 수행 실적, 공모전, 연구논문 등 실적을 명쾌하게 정리해두면 취업에 도움이 됩니다.

소프트웨어는 일반적으로 업무를 볼 때 필요한 역량을 말합니다.

● 기획 & 문서작성 능력

- 파워포인트 활용능력 및 프레젠테이션 스킬
- 직장 예절과 매너
- 문제해결력
- SNS 활용능력
- 커뮤니케이션 스킬 등

회사별 역량기반지원서를 검토해 보면 다음과 같습니다.

삼성그룹
Essay 1. 아래 3가지 사항을 포함하여 자유롭게 기술하시기 바랍니다.
1. 본인의 성장과정을 간략히 기술하되, 현재의 자신에게 가장 큰 영향을 끼친 사건을 반드시 포함시켜 주시기 바랍니다.
2. 삼성 취업을 선택한 이유와 입사 후 회사에서 이루고 싶은 꿈을 각각 써 주시기 바랍니다.
3. 본인이 지원한 직무 분야에서 성공하기 위해 지금까지 어떤 노력을 기울여 왔는지 설명해 주시기 바랍니다.

LG유플러스
본인이 지원한 직무를 회사 입사 후 잘하기 위하여 지금까지 어떤 노력을 했는지 말씀하시오.

엠코코리아
당신이 희망하는 직무와 그것을 위해 무엇을 준비했는지 작성하시오.

위 회사들의 공통점은 '지원한 직무를 위해서 학교생활을 하면서 어떤 노력을 했는가?'입니다. 우리 아이들은 지원할 직무도, 직무를 위해서 무엇을 준비해야 되는지 조차도 모르면서 학교를 다니고 있지 않습니까?

지금이라도 스펙 쌓기, 영어학원 다니기, 자격증 취득하기보다도 지원할 직무를 결정하게 하고 학교 밖으로 나가서 연관성 있는 직무를 경험할 수 있도록 하는 것이 더 중요합니다.

글로벌 역량을 갖춘 인재

FTA(자유무역협정) 체결 이후 세계는 국경 없는 하나의 시장으로 확대되었습니다.

가능한 나라에 가서 7%의 세금만 내면 어디든지 사업장이 되는 세상이 되었습니다.

한국 기업들도 해외로 나가지 않으면 경쟁력이 없습니다. 저렴한 가격에 좋은 제품들이 넘쳐나는 세상이기 때문입니다.

5천만 명 정도인 한국 시장만으로는 대량생산을 하더라도 가격을 낮추는데 한계가 있습니다.

세계 속으로 들어가서 비즈니스를 해야 승리할 수 있습니다.

따라서 신입사원을 채용할 때는 외국어를 할 줄 아는 인재를 선호합니다. 그렇다고 신입사원 모두가 외국어를 잘해야 하는 것은 아닙니다.

외국어가 필요한 부서에서는 외국어로 인터뷰를 합니다.

토익점수 964점을 취득한 제자가 있습니다.

S그룹 해외사업부에 지원했다가 탈락했습니다.

탈락한 이유는 토익점수가 높아서 면접까지는 갔었지만, 면접 인터뷰에서는 질문에 단 하나도 제대로 답변하지 못했기 때문입니다.

우리 아이들은 영어 시험은 잘 봅니다.

어려서부터 학원에 다니면서 문법 공부는 많이 했기 때문에 영어시험에서 좋은 점수를 얻는 것이 그렇게 어렵지는 않으나 말하는 것은 두려워합니다. 언어를 이해하는데 가장 중요한 문화와 배경은 이해하지 못한 상태로 남들에게 보여주는 점수를 취득하기 위해서 공부해왔기 때문입니다.

영어로 유창하게 말을 하게 하려면 학원 보내는 것을 멈추고 미국의 생활 드라마나 뉴스, 다큐멘터리 등 본인이 흥미있어 하는 프로그램을 선정한 후 반복적으로 듣는 것이 많은 도움이 됩니다.

반복 청취에 의해 귀가 트여 전혀 어색하지 않게 된 다음에는 우리말처럼 유창하게 말을 할 수 있게 되는 것입니다.

학원에 가면 문법부터 가르칩니다.

문법 공부를 마치고 나서는 영어단어를 외웁니다. 그리고 나서 말을 배우는데 문법을 먼저 배운 상태이기 때문에 주어, 동사, 목적어를 머리로 찾아서 말하려고 노력하다보니 오히려 더 어렵습니다.

아이들은 만 번쯤 엄마라는 말을 들은 후에야 비로소 '엄마'라는 말을 할 수 있게 됩니다.

듣기 후에 말을 하게 되며 책을 볼 수 있게 되고, 그 다음에 쓰기 시작합니다. 문법은 제일 마지막에 배웁니다.

영어공부는 우리말을 배우고 익혔던 반대로 학습을 합니다. 그래서 어렵고 말하는데 걸리는 시간도 상당히 소요됩니다.

영어도 우리가 한글을 배운 것처럼 언어에 익숙해질 수 있는 환경을 조성하고 같은 패턴으로 공부해야 하는 것입니다.

우리 아이들이 생활하는 시대는 글로벌 시대입니다.
영어를 할 줄 알면 25억 인구와 소통할 수 있습니다.
중국어를 할 경우 26억 인구와 소통할 수 있습니다.
일본어를 할 경우 3억 인구와 소통이 가능합니다.
우리말만 할 줄 알면 1억 인구와 소통할 수 있습니다.

기업은 면접을 통해서 외국어 수준을 테스트 합니다.

모든 직무에 언어를 테스트 하는 것은 아닙니다. 외국어가 필요한 직무를 지원한 사람들에 한해서 테스트 합니다.

외국어를 할 줄 아는 경우 선택의 폭이 넓어집니다.

또한 다양한 기회를 접할 수 있고 해외 나가서 업무를 보다 보면 보고 듣는 것이 많아져서 선진기업의 좋은 점들을 앞서 배울 수 있는 기회를 갖게 됨으로써 경쟁력을 갖출 수 있습니다.

외국 기업들과 경쟁하고 비즈니스를 하지 않는 기업은 우리 동네 자영업을 하는 회사 정도로 보면 됩니다.

기계 볼트를 하나 만드는 회사들도 모두 외국 기업들과 경쟁하는 시대입니다.

외국어 하나 정도는 할 수 있어야 글로벌 세상을 살아가는데 지장이 없습니다.

30대 후반이 정년이 되는 세상

어느 제자가 보낸 글입니다.

"제가 하고자 하는 일은 모델이여서 중학교 3학년 겨울방학 때 학원을 다니게 되었습니다.

패션쇼에서 자신감을 가지고 당당히 워킹을 하고 예쁘고 화려한 옷을 많이 입는 외적인 모습에 반해 모델을 하고 싶어 했었는데 정작 모델 강사님들께서는 외적인 것은 중요한 것이 아니라고 하셨습니다.

'패션쇼 무대에서 자신이 잘나고 멋지다는 것을 표현하는 모델은 진짜 모델이 아니라고, 인생이라는 무대에서 남에게 본보기가되어 나도 저렇게 되고 싶다고 느낄 수 있게끔 내적 정신까지 멋있는 사람이 모델이다' 라고 가르쳐 주었고 그때부터 인생을 최고가치 있게 살아가려고 후회도 미련도 없게 열심히 살았습니다.

그러면서 저는 인생을 살면서 가치 있는 삶이 무엇인지를 생각하는 것 또한 제게 가치 있고 행복한 일이라는 것을 알게 되었습니다.

제가 공부를 게을리 하면서 그쪽에만 빠져서 학생의 본분을 다 잊었다며 부모님께서는 모델하는 것을 그만두기를 원하셨습니다. 그래도 저는 제 목표가 있고 이것이 내 인생의 참 길이라고 생각했기에 모사 즉, 선의의 거짓말을 하며 몰래 학원에 다니는 생활을 1년 반동안 유지했습니다.

중간에 들켜서 호적에서 파일 뺀하고 아직도 초등학생이라며 저에게 깊은 상처가 되는 언어폭력도 많이 하셨지만, 그럴수록 저는 제 목표에 대한 굳은 마음과 의지를 다지며 '내가 꼭 성공해서 부모님께 보여드리자'고 생각하며 더 열심히 했습니다.

지금도 여전히 부모님께서는 반대하시고 계시며, 고정관념을 가지시고 제가 무슨 말을 해도 너는 말대꾸만 하고 왜 부모 말은 듣지를 않느냐며 화만 내십니다."

(중략)

믿고 싶지 않겠지만 우리 아이들이 직장생활을 하는 지금 30대 후반이 정년이 되는 세상입니다.

부모님들은 아직도 안전하고 큰 기업이 우리 아이들의 인생을 책임져 줄 것이라 믿고 모두가 같은 생각으로 일관된 주문만을 합니다.

모델!

평범한 진로가 아니라는 이유로 고정관념을 가지고 가능성보다도 부정적인 면에 더 많은 생각들을 가지고 있기 때문에 혼쾌히 응원해 주지 못하고 있습니다.

중학교 3학년 때 자신의 진로에 대해 결정하고 준비해가는 학생들은 많지 않습니다.

무엇이 되었든 평생 직업을 가지고 살아갈 수 있게 도움을 주는 것이 아이들을 위해 더 현명한 판단이라 생각됩니다.

우리 아버지 세대에는 직장이 평생을 보장했었습니다.

우리 아버지 세대에는 45세가 정년이 되었던 것을 우리 눈으로 봤었습니다. 우리 아이들은 30대 후반이 정년이 되는 세상입니다. 게다가 재취업도 힘듭니다.

이제는 직장을 거쳐서 한 분야의 전문성을 쌓고 회사를 나오게 되면 본인이 가지고 있는 전문성을 기반으로 평생 직업을 가지고 살아가게끔 돕는 것이 지금 우리가 아이들에게 코치해 줘야 할 중요한 포인트가 아닐까요?

부모들이 생각하고 있는 진로 및 취업의 세상이 70~80년대 겪었던 경험과는 절대로 같지 않습니다.

그때의 기억으로 아이들에게 오직 공부만 열심히 하라고 내모는 것은 결코 현명한 선택이 아닙니다. 부모들이 기대하는 것처럼 아이들이 만들어지면 좋겠지만 부모들의 욕심이 크면 클수록 아이들은 상처받고 자신감을 잃어 가는지도 모릅니다.

우리가 아이들의 인생을 대신 살아줄 것도 아니고, 우리가 욕심낸다고 원하는 것처럼 이루어지는 것도 아닙니다.

잘하고, 좋아하고, 계속해 갈 수 있는 것을 선택해서 즐겁게 준비하는 대학생활이면 충분하고, 선택한 것을 위해 집중할 수 있도록 도와주는 것이 부모의 역할이라 생각합니다.

책상 앞에 의미 없이 앉아있는 것보다는
나가서 많이 경험하도록,
잘하고 좋아하고 계속 할 수 있는 것이
무엇인지를 찾아보도록 도와주세요.
재능(잠재력)을 따라가게 하세요.
그래야 평생 직업을 갖고 끝까지 잘할 수 있습니다.

제4장

올바른 진로 설정과
성공적인 대학생활을 위한
카운슬링

어느 제자의 글……

저는 부모님과 통금시간 및 외출 빈도 문제로 잦은 갈등을 겪고 있습니다. 가끔씩 시간을 늦춰 주실 때도 있지만 보통 저의 통금시간은 6시입니다.

저희 부모님은 가게를 운영하고 계시기 때문에 제가 일찍 들어와서 가게 일을 도와주길 바라고 계서서 학교가 끝나면 동기들과의 시간을 가질 여유도 없이 바로 집으로 와야 합니다.

그리고 다른 곳에서 일을 할 바에는 부모님 일을 돕는 것이 더 효율적이라고 생각해서 아르바이트 경험도 전혀 없습니다.

외박은 절대로 가능하지 않습니다.

저는 제가 하고 싶은 업종에서 아르바이트 경험도 쌓고 때로는 친구들과 늦게까지 부모님 눈치 보지 않고 놀아보고도 싶고 여행도 많이 다니면서 경험도 쌓고 싶습니다. (중략)

아이 스스로가 무엇을 해보겠다는 자기표현은 중요한 의미가 있습니다. 자신에 대해 많은 생각과 검토를 해본 결과를 말한다고 생각합니다.

칭찬해 줬어야 하고, 믿고 밀어줬어야 합니다.

취업전담 교수를 하면서 겪게 되는 안타까움 중에 가장 많은 것이 공부 외에 아무것도 해본 것이 없다는 것입니다.

그렇다고 공부를 잘한 학생도 아닌데 대학 4학년을 졸업할 때까지 공부 외에는 다른 것을 해본 경험이 없는 안타까운 현실입니다.

정말 많은 학생들이 똑같은 고민을 합니다.

'공부도 잘하지 못하고, 그렇다고 다른 것을 해본 경험도 없습니다.'

대학생활!

정말 중요하고 귀한 시간을 보내는 시점입니다.

친구들과 어울려서 놀기도 하고, 세상을 돌아다니면서 견문도 넓혀봐야 하고, 이성친구를 만나 목숨 걸고 사랑도 해봐야 하고, 자신의 인생을 위해 고민도 많이 해봐야 할 때입니다.

저녁 6시가 통행금지 시간이면 학교 수업이 끝나자마자 곧장 집으로 돌아가야 합니다.

학교 앞에서 친구들과 사회적 문제를 놓고 늦은 시간까지 토론도 해봐야 하고 술에 취해도 봐야 하지 않겠습니까?

나이트클럽이 어떻게 생겼는지도 가봐야 하고, 친구들과 어울려서 남을 위해 봉사활동도 해봐야 하고, 공부 말고 사회인으로 살아갈 준비를 해야 합니다.

저녁 6시에 집으로 귀가한 아이가 바른생활 맨으로 부모에게 칭찬은 들을 수 있으나 더 큰 기대를 하는 것은 부모의 욕심이라 생각합니다.

독일 사회의 진로설정과 취업 이야기

세계적으로 위기가 도래하고 일자리가 줄어들고 실업자가 늘어나는 요즘 가장 안정적으로 움직이는 나라가 독일입니다.

독일은 어떻게 해서 위기가 왔는데도 불구하고 안정적일까요?

지식기반 구조의 안정성 때문이라 생각합니다.

독일에서는 학교보다는 전공을 중심으로 진학을 선택합니다.

그리고 학교를 다니면서도 지원한 직무나 하고 싶은 일을 인턴이나 아르바이트로 4년 내내 회사를 다니면서 학업을 병행하고 있습니다.

졸업반일 경우에는 그간 근무했던 회사와 협의해서 졸업 후 계속 근무할 것인지 아니면 다른 회사로 취업할 것인지를 상의해서 진로를 설정하게 됩니다.

이런 교육 시스템이 구축되어 있다보니 독일의 72%가 되는 학생들이 전공한 분야를 살려 직업을 선택할 수 있게 된 것입니다.

우리 부모님들은 학교 이름만 보고 진학 결정을 권유하고 학생들은 결국 성적순에 의해서 학과나 전공을 선택해서 진학하게 됩니다.

대학 졸업만 하면 뭐라도 되지 않을까 하는 막연한 생각으로 잘하지도 못하는 공부를 손에서 놓지 못합니다.

좋은 성적을 얻으려고 연연해하며, 말도 하지 못하는 영어성적 잘 받으려고 청춘의 시간을 모두 써버립니다.

취업 시점이 되고서도 전공을 살려야 하는지, 전공을 살리지 않으면 취업을 어떻게 해야 되는지, 그저 여기저기 채용 공고를 발표하는 기업들에 전국의 모든 대학생들이 몰려다니면서 서류를 제출하고 있는 현실입니다.

아이들의 재능(잠재력)을 찾아서 진로를 선택하고 전공을 선택하게 하는 것이 좋습니다.

학교 간판을 보지 말고
잠재력을 따라가라

2013년 1월 29일 노동부가 채용시장에 개입하면서 기존에 사용하던 이력서와 자기소개서를 파기하고 역량기반지원서를 작성하도록 독려하고 있습니다.

역량기반지원서란?

쉽게 설명하면 지원하는 직무에 대해서 할 줄 아는 능력을 평가하는 것입니다.

졸업하는 학교 이름도 기재하는 난이 없습니다.

학점을 기록하는 난도 없습니다.

취득한 자격증을 쓰는 난도 없습니다.

영어점수를 쓰는 난도 없습니다.

전국에 부모들이 명문대학을 진학시켜서 취업할 때 한 줄 쓰려고 했던 학교 이름을 쓰는 난이 없어졌습니다.

이제 기업은 돈 벌 수 있는 구조를 갖췄습니다. 신입사원이 입사해서 회사에 돈을 벌어줄 거라 생각하지 않습니다. 명문대학을 졸업한 학생들이 일을 잘할 거란 생각도 하지 않습니다.

지원한 직무에 가장 적합한 최적의 인재를 선발할 뿐입니다.

옛 말에 타고난 놈은 못 이긴다는 말이 있습니다.

아이에게 어떤 재능(잠재력)이 있는지 알고 계십니까?

공부 말고 다른 것을 시켜본 경험은 있으신가요?

아이가 공부를 탁월하게 잘 하던가요?

아이가 무엇을 잘하고 좋아하는지 알고 계신가요?

제 주변에도 명문대학을 졸업해서 나이 50세가 되도록 제대로 된 직장 한 번 다녀보지 못하고 빈둥거리며 놀고 있는 사람이 있습니다. SKY에 입학하는 것이 목적이었지 장래 무엇을 할 것인지는 전혀 고려하지 않고 대학을 진학했습니다.

취업을 위해 뭐라도 준비했었더라면 취업 못할 것도 없었겠지만, 명문대학을 다닌다는 자만심으로 대학시절을 허송세월로 보내고 나니 막상 취업할 때는 지원할 직무도, 준비한 것도 없어 결국 명문대를 졸업하고도 집안의 골칫덩어리로 지금도 눈칫밥 얻어먹으며 지내고 있습니다.

물론 좋은 대학에 진학해서 우수한 인재들과 인적네트워크를 형성하는 것도 중요합니다. 그보다 더 중요한 것이 재미있게 공부할 수 있는 전공이라 생각합니다.

관심있는 분야를 공부한다는 것은 즐거운 일입니다. 관심이 있어야 문제도 발견할 수 있고 그보다 더 좋은 새로운 것을 만들어 낼 수도 있습니다. 관심도 없고 생각도 해보지 않은 공부를 학교 이름만 보고 지원하는 어리석음을 부모들이 자초합니다.

명문대학에 입학했다는 자랑도 잠시입니다.

전공이 성향이나 재능에 맞지 않고 공부하는 것이 흥미롭지도 않으면 무슨 성과를 낼 수 있겠습니까?

재능에 깊이 있는 학문을 더하면 인생에 길을 여는 데는 아무 문제가 없을 것입니다.

오히려 남들보다 빠를 수 있고, 하는 일을 재미있어 하고 좋아하며, 앞서 생각하고 긍정적인 자세로 임하게 되고, 주변 동료들로부터 인정받는 것도 아무 문제가 없을 것입니다.

하기 싫은 일을 몇 푼의 급여를 받는다고 해서 목숨 걸고 하는 사람은 많지 않습니다.

잠재력을 찾아가는 사람은 일을 즐기게 됩니다.

그래서 모든 것이 잘 풀리고 성공도 할 수 있게 되는 것입니다.

자신을 돌아봅시다.

우리가 살아오면서 했던 일들을 얼마나 좋아서 했습니까?

명문대학을 졸업했던 친구들이 사회에서도 1등하던가요?

명문대학을 졸업한 친구가 돈을 제일 많이 벌던가요?

우리도 좋은 대학을 졸업하고 살아온 날들이 즐거웠던가요?

다시 태어나도 했던 일을 다시 하고 싶은 사람이 얼마나 될까요?

내 삶이 온전하지 못했다고 자식들에게 똑같은 방법으로 강요하지는 않습니까?

부모의 욕심을 내려놓고 아이들의 행복한 삶을 생각해 보세요.

하고 싶은 일을 마음껏 할 수 있도록 길을 터주는 것이 바람직한 선택이라 생각합니다.

지금부터라도 아이들의 타고난 재능을 찾아서 물꼬를 터주는 노력을 해보세요.

즐겁게 일할 때 기대이상의 성과가 나옵니다.

믿고 기다려 주세요.

내가 내 아이들을 믿지 못하면 누가 우리 아이들을 믿어주겠습니까?

직무적성검사란?

오랜 기간을 거쳐서 축척된 사람들의 성향을 데이터화시켜서 테스트하는 것입니다.

직무적성검사는 심리검사의 한 분야로 주로 적성검사라고도 합니다. 그 중에서 직무적성검사는 기업에 해당되는 분야로 직업적성검사와 구분하여 활용합니다.

검사도구는 일반적으로 인성검사, 직무능력검사, 직무적성검사로 구성되며 주로 심리적인 부분(성격)과 학과적 두뇌 활용 능력, 흥미, 관심도 등을 측정하여 적성을 추출하는 형태로 만들어지고 있습니다.

직무적성검사는 기업에 입사하여 업무적응과 함께 업무효율, 직능향상, 인간관계 등 다양한 업무능력의 가능성을 테스트하는 검사로 인성검사와 두뇌발달 및 학과적인 능력검사, 그리고 적합한 직무성향을 검사하는 것으로 나누어집니다.

직무적성검사(aptitude test)는 기업이나 단체들이 업무에 적합한 인재를 선발하거나 기존직원들의 업무역량을 향상시키기 위하여 실시하는 검사로 일반적인 학과시험과는 다른 유형으로 실시되어지고 있습니다.

직무적성검사는 인적성검사, 직무능력검사, 직무역량검사, 심리검사 등 다양한 이름으로 실시되고 있는데 크게 몇 가지 유형으로 정리될 수 있습니다.

첫째, 성격(행동발달)의 형성이나 인간성(인격)의 형성을 주로 파악하는 인성검사, 학과적인 요인과 균형 있는 두뇌발달을 진단하는 직무(사무)능력검사, 흥미나 관심도를 중심으로 파악하는 적성검사 혹은 흥미나 관심도를 중심으로 인성과 두뇌발달 등 다른 요인을 적용하여 분석하는 직무적성검사로 구성되며, 현재 가장 보편적으로 활용하고 있는 유형입니다.

둘째, 성격(행동발달)의 형성이나 인간성(인격)의 형성을 주로 파악하는 인성검사, 학과적인 요인과 균형 있는 두뇌발달을 진단하는 기초능력검사(지적 능력 검사), 현실에서 일어나고 있는 상황에 대한 분석, 판단, 대처능력, 절차 기획력 등을 파악하면서 상식, 한자, 어학 등을 선택적으로 적용시킨 직무능력검사로 구성되는 검사지로 삼성 SSAT, 직무역량검사 등이 이 유형이라 할 수 있습니다.

직무적성검사를 분석해 보면 인성검사는 개개인의 성격, 인격을 가늠할 수 있는 검사로, 감성적 요인(감정통제력, 감정상태, 정서안정성, 신경질적 경향, 흥분성, 자책성 등), 사회적 요인(대인관계력, 섭외력, 리더십, 책임성, 성취력, 협동성, 근면성, 문제해결력, 적극성 등), 도덕적 요인(준법성, 정직성, 진실성 등)으로 구분합니다. 직무능력검사는 균형 있는 두뇌발달의 정도와 방향을 진단하는 검사로 개인의 성향이나 흥미, 관심도를 중심으로(홀랜드 검사형식, 직무가치관검사, 직무탐색검사) 성향적인 요인을 고려한 사람의 유형을 분석(MBTI 검사형식, 애니어그램 검사형식), 흥미·관심도를 기본으로 인성과 두뇌발달적인 요인, 주변환경적인 요인으로 직무적성을 추출하는 형식이 있습니다.

구성	진단 영역
이해력	어휘능력, 문장해석력, 한자능력, 문법적인 요인
언어유추능력	어휘추리 및 상관관계, 상황추리, 논리 및 추론, 오류 등
수리응용력	원리, 개념, 법칙에 대한 이해능력, 연산능력, 원리응용능력 등
수/도형/일반추리력	수 변화의 원칙이해, 도형변화의 원칙이해, 일반적인 변화의 원칙 이해 등
창의력	사고의 발상력, 식이나 도형의 완성능력을 통한 사고의 전환능력 등
사고판단력	대조, 대치, 치환의 능력, 순간적인 변화에 대한 정확한 인지능력 등
공간지각력	공간분할 및 조합에 대한 이해능력, 전개도 및 조립도에 대한 공간적 이해능력, 공간개념 등
기계이해능력	이공계통의 기본적인 기계원리에 대한 이해능력, 작동원리에 대한 이해능력 등
통계분석능력	경제, 정치, 사회, 과학 등 다양한 분야에 대한 통계자료에 대한 이해능력 등

검사지 구성 기법 : 응답신뢰도 측정, 오답감점시스템, 정답이 없는 문항과 정답이 두 개인 문항을 삽입하는 형태, 응답을 하지 않는 것을 방지하기 위한 무응답률 체크, 답변의 일관성 체크 등 다양한 시스템이 개발되고 있어 수험생들은 자신이 응시하고자 하는 회사의 적성검사 형태에 대한 사전 정보가 필요할 것입니다.

신입사원 선발시 직무적성검사를 통한 체크포인트는 다음과 같습니다.

1. 기업의 인재상에 적합한 인력 선발
2. 기업의 경영지침, 경영철학을 수용할 수 있는 인력 선발
3. 문제성이 있는 성격 결함자 또는 신경·정신적 억압자를 검출하여 사전입사 예방
4. 조직의 화합에 문제점이 없는 인력을 선발하여 조직 부적응 가능자 사전유입 차단
5. 성장환경이나 인격형성 등을 고려하여 성향이 우수하고 업무집중력이 높은 인력 선발
6. 육체적인 건강이나 체력, 그리고 정신적인 스트레스가 적은 인력 선발
7. 적성에 맞는 효율적인 인사 배치 가능
8. 인재의 선정방법에 있어서 기업은 객관적인 기준의 적성검사를 통해 효율경영을 기할 수 있으며, 채용이후 퇴사율도 줄일 수 있는 경제적 측면도 고려하고 있습니다.

명문대학을 졸업하고 좋은 스펙을 지닌 인재라도 직무적성검사

에 부적합 판정이 났을 경우에는 채용하지 않습니다.

따라서 학교생활을 하면서 직무적성검사를 통하여 본인의 성향과 직무적합도를 평가하고 부족한 영역들을 미리 준비해 가야 합니다.

사람마다 몸에 지닌 우수인자가 다를 수 있습니다. 흔히 잠재력이라고 하는 것인데, 이 우수인자를 직무적성검사를 통해 발견하고 지원한 직무와 적합도를 보는 것이 직무적성검사라고 할 수 있습니다.

직무적성검사에서 탈락하는 경우는 크게 3가지가 있습니다.

첫째, 인성을 평가하는 항목 15개, 직무수행력 평가 8개의 항목이 있는데, 그중에 40% 이하는 과락 처리하는 경우 탈락합니다.

둘째, 평가한 내용의 신뢰도가 80% 이하일 경우 진술성이나 정체성의 문제 때문에 탈락시킵니다.

셋째, 지원한 직무가 잠재력 평가 17가지 잡 유형 중에 1~5번째 안에 들어 있어야 합니다. 1~5번째 안에 들어있는 잡 사이즈를 잠재력이라 말하며, 1번이 가장 높은 잠재력입니다.

성적순에 의해 학과와 전공을 선택했더라도 회사의 직무를 선택할 경우 전공을 우선시해서 지원할 것이 아니라, 잠재력이 높은 순위의 직무를 선택하는 것이 바람직한 선택입니다.

직 무 적 성 검 사

직무적성	직무특성	기준점수	받은점수	적용순위
영업	영업관리, 마케팅	126	141	15
기획	기획관리, 조사, 경영분석	120	187	6
기술	기술관리, 기술개발	120	150	11
인사	채용 임명, 이동, 출격	126	196	7
총무	비서, 의전, 업무총괄진행	115	206	3
전산	전산화업무, 전산관리	125	148	13
생산	품질관리, 생산관리	110	153	10
경리	출납, 회계	110	190	4
금융	은행, 증권, 보험관련부문	118	127	16
무역	무역관리, 해외영업	131	162	12
교육	연수, 교육개발	109	162	8
언론	신문, 방송관련부문	140	160	14
연구	기술연구, 개발연구	158	134	17
관리	일반관리	121	200	1
안내	고객안내, 서비스	115	168	9
판매	매장근무, 홍보	110	206	2

위 직무적성검사 평가지는 지방대학 경영학과를 졸업한 학생의 평가지입니다. 이 학생의 경우에는 1~5순위에 들어있는 직무가 사무, 판매, 총무, 경리, 관리업무로 나왔습니다.

이런 경우에는 경영지원팀으로 지원해서 일반 사무직으로 지원하는 것이 좋습니다. 경영학을 공부했다고 해서 마케팅팀에 지원했을 경우 잠재력이 15위에 해당하므로 탈락합니다.

기업에서 해석할 때는 경영학을 공부했더라도 마케팅업무를 맡겨놓으면 폭발적인 에너지를 낼 수 없다고 판단합니다.

위 평가자가 6순위인 기획업무에 지원했다면 어떻게 될까요?

한 단계 차이인데 붙여주지 않을까 생각하겠지만 컴퓨터가 거르는 작업을 하기 때문에 탈락합니다.

좋은 스펙과 전문성을 지니고 있더라도 감정 억압이나 감정 절제가 안 되는 사람을 채용할 경우 조직내부에 문제가 발생할 수 있으므로 미연에 방지하는 차원에서 탈락 처리합니다.

회사를 선택할 때 전공에만 의존하지 않길 바랍니다.

미리 직무적성검사를 해보고 어떤 직무가 본인에게 맞는지 확인하고 지원하는 것이 바람직한 방법입니다. 전공은 기계공학과를 졸업했으나 잠재력 분야에 기획이 1순위로 나왔다면 그 사람을 기획업무를 시켰을 때 폭발적인 에너지를 낼 수 있다고 믿는 것이 기업의 입장입니다.

이러한 직무적성검사는 고등학교 때 이루어져야 하며 아이들의 잠재력을 파악한 후 진로를 결정하고 학과를 선택할 수 있도록 지도하는 것이 바람직합니다.

대학진학 이후에 학년별로 무엇을 해야 할까?

학생이나 학부모들이 고민을 많이 합니다.

대학 1학년 때는 고등학교 때까지 입시를 위해 공부만 했기 때문에 자신의 숨겨진 끼와 재능에 대해 모르는 학생들이 많습니다.

공부에 집중하기보다는 다양한 경험을 통해서 이것저것 해보는 것에 시간을 투자하는 것이 중요합니다.

더불어 꿈과 목표를 세울 준비가 필요합니다.

목적지를 모르는 상태에서 길을 나선다는 것은 두려움과 불안감을 가중시킬 뿐만 아니라 시간도 허비하게 되기 때문입니다.

지원한 대학에 대한 긍정적인 생각이 필요합니다. 서울에 있는 대학이 아니거나 명문대가 아니면 열등감에 사로잡힌 대학생활을 하기 때문입니다. 열등감은 비난, 비평, 불만을 토로하는 온상이 되기도 합니다.

졸업할 때 어떤 역량을 갖춰서 무슨 일을 할 것인지 명확한 준비가 있으면 됩니다.

1학년 때부터 SKY에 입학한 친구를 따라잡기 위해서 도서관, 영어학원을 돌아다니면 백수가 될 확률이 높습니다. 공부보다도 사회경험을 통해서 발견하는 아이디어로 승부해야 이길 수 있습니다.

3학년 때는 실전 훈련이 필요한 때입니다.

인턴, 아르바이트를 해야 하고, 지원할 회사가 요구하는 기본 스펙을 준비해야 하고, 공모전이나 프로젝트에 참석해서 역량을 보여줄 준비를 마쳐야 합니다.

각종 기본기가 되는 문서작성, 프레젠테이션 스킬, 파워포인트 활용능력, 컴퓨터 활용능력, 지원·직무·경험 등 취업에 필요한 소프트웨어를 취득해야 됩니다.

지원한 직무는 무엇이며 직무 수행을 위해 요구되는 실전 준비를 마쳐야 합니다.

4학년이 되면 하드웨어(직무의 전문성), 소프트웨어(그 외 업무수행에 필요한 다양한 능력들)가 준비된 상태에서 지원할 회사의 산업과 경쟁관계를 분석하고 아이디어를 만들어야 합니다. 아이디어는 가치라 하며 가치는 취업하는데 가장 상위에 있습니다.

현장에 근무하면서 경험했던 것들 속에서 문제점을 발견하고 더 효율적이고 효과적인 개선책을 만들어서 자기소개서에 담을 수 있어야 합니다.

4학년이 되어서야 소프트웨어를 준비하면 늦습니다.

3C(고객, 자사, 경쟁사)를 분석하고 경쟁에서 이길 수 있는 아이디어를 제안하거나 기존의 제품에 IT가 결합될 수 있는 신제품 개발 아이디어를 제안하는 것이 채용을 결정하는 가장 중요한 요소입니다.

스펙(학점, 영어점수)과 자격증에 올인하지 마라

얼마 전에 필자가 근무하는 대학 영어영문학과에 재학 중인 3학년 여학생이 상담을 왔습니다.

배우가 되기 위해서 부전공을 하거나 복수전공을 연극분야로 하고 싶다는 상담이었습니다. 부전공이나 복수전공을 선택하지 말고 우선 연극영화과 수업을 들어보라는 결론을 내주었습니다.

왜냐하면 부전공이나 복수전공을 할 경우 관련 조건의 학점을 모두 이수해야 전공자격이 부여되기 때문에 다른 것을 할 시간이 너무 부족해지기 때문입니다. 그렇게 되면 대학생활 동안 학점 따는데 모든 시간을 올인해야 합니다.

그쪽 방면에 탁월한 재능이 있는 것이 아닌데 배우수업에 모든 시간을 투자했다가 다른 길을 선택할 수 있는 여건을 만들지 못하게 될 수도 있습니다.

채용하는 입장에서도 연극이나 영화를 전공한 사람이 유리하지 부전공이나 복수로 전공한 사람을 선택할리 만무하기 때문입니다. 물론 재능이 타고난 경우에는 수업을 듣지 않아도 배우가 될 것이라 믿고 있습니다.

지금은 채용시장의 과도기입니다.

예전의 이력서와 자기소개서를 요구하는 기업이 있는가 하면 노동부가 제시한 역량기반지원서를 제시하는 기업도 있습니다.

예전 채용 스펙의 커트라인은 다음과 같습니다.

학점 3.0 / 토익점수 700점

KCC, 동원그룹, 현대 모비스, 삼성그룹, LG그룹, SK그룹, 동부그룹, 오뚜기 등 대부분의 대기업들이 같은 수준의 스펙을 키트라인으로 정했었습니다. 이는 학교에서 배운 공부를 인정하지 않겠다는 의도이기도 합니다.

적합한 인재를 채용해서 재교육 시킬 준비를 하고 있는 것이 기업의 입장입니다. 그러나 역량기반지원서를 쓰고 있는 요즘은 학점, 토익점수, 자격증, 해외 연수관련 등 아무것도 쓰지 않습니다.

회사들도 채용 방법을 바꾸고 있습니다.

현대자동차는 2012년 상반기 인턴채용에서 '오직 실력으로 승부할 H innovator를 찾습니다'라고 하였습니다.

학교, 전공, 학점, 영어점수의 입력이 없는 채용방법을 선택했으며, 최근에는 이공계를 제외하고는 모두 상시채용으로 전환시켰습니다.

SK텔레콤은 학력, 영어점수 등 각종 스펙을 완전히 배제하고 SNS에 대한 이해도와 소통능력을 지닌 인재를 채용했습니다.

CJ E&M넷마블과 CJ게임즈 역시 상반기 인턴사원을 학력에 제한 없이 모집하고, 소위 스펙보다 게임에 대한 열정 및 해당업무 영역에 적합한 전문역량 보유 여부를 선발과정에서 우선시 했다고 밝혔습니다.

국민은행도 스펙(학점, 토익점수)과 학교레벨을 보지 않고, 자격증도 필요 없으며, 금융권에 적합한 인성과 기본 소양을 지닌 인재를 채용한다고 했습니다.

예전의 이력서에는 다음의 내용들을 기록하게 되어 있었습니다.

- 개인정보
- 학력사항
- 자격증
- 인턴/아르바이트 경험
- 해외연수
- 활용사항 등

그러나 역량기반지원서를 쓸 경우에는 성명 · 주소 · 휴대전화번호 · 집 전화번호 · 나이 · 보훈대상 여부만을 기록하면 됩니다.

학교이름 · 학점 · 영어성적 · 자격증 등을 기재하는 난이 없습니다.

이런 경우 취업이 더 쉬울까요?

더 까다롭고 어렵습니다.

필요한 직무에 적합한 인재를 면접시 인터뷰로 정확하게 확인하고 채용합니다. 영어를 잘하는 인재가 필요한 기업은 영어로 질문하고 원어민 수준의 영어 답변을 구사하는 인재를 채용하면 됩니다.

토익점수 900점대의 인재를 채용했던 과거와는 다릅니다. 점수 위주가 아닌, 현업에 필요한 역량을 확인해서 채용하게 됩니다.

남에게 보여주는 공부를 멈춰야 하고 살아가면서 활용할 수 있는 실전적 공부를 해야 할 때입니다.

자격증의 경우 이공계는 기사자격증이 입사지원서 제출시 필수로 되어 있습니다. 그러나 금융권 은행의 경우 3종 세트라고 하는 자격증이 학생들 사이에서는 필수처럼 인식되어 오고 있지만, 회사에서는 그런 자격증이 필수라고 했던 적이 없습니다. 그저 좋은 점수를 받기 위해 학생들이 만든 스토리에 불과합니다.

3종 세트 자격증을 따려면 최소 1~2년을 꼬박 투자해야 합니다. 3종 세트를 준비해서 은행권을 지원했으나 최종 불합격했다면 그 다음 대안은 무엇일까요?

금융권쪽으로 지원을 계속해야 될까요?

탈락한 이유가 스펙이나 자격증이 아니라 금융권에 적합하지 못한 이미지 때문이라면 좋은 스펙과 자격증은 아무런 의미가 없게 됩니다. 금융권을 준비하다가 실패하게 되면 일반 기업에 취업을 위해 준비한 것이 없기에 취업이 상당히 늦어질 수도 있습니다.

가능한 저학년부터 진로의 방향을 설정해서 하드웨어와 소프트웨어를 함께 준비해 가는 노력이 필요하고 높은 학점과 영어성적, 자격증 취득을 위해 대학생활의 소중한 시간들을 모두 올인하지 마세요.

업무수행에 필요한 역량을 갖춰라

- 기획 & 문서작성
- 프레젠테이션 스킬
- 프로젝트 수행
- 컴퓨터 활용능력
- 인턴이나 아르바이트 경험 등은 업무역량으로 평가 받습니다.

기업이 선호하는 역량 중에 1순위가 기획 & 문서작성입니다.

회사 생활 대부분이 문서를 만들고, 보고하고, 실행하는 것으로 시작되기 때문입니다. 학교에서는 학생들이 리포트를 작성해서 제출하거나 발표도 하지만 그것은 기업이 요구하는 수준에 미치지 못하기 때문에 외부 기관이나 전문가들로부터 별도로 수강하고 수료증을 취득하길 원합니다.

기획 & 문서작성 수료증은 가산점 300점을 받을 정도로 공모전 다음으로 높은 평가를 받습니다.

기획 & 문서작성은 생각을 명쾌하게 종이에 옮겨 놓는 작업이며, 문서를 통해서 자신의 생각을 타인에게 전달해서 설득하는 과정입니다. 주로 파워포인트를 활용해서 작업하는 제안서, 사업계획서 등은 맥킨지식 3단 프레임워크를 활용해서 작업하는 것이 남을 설득하기에 용이합니다.

많은 학생들이 회사에서 사용하는 문서에는 어떤 것이 있는지, 어떻게 생겼는지조차 모르는 경우가 대부분입니다.

문서조차 만들지 못하기 때문에 경력자들과 경합을 벌이면 떨어질 수밖에 없습니다. 3~4학년 때 기획 & 문서작성에 대해서는 반드시 수강을 하고 수료증을 취득해 두는 것이 좋습니다.

프레젠테이션은 회사 업무수행에 많이 사용합니다.

제안서를 작성하고, 서류가 검토된 후에는 내용을 요약해서 발표하게 되는데, 사업계획서를 작성해서 사업이 진행되기 전에 수십 차례 프레젠테이션을 거쳐서 실행여부를 결정하게 됩니다.

발표 내용은 워드를 사용해 작성하는 경우도 있고, OHP를 활용하는 경우도 있지만, 요즘에는 OHP는 거의 사용하지 않고 주로 파워포인트로 작성하는 경우가 많습니다.

전국 대학생 프레젠테이션 경진대회에 출전해서 입상한 경우에는 취업에 결정적인 영향을 미친 사례도 많습니다. 우수한 프레젠테이션 능력을 가지고 있는 것은 경쟁력과 직결되기 때문에 매우 적극적으로 참여하기를 권합니다.

프로젝트를 수행한 경우

1. 프로젝트의 목적과 범위

2. 프로젝트 기간

3. 포지션

4. 수행능력

5. 결과

순으로 생각을 정리해 두면 역량기반지원서를 작성할 때 활용하기 좋습니다.

주식회사 효성

(121-020) 서울특별시 마포구 공덕동 450
TEL : (02)707-7000, FZS : (02)707-7799
www.hyosung.com

문 서 번 호 : 효본총 제00-000호   2012. 12. 15

수   신 : (주)엘앤아이컨설팅 대표이사

참   조 : 프로젝트 제안팀장

제   목 : 문서기획과정 개발에 대한 제안서 제출 요청의 건

        귀사의 무궁한 발전을 기원합니다.

        우리 회사에서는 다음과 같이 효성 임직원들의 문서기획력 과정을 개발, 운영하고자 하니 제안 요청합니다.

- 다   음 -

1. 개발목적 : 가. 효성의 PG별 문서작성 방법의 통일화

           나. 효과적 문서작성 스킬을 배양함

......

붙임 : 2012년도 문서기획력과정 교육훈련계획 1부. 끝.

        주식회사 효   성

        대표이사 ○ ○ ○

요즘 아이들은 컴퓨터를 잘 합니다.

그러나 입증할 수 있는 라이센스가 있어야 합니다. 컴퓨터 자격증 2개는 기본이라 생각하고 저학년 때 미리 취득해 두는 것이 좋습니다.

동국제강에 입사한 제자의 사례를 소개하고자 합니다.

필자는 회사와 지원자가 서로 필요로 하는 것에 대한 '코드'가 맞을 때, 취업에 성공할 수 있다고 생각합니다.

그래서 지원직무와 회사의 특성을 고려해 자신의 소프트웨어를 차별화 시켜가면서 학생들마다 준비를 시킵니다.

소개해드릴 학생은 학점은 3.5, 토익점수는 716점 정도의 중위권 수준의 학생이었습니다. 담당 학생은 소프트웨어에 해당하는 컴퓨터 자격증을 준비하고 있었고, 필자는 검색사를 따는 것이 어떠냐고 제안했습니다.

일본에서 한국으로, 한국에서 중국으로 철강산업이 이동하고 있고, 그것에 따른 정보와 자료가 필요할 것 같으니 해당 정보와 자료를 찾아줄 수 있는 능력을 갖추고 검증할 수 있는 자격증이 있다면, 분명 면접에서 좋은 점수를 받을 수 있겠다는 생각으로 제안했습니다.

그 제안은 적중했습니다.

면접관으로 참석했던 전무님께서 컴퓨터 자격증에 '검색사'란 단어를 보시고는 '이화연 씨! 컴퓨터 검색 잘 합니까?'

'그럼 일본에서 한국으로, 한국에서 중국으로 이동하는 철강산업의 자료를 찾을 수 있나요.?'라고 물으시더랍니다.

15분 만에 60여 쪽의 자료를 찾아서 드렸더니 다른 질문할 것 없이 전무님이 채용했고, 지금은 전무님을 도와서 컴퓨터 정보와 자료를 찾는 도움을 드리면서 동국제강에서 근무하고 있습니다.

다양한 경험과 여러 가지 보여줄 것들 중에 회사의 갈증요인을 해결할 수 있는 코드를 맞출 수 있는 것을 준비할 수 있다면 베스트라 생각합니다.

학생의 역량과 기업간 코드를 맞추기 위해서 방학기간에는 맥킨지식 기획 & 문서작성 과정을 개설하여 운영하면서 파워포인트를 활용해서 작업한 다양한 디자인의 문서를 실습하게 합니다. 실습한 자료를 입사서류 지원시 첨부해서 보내라고 지도합니다.

첨부된 놀라운 자료들을 본 면접관들이 예상했던 것보다 훨씬 더 좋은 평가를 해줌으로써 기획실로 발령난 사례도 많았습니다.

사례 1

교수님 안녕하신가요?
드디어 취업에 성공했습니다.
교수님께서 자기소개서 클리닉 해주신 것으로 면접 때 칭찬 많이 들었습니다.
생각을 명쾌하게 잘 정리한 것 같다시며 일도 잘할 것으로 기대한다고 하셨습니다.
근데요 교수님~~~
큰 일 벌어졌습니다용
매장관리를 지원했는데…… 맥킨지식수료증 보시고는 연습한 샘플 첨부하라셔서 했더니…… 저 기획종합조정실로 발령났습니다.
학교 다닐 때는 공부 때문에…… 회사 다니면서 문서작성에 골머리……
어쩌하오리까?
염치없지만 교수님께서 도움주시면 큰 은공이겠습니다.
연수 마치면 찾아뵐께요. 사랑해용……

사례 2

안녕하십니까 교수님 지난달에 수업 들었던 경남대 신문방송학과 4학년 도종호입니다.

이번에 중소기업에 면접을 보게 되어 합격을 했습니다.

지원분야는 영업관리였으나. 맥킨지에 대해 물어 보시고는 기획실로 보직을 옮기게 되었습니다.

겁이 납니다.

기획서 쓰는 건 아직 익숙하지 않은데……

문득 생각 나는 게 교수님이 다른 학생들에게 자료 보내주셨단 말을 기억하고 이렇게 메일을 보냅니다.

기획서, 제안서 등 문서 작성 샘플을 좀 보내주시면 안되겠습니까?

실습사례

2-5 취업 창업자들의 업무수행력과 보완점

본 과정을 수강하는 학습자들의 특성을 고려해볼 경우, 새로운 분야로 취업·창업하는 경우가 많으며 전문지식을 활용하기보다는 장시간 숙달된 경험을 중심으로 취업·창업하려는 자들이 많음을 알게 됨.

이러한 점을 고려해서 지원분야에 현장실습 시간을 늘리거나 심화과정을 통해 경쟁력을 확보할 수 있도록 해야 됨.

학습자들의 업무수행력 및 환경분석

- 경험해보지 못했으나 해보고 싶은 과정을 지원하는 자가 대부분임

- 이론 학습 이후 현장에 배치되었을 경우 업무를 수행하는 프로세스조차 이해하기 힘듦.

- 기초이론 지식만으로는 현장의 전문성을 따라가기 어렵다고 호소함.

- 가사업무 이후 시간제로 근무할 수 있는 직장 선호

대진대학교 평생교육원·산학능력개발원

- **평생교육원 보완점**
  1. 학습자들의 목적과 니즈 조기 파악
  2. 협력사들의 지속적 발굴
  3. 학습초기에 현장 실무를 경험할 수 있도록 조치

- **산학능력개발원 활용**
  1. 심화과정 개발
  2. 전문성 향상
  3. 정규직 전환

실무능력 향상 시스템 구축 Business Domain

- 현장 전문가 멘토지정 1:1 집중지도

- 멘티 업무능력 평가 위탁기관 제출 및 정규직 전환 고려

현장 실무를 경험하는 협력회사

3-1 취업 · 창업 활성화 계획

재취업 · 창업 활성화를 위해서는 지원한 학습자의 역량과 잠재력을 분석하여야 하며, 본 과정을 지원한 목적과 과정 이수 후 활용계획에 대해 파악하고 있어야 하며, 일자리 알선시 고용회사와 지원자의 역량과 목적이 상호 연계성이 있도록 배치하는 것이 선행되어야 함.

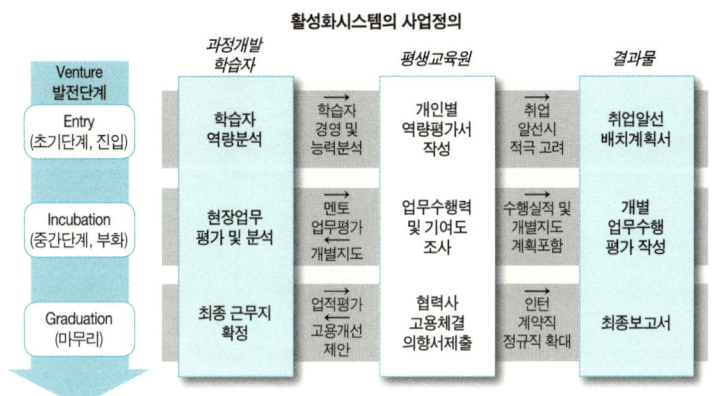

활성화시스템의 사업정의

3-6. 학습자 충원계획 및 마케팅 전략

2013. 학습자 모집 후 분석한 매체별 기여도에 따라서 효율성이 높은 마케팅 방법은 지향하고, 학습중에도 과정의 가치 및 활용도, 운영기관의 적극성 등을 홍보하여 학습자가 주변 지인을 소개하는 방식도 간과해서는 안됨.

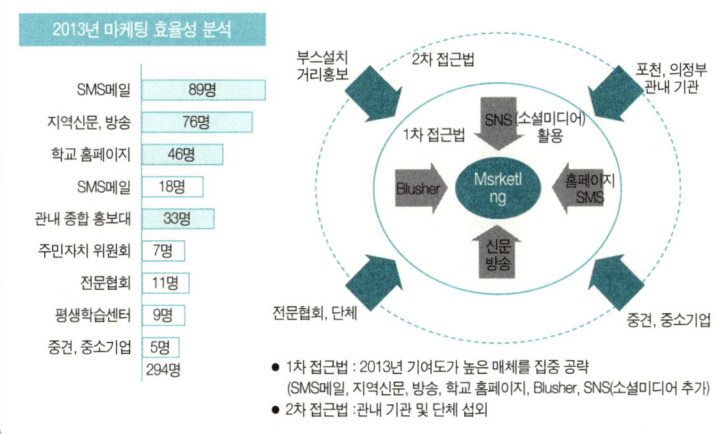

2013년 마케팅 효율성 분석

- 1차 접근법 : 2013년 기여도가 높은 매체를 집중 공략
  (SMS메일, 지역신문, 방송, 학교 홈페이지, Blusher, SNS(소셜미디어) 추가)
- 2차 접근법 : 관내 기관 및 단체 섭외

잘할 수 있는
일이 무엇인지 고민해봐라

1,000번을 넘게 이력서를 보냈는데도 불구하고 불러주는 회사가 없었다는 학생의 고민을 뉴스에서 들은 적이 있습니다. 불러주지 않은 데에는 이유가 있을 것으로 생각합니다.

자기 PR만 늘어놓았거나 학점이나 영어성적을 높이기 위해 노력했던 흔적들을 전달하려고 애썼을 것 같습니다.

어제도 저희 학교 4학년 학생과 취업상담을 했습니다.

전공도 좋아서 선택했던 것이 아니라서 좋은 성적을 얻은 것도 아니고, 토익성적은 689점이어서 어디 제출하기가 쉽지 않았습니다.

어떻게 되겠지? 막연하게 생각만 했었지 막상 4학년이 되고 취업을 해야 될 시기가 되자 두려움이 앞서서 상담을 신청했다고 합니다.

정말 많은 학생들이 이와 같은 고민을 하고 있습니다.

25%의 법칙!

명문대학도 상위 25%는 잘 합니다.

공부도 열심히 하고, 다른 활동들도 왕성하게 하면서 어떻게 해야 성공할 수 있을지를 알고 달립니다.

나머지 75%는 그저 그렇게 생활합니다.

중위권 대학이나 지방대학에 재학하는 학생들 25%도 꿈과 목표를 세워서 열심히 준비해서 성공합니다.

나머지 75%는 명문대학이든 지방대학이든 그저 그렇게 생활합니다.

공부가 되는 사람은 공부를 해서 성공할 수 있습니다.

그러나 나머지 학생들이 문제입니다.

공부나 학교, 전공이 마음에 안든다고 포기할 수는 없습니다.

취업은 성적으로 하는 것이 아니기 때문입니다.

저는 75%에 해당되는 학생들에게 공부하지 말라고 주저 없이 말합니다. 공부해서 성공할 수 있는 확률이 낮기 때문이고 인재를 채용할 때 성적순으로 뽑지 않는다는 것을 잘 알고 있기 때문입니다.

이런 학생들이 취업하기 위해서는 차등화(差等化)시킬 수 있는 특별한 가치를 지니고 있어야 합니다.

75%에 해당되는 아이에게 계속해서 공부하라고 하면 부작용이

생깁니다. 공부도 자신감을 잃게 되고, 열등감의 골은 깊어지고, 잘하지 못하는 공부를 부모님은 계속 강요하시니 부모님 앞에서는 잘하는 척 하면 아무 탈이 없으니 눈속임으로 시간을 보낼 수도 있습니다.

부모님들의 용기가 필요한 때입니다.

공부 외에 해본 것이 없는 아이에게 '공부하지 말고 하고 싶은 것을 해봐라!'라고 말씀하셔서도 아이가 선뜻 무엇을 하겠다는 말을 못합니다.

좋아했었고, 잘했었고, 즐겁게 했던 경험이 없기 때문입니다.

사례를 들어 설명하겠습니다.

아무 생각 없이 학교를 다녔던 패션디자인을 전공하는 학생의 이야기입니다.

3학년 1학기 여름방학 때 저를 찾아왔습니다.

패션디자인을 지금까지 공부했지만 특별히 잘하는 것 같지도 않고, 학교 와서는 선배들 졸업작품 만드는 것을 도와주고는 있지만 정작 자신의 진로에 대해 그저 막연하게만 생각하고 있어서 불안하다고 했습니다.

중, 고등학교 때는 그림을 그렸으나 그림 그리는 것으로 진학을 하고 사회생활을 하기에는 너무 막막해서 아빠 권유로 패션디자인을 공부하게 되었다고 합니다.

저는 이 학생이 손으로 뭔가를 할 수 있는 재능과 예술적 감각을 지니고 있다는 생각을 하면서 다음과 같은 주문을 했습니다.

'패션디자인을 공부한다고 해서 모두 디자이너가 되는 것은 아니다. 너의 타고난 재능을 잘 활용하면 더 좋은 성과를 낼 수 있다'고 했습니다.

패션을 공부했고, 그림을 그렸던 감각으로 봐서는 '디스플레이어'가 되는 것은 어떠냐고 물어봤습니다.

디스플레이어는 사실 국내에서는 생소한 직업일 수 있으나 선진국이나 이탈리아 밀라노에서는 전문가들이 왕성하게 활동하는 직업이기도 합니다. 좋겠다는 학생의 의견을 듣고 디스플레이어가 되기 위한 과정을 설명했습니다.

- 블로그를 만들어라.
- 백화점외 전문 브랜드 숍을 방문해서 디스플레이된 작품들을 사진찍어서 블로그에 담아라.
- 영어로 된 드라마 CD를 구해서 매일 듣고 다녀라.
- 겨울에는 이탈리아 밀라노를 방문해라.
- 그곳에서 아르바이트 할 기회를 만들어서 경험을 해라.
- 의류 브랜드 또는 백화점을 표적으로 진로방향을 설정해라.

디스플레이어란 전문직에 진로 방향이 설정되자 학생의 눈빛에서 자신감과 에너지가 뿜어 나오는 느낌을 받았습니다.

시간날 때마다 청담동 전문 로드숍과 계절이 바뀌는 백화점을 찾아다니며 사진을 찍고 블로그에 담아 기록을 남기기 시작했습니다.

겨울방학 때 이탈리아 밀라노로 배낭여행을 떠났습니다.

수백 개의 브랜드가 즐비한 밀라노 거리를 돌아다니다가 신상품을 디스플레이 하는 숍을 발견했는데 자신도 모르게 숍 안으로 끌려들어 갔다고 합니다.

그리고는 매니저에게 도와드리고 싶다는 말을 했답니다. 3시간 동안 일하는 것을 지켜본 매니저가 멋진 제안을 했습니다.

'보조할 사람이 필요한데 가능하면 함께 일하는 것이 어떻겠냐?' 흔쾌히 수락하고 그날부터 인턴 계약직 사원으로 3개월간의 트레이닝 기간을 거쳐 정식 파트너가 되어서 현재 밀라노에서 근무하고 있습니다.

다녀오신 분들은 아시겠지만 유럽은 백야가 있어서 새벽 1, 2시까지 훤합니다. 아침 7시부터 시작해서 새벽 1시까지 일을 한다고 합니다.

일이 재미있고 늘 새롭게 디스플레이를 하다보면 시간 가는 줄 모르고 남들보다 2배로 일을 하다보니 연봉과 상여금이 억대가 넘는다고 합니다.

물론 대학은 중퇴한 상태입니다. 외국에서는 일하는 수준이나 전문성을 중요시 여기지 한국처럼 학교 간판이나 졸업장을 중시 여기지는 않습니다.

가끔 전화로 안부를 전해 옵니다.
'만약 교수님이 저희 학교에 안 계셨더라면
그날 교수님을 찾아가지 않았더라면
오늘과 같은 행복한 날은 없었을 것입니다.
일하는 것이 너무 즐겁고 행복합니다.

내게 이러한 재능이 있다는 사실이 놀랍습니다.

학교에서 공부할 때는 머리가 나쁜 줄 알았는데

현장에서 일할 때보니 제 머리가 팽팽 돌아가는 게

아이디어는 대부분 제가 내고 있습니다.

타고난 재능으로 직업을 가지고 살라는 교수님 말씀에 정말 공감이 갑니다.

제가 한국에서 졸업했다면 아마 지금 백수로 지낼 것 같습니다.

요즘은 제가 낸 아이디어로 디스플레이용품도 직접 제작해서 사용하다보니 시간단축도 되고 다른 기업에 판매도 하게 되서 성과급도 더 많이 받고 있습니다.'

잘하고, 좋아하는 일을 하면 문제발견도 쉽게 되고
더 효율적인 아이디어를 내는 것도 쉬워집니다.
당신의 자녀가 75%에 해당된다면
지금부터라도 잘하는 일이 뭘까를 고민하시기 바랍니다.

지원할 회사의 산업군과 3C(고객, 자사, 경쟁사)를 분석하라

고객(customer), 자사(company), 경쟁사(competitor)를 분석해야 성공합니다.

학교를 다니는 목적이 취업해서 사회생활을 안정적으로 영위하는 것이라면 교과서만으로는 부족함이 너무 많습니다. 교과서보다 똑똑한 것이 없다고 교수님들은 말합니다. 그러나 교과서는 한 분야의 기본기를 갖추는데 필요할지 몰라도 요즘 같은 세상에 취업을 하는데는 도움이 되지 않습니다.

삼성그룹을 비롯해서 상위 10대 그룹의 학점 커트라인이 3.0입니다. 학교에서 공부한 것을 인정하지 않겠다는 의도입니다.

교수님들께서 이 글을 읽으시면 역정 내실지 모르겠으나 70~80년대에 공부해서 만들었던 것들로 구성된 지식모음들이 정보화 사회가 무르익은 최첨단 디지털 시대에 무슨 의미가 있겠습니까?

기업은 매일 보이지 않는 전쟁을 치르고 있습니다.

전통적 비즈니스를 담은 경영학이 필요하지 않습니다.

SNS(소셜미디어)로 지구 반대편의 고객과 실시간으로 소통하고 트위터로 묻고, 블로그로 보여주고, 페이스북에서 만나는 시대인데 발품 팔면서 거리를 뛰어다니며 조사했던 전통적 비즈니스 방식은 분명 한계가 있다고 생각합니다.

상위 25%의 학생들은 스스로 취업의 문을 열고 사회로 진출합니다.

제가 도움을 주는 학생들은 75%에 해당되는 학생들이 대부분입니다. 이런 학생들은 스펙으로 취업하기보다는 경험해본 강점을 더 강화시켜서 취업하거나, 지원하는 회사의 갈증요인을 찾아서 문제를 해결하는 아이디어를 제안하는 방식으로 취업 카운슬링을 합니다.

명문대학도 아니고 스펙(학점, 외국어 능력)이 탁월한 것도 아닌 75%에 해당되는 인재를 흔쾌히 받아들이는 기업은 없을 것입니다.

저는 기업 경영컨설팅을 하면서 기업의 입장을 충분히 이해하고 있습니다. 기업은 시장경쟁에서 승리해야 하고, 자사의 제품이 시장을 완전히 선점하기를 바라며, 시켜서 일하는 것보다는 조직원 스스로가 목표를 향해서 나갈 수 있으면 좋겠다는 생각을 하고, 내부고객인 직원들이 일하기 좋은 회사로 자부심과 긍지를 지니고 자랑스럽게 일할 수 있는 일터이기를 소원합니다.

급여수준도 경쟁업체 중에 가장 많이 지급하는 회사이기를 소원합니다.

승리하고 시장을 선점하려면 전략과 탁월한 제품이 필요하고 스스로 일하고 최고의 급여를 받으려면 내부 시스템이 갖춰져야 가능합니다. 이런 문제를 해결할 수 있는 아이디어들을 만들어서 지원회사에 제공하면 100% 취업에 성공할 수 있습니다.

최근 '차오름'에 입사한 제자의 성공스토리를 설명하겠습니다.

차오름은 식음료 산업의 프렌차이즈 회사입니다.

잘할 수 있을만한 일을 찾다가 프렌차이즈 회사의 기획업무를 하면 신바람나게 일할 수 있겠다는 판단을 하고, 채용공고도 내지 않은 회사를 겨냥해서 3C를 분석·아이디어를 도출하고, 직접 찾아가서 서류를 제출했으며, 다음날 CEO로부터 입사 제의를 받게 된 사례입니다.

대진대학교 이윤아

[역량기반지원서]

1. 성장 과정

(자신의 성장 과정 및 개인의 특성, 장점 중심으로 기술해 주십시오.)

직무정의 _ 기획자는 CEO의 올바른 판단을 내릴 수 있도록 옆에서 정보와 자료를 제공해주는 역할을 한다고 생각합니다.

① 끈기 : 저는 일을 한 번 시작하면 어려움이 있더라도 끈기있게 일을 수행합니다. 중간에 어려움이 있다고 포기하면 그 이후에도 끝내 성취하지 못했다는 자괴감을 계속 느낄 것입니다. 계획했던 일을 완벽히 수행하고 난 뒤의 성취감을 알기 때문에 포기하지 않고 일을 수행해 나갑니다.

② 성실성 : 어떠한 일을 하던 간에 성실성은 사람을 판단하는데 기본이 되는 행동이라고 봅니다. 잔꾀부리지 않고 성실하게 일하는 것이 가끔은 아무도 알아주지 않을 것 같지만, 시간이 가면 갈수록 그 성실성은 꼭 빛이 날 것입니다. 저의 끈기와 성실성으로 CEO가 올바른 판단을 내릴 수 있도록 도와주고 작은 일이라도 책임감을 가지고 끊임없이 도전하여 차오름을 알릴 수 있도록 하겠습니다.

2. 성격의 장단점

(본인의 장단점과 입사 후 장점은 어떻게 활용되고, 단점은 어떻게 보완할 수 있겠는지를 기술해 주십시오.)

장점 _

① **객관적 판단** : 상대방이 저와 다른 생각을 갖고 있더라도 객관적으

로 봤을 때 더 타당하거나, 옳다고 생각이 되면 제 의견만 주장하지 않습니다. 이러한 점은 입사 후에 업무를 진행할 때, 제 의견만 주장하지 않고 객관적인 판단에 따라 결정되어진 사안을 기획함으로써 업무수행의 효율성이 더 높아질 것입니다.

② **창의적 발상** : 창의적인 발상은 새로운 메뉴에 대한 아이디어 창출에 도움이 될 것입니다. 전통적인 느낌과 현대적 느낌을 반영한 메뉴와 더불어 한국식 디저트의 느낌을 유지하면서도 외국인들의 입맛에도 맞는 메뉴개발에 힘쓸 것입니다.

단점 _ 2% 넘는 열정 : 다른 사람들에 비해 고집이 강한 편입니다. 하지만 다른 사람의 의견에서 좋은 점이 있다고 생각되면 객관성을 가지고 그 의견을 존중해 주기 때문에 확신을 갖는 의견은 고집있게 주장해 나갑니다. 이런 고집으로 기획업무를 수행하면서 더 좋은 결과를 산출할 수 있도록 힘쓰겠습니다.

3. 지원동기

(회사 및 직무에 지원한 동기와 지원한 직무를 잘 수행할 수 있는 이유를 본인의 경험, 준비, 노력을 바탕으로 기술해 주십시오.)

지원직무 _ 기획부

지원이유 _ 메뉴가 한정되지 않고 매번 다양한 퓨전메뉴를 선보이는 차오름만의 방식이 인상적이었습니다. 따라서 새로운 메뉴개발과 다양한 종류의 한국식 디저트를 기획하여 외국인뿐만 아니라, 우리나라 소비자들에게도 메뉴선택의 폭이 넓어지는 것은 물론 다양한 맛들을 맛볼 수 있게 하고 싶습니다.

업무수행능력 _

1) 맥킨지식기획 & 문서작성 특강 수료증

① 사내문서 : 품의서, 보고서, 업무협조문서

② 사외문서 : 제안서, 사업계획서

2) 사업제안서 제출 (차오름의 경쟁력 제고 방안 제시)

4. 입사 후 포부

(입사 후 목표는 무엇이며, 목표를 이루기 위하여 어떤 준비와 노력이
필요하다고 생각하는지 기술해 주십시오.)

비전 제시 _ 프랜차이즈의 성공은 대리점 성공에 있습니다.

목표 _ 대리점의 성공으로 차오름의 경쟁력을 높이겠습니다.

각 대리점을 소홀히 하지 않고 지속적으로 관리해 나가는 것이 이후
에 차오름의 경쟁력으로 연결된다고 봅니다. 따라서 이러한 문제를 해
결하기 위해서 다음과 같은 방안을 제시합니다.

① 아침마다 전사적으로 각 대리점에 출근하여 매장관리와 문제점을
개선하겠습니다.

② 지속적으로 본사의 직원들과 지점의 점주가 미팅을 하여 유기적인
협업을 할 수 있도록 하겠습니다.

③ 지점별로 고객의 동선과 내점시간을 파악하고, 시즌별 계절메뉴
디스플레이를 강화함으로써 계절메뉴와 신메뉴 매출을 상승시키겠습니
다.

④ 점포별 매출향상에 도움이 될 수 있는 프로모션을 기획하고 지원
하겠습니다.

채용공고를 내서 인재를 채용하던 시대는 끝났습니다.

하고 싶은 일을

잘할 수 있는 일을

좋아했던 일을 선택해서

저학년 때부터 3C를 발견하려 노력해야 하고

내 발로 내 일자리를 찾아나서는

용기가 필요한 때입니다.

소프트웨어가
강해야 취업이 된다

하드웨어는 직무의 전문성을 말하며 소프트웨어는 그 외 업무 수행에 필요한 다양한 능력들을 말합니다.

‖ 문서작성법

다음의 표는 전경련 CEO들이 대학총장들에게 보낸 교육과정입니다.

'대학생들에게 이런 것은 좀 가르쳐서 졸업시켰으면 좋겠다'라는 기업 CEO들의 의견을 모아놓은 표입니다.

기업에서 가장 중요시 여기는 것이 기획 & 문서작성입니다.

대학을 졸업한 신입사원들을 연수원에 입교시켜서 교육하다보면 문서를 제대로 만들 수 있는 학생이 많지 않습니다. 회사에서 인턴을 해본 학생들은 문서가 어떻게 생겼는지는 봤습니다.

교과과정

과목	%
기획문서작성	41.3
영어	40.8
프레젠테이션	39.8
PO활용	39.3
비즈니스예절	39.3
가치관	34.6
창의적사고력	33.6
경영학기초	32.0
문제해결기법	31.8
기업실무	29.8
대인관계	29.8
커뮤니케이션	29.1
자기관리법	22.8
리더십	21.8
전공현장실습	18.9
경제학기초	16.6
전공프로젝트수행	14.6
제2외국어	13.6
전공이론	11.2
경영철학	10.7
한자	10.2

학생들이 문서를 제대로 만들어본 경험이 없습니다.

기업은 문서로 소통합니다.

생각을 명쾌하게 정리해서 문서로 옮겨 놓아야 읽는 사람이 원하는 답을 주거나 실행에 옮깁니다. 기업대 기업간에 생각을 교환하는 것도 제안서라는 문서로 소통합니다.

‖ 인턴경험

인턴경험은 공부 잘한 것보다 취업할 때는 훨씬 좋은 평가를 얻습니다.

아침에 등교하는 것이 아니라 출근을 하고, 복잡한 버스와 전철을 타고 힘겨운 세상살이를 몸소 체험을 하고, 팀원들과 아침 회의를 하면서 하루의 업무도 계획하고, 의견이 다른 사람들과 조율하면서 협력하는 것도 배우고, 직원식당에서 동료들과 공부하는 것, 성적에 관한 것, 영어시험에 관한 이야기보다는 주어진 업무를 효율적으로 해결하기 위해 회사 이야기를 하고, 퇴근시간 이후에는 회식자리에도 참석해 보고 늦게까지 술도 마셔보고, 아침에는 술이 덜깬 상태에서 출근도 해보고…….

이런 경험이 공부 잘하는 것보다 더 중요한 소프트웨어에 해당됩니다.

‖ 파워포인트 활용능력

파워포인트를 활용해서 멀티슬라이드를 만들어서 발표하는 것은 회사 업무 중에 가장 기본입니다.

파워포인트를 사용하는 강점은 다양한 소구들

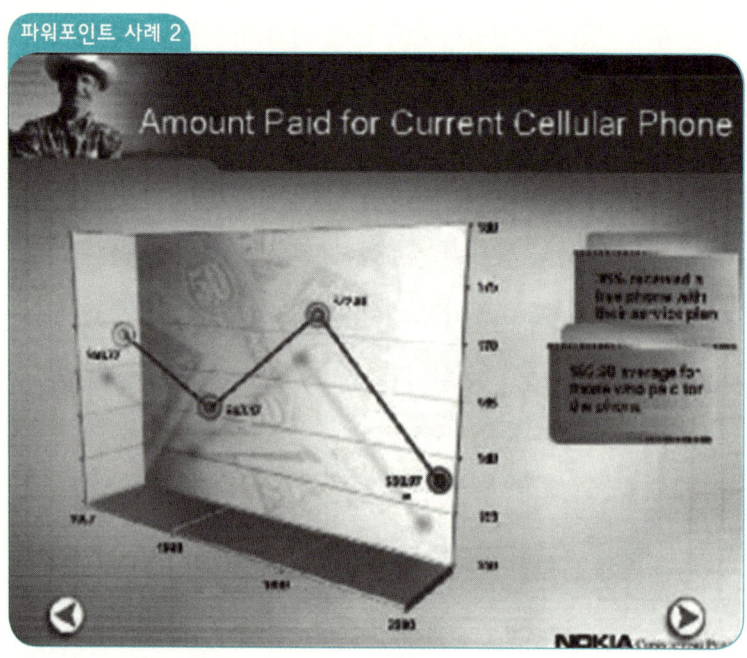

> 동영상 · 에니메이션 · 클립아트 · 일러스트, 도해화된 디자인 · D/B · 컬러 · 텍스트 · 이미지 · 사운드

등을 활용함으로써 전달력을 높이는데 유용하기 때문에 업무에 많이 활용이 됩니다.

애니메이션을 써서 복잡한 슬라이드를 간단하게 보여줄 수 있게 하고, 동영상을 링크해서 사실적 정보를 전달하거나 오래 기억하게 하고, 텍스트보다는 이미지나 그래프를 활용해 전달하고자 하는 기술을 보다 쉽고 명쾌하게 전달할 수 있도록 파워포인트를 활용하는 것이 회사업무의 기본입니다.

‖ 파워포인트 사례

파워포인트를 활용해서 슬라이드를 만드는 작업만 잘 해도 선배들에게 무척 인기가 좋고 인정받을 수 있습니다.

전달과 설득력을 높이기 위해 파워포인트를 활용하기 때문에 많은 연습과 노력을 투자해야 합니다.

학원에 다니면서 토익공부하는 것보다 더 중요한 일입니다.

작업한 슬라이드를 지원서를 제출할 때 같이 첨부해도 좋습니다.

회사 임원들은 컴퓨터를 잘 사용하지 못합니다.

컴퓨터로 모든 일을 처리하는 요즘 고장난 컴퓨터를 고칠 수 있는 인재

말만하면 컴퓨터에 네이버, 다음, 구글, 아마존 등 인터넷 세상

을 들락거리며 필요한 모든 자료를 찾아낼 수 있는 인재

　찾아낸 자료를 가공해서 필요한 정보로 만들어 낼 수 있는 인재

　컴퓨터는 임원들에게 꼭 필요하지만 두려운 존재입니다.

　컴퓨터 활용 능력이 탁월한 것은 임원들로부터 좋은 평가를 받을 수 있습니다. 무엇이 필요할까를 고민하고 라이센스를 취득해 두면 좋습니다.

　소프트웨어는 직무 이외에 업무수행에 필요한 다양한 능력들을 말합니다.

　사람들과 함께 생각을 공유하면서 팀워크를 이루며 협업하고 잘 어울리는 능력

　일상생활에서의 기본기와 예절, 매너 있는 좋은 성품

　컴퓨터 및 사무기기를 활용하는 능력

　생각을 명쾌하게 정리해서 문서로 옮겨 내는 기술

　파워포인트를 활용해서 전달과 설득력을 높이는 기술

　이러한 것들을 염두에 두고 많은 시간을 투자하기 바랍니다.

　기업은 일할 준비가 된 인재를 더 선호합니다.

지금부터라도 아이들의 타고난 재능을 찾아서
물꼬를 터주는 노력을 해보세요.
즐겁게 일할 때 기대이상의 성과가 나옵니다.
믿고 기다려 주세요.
내가 내 아이들을 믿지 못하면
누가 우리 아이들을 믿어주겠습니까?

♥♥

취업을 위해 가장 중요한 것이 있다면 역량과 가치를 담은 자기소개서
(역량기반지원서)를 작성하는 것입니다.

대학생활을 짧게는 4년, 길게는 10년 이상을 다니는 사람도 있습니다.
그러나 인재를 채용할 때 1차 서류를 거르는 작업에서는 단 1초 밖에 걸
리지 않습니다.

대학생활에 투자한 시간과 비용과 준비한 노력에 비하면 1초는 너무도
짧은 시간입니다.

100명을 채용하는데 지원자는 10만 명을 넘어섭니다.

이렇게 치열한 경쟁 속에 단 1초에 자신의 능력을 읽는 사람이 알 수 있
도록 자기소개서를 작성하는 노하우는……

명문대학을 졸업하고 학점과 영어성적이 탁월해도 자기소개서 한 장
제대로 못쓰면 1초만에 지원한 서류는 휴지통으로 날아가 버립니다.

학점도 별로고 영어도 잘 못하더라도 자기소개서 한 장 확실하게 작
성할 수 있다면 최소한 면접장까지는 갈 수 있는 노하우를 소개하겠
습니다.

♥♥

취업을 위한 부모의 카운슬링 기법

100% 합격되는 자기소개서 작성법

1초에 사람을 거릅니다.

1초에 자신의 역량과 가치를 전달하는 사람만이 면접장에 갈 수 있습니다.

편지글 형식의 줄글로 쓴 자기소개서는 읽기 싫어서 읽지 않습니다.

학생들의 성공을 위해 펜을 들고 밑줄을 그어가면서 자기소개서를 읽어주는 채용관계자들은 단 한 사람도 없습니다.

그들이 좋아하는 스타일로 작성해서 보내야 읽어줍니다.

역량이란?
업무를 수행할 수 있는 능력
가치란?
지원하는 회사에 도움이 되는 아이디어를 제안하는 것

역량과 가치는 밥값 할 수 있는 능력과 경쟁관계에서 승리할 수 있는 아이디어를 한눈에 알아볼 수 있도록 디자인해서 전달해야 실무자들이 읽어봅니다.

230명을 채용하는 모 은행에 88,000명이 지원했습니다.
도대체 이 많은 지원 서류를 어떻게 선별작업을 할까요?
좋은 스펙을 지니고 인턴, 아르바이트도 많이 했고, 봉사활동도 하고, 필요한 자격증들도 많이 취득했는데도 불구하고 자기소개서에서 탈락한 경험이 있다면 여기에서 그 해답을 얻을 수 있을 것입니다.

일반기업에서의 채용시 평가 비중은
- 스펙 : 학점과 토익점수 - 10%
- 역량 : 업무수행능력 - 40%
- 가치 : 기업의 갈증요인을 해결할 수 있는 아이디어 제공 - 50%

취업 준비생들은 이러한 정보가 없어서 대부분 10%를 차지하고 있는 스펙에 모든 시간을 투자하고 있습니다. 기업의 입장에서 회사가 정한 커트라인을 넘어서면 스펙은 문제가 되지 않습니다. 커트라인을 넘어서면 역량과 가치를 강화시킬 수 있도록 준비해야 합니다.

역량은 인턴, 아르바이트를 통해 습득하는 것과 문서작성, 프레젠테이션, 프로젝트 수행들을 통해서 강화할 수 있습니다.

이러한 것은 학교 밖에서 얻을 수 있으므로 인턴, 아르바이트를 통하여 지원하는 직무와 연관성 있는 경험을 하는 것이 중요합니다.

가치는 취업을 위해 준비하는 학점, 토익점수, 역량, 경험을 넘어서 가장 우선시 되는 것입니다.

가치는 회사의 갈증요인을 해결할 수 있는 아이디어를 제안하는 것으로 신제품 개발에 필요한 아이디어를 제안하는 것도 이에 해당되고, 경쟁사를 앞지르기 위한 전략을 제안하는 것, 기존의 기술력을 기반으로 새로운 산업으로 확장전략을 제안하는 것도 이에 해당됩니다.

따라서 3학년까지 기본적인 학점, 토익점수, 자격증, 인턴, 아르바이트, 컴퓨터자격증 등을 취득하고, 4학년 때는 지원할 회사가 속한 산업이나 경쟁관계, 시장판세를 분석하고 시장을 선점할 수 있는 가치를 연구하는 시간으로 활용해야 취업에 성공할 수 있습니다.

취업을 위한 다양한 역량을 기업은 필요로 하고 있습니다.

마치 대학이란 곳이 취업을 위해 존재하는 것처럼 보이지만 전공이외의 사회생활을 위해 필요한 역량들을 갖춘다고 생각하고 계획적으로 준비해 가야 합니다.

3학년 때까지 취업에 필요한 각종 역량 부분을 갖추고, 4학년 때는 어깨를 가볍게 하고 지원할 회사와 산업, 경쟁관계를 분석하고 아이디어를 개발하는 것이 취업 성공의 키워드라 생각합니다. 4학년이 되어서야 토익공부하고 자격증을 취득해야 하고, 인턴,

아르바이트를 해야 한다면 취업재수생이 되고 말 것입니다.

실패한 자기소개서의 원인분석과 사례

채용되기까지는 운도 따라야 합니다.

그러나 그보다도 밥값 할 수 있는 능력과 회사에 도움이 될 수 있는 아이디어를 제공할 수 있다면 성공률은 훨씬 높아집니다.

탈락한 서류들은 그런 매력을 지니지 못했거나, 읽는 사람이 좋아하는 타입이 아니거나, 식상해서 그냥 휴지통에 버렸을지도 모릅니다.

① 자기 PR만 늘어놓은 자기소개서는 싫어합니다.

초등학교 때는 전교 어린이 회장을 역임하였으며, 중고등학교 때는 학급 반장을 매년 했고, 대학에서는 단과대학 학생회장을 했으며, 학점 4.0, 토익점수 850점을 획득하고, 장학금 6회를 받은 성실한 인재입니다. (중략)

*모 은행에 제출된 자기소개서 중 일부 내용임

지금은 채용기준이 변화하는 과도기에 있습니다.

지금까지의 이력서에 각종 자격증과 학점, 토익점수, 상벌사항 등 자랑하고 싶은 것들을 모두 적을 수 있도록 양식이 만들어져 있습니다.

이력서에 기록한 것만으로도 충분하게 자신을 알리고 있는데도 불구하고 자기소개서에 다시 반복해서 PR하는 것은 최악입니다.

그러나 역량기반지원서를 제출하는 기업의 경우 이름, 휴대전화번호, 집 전화번호. 나이, SNS 주소, 보훈대상 여부만을 기록합니다.

저희 부모님께서는 어렸을 때부터 저에게 독립심을 키워 주시고 모든 것 하나하나를 스스로 할 수 있게 교육하시면서 자립심을 키워 주셨습니다. 그러한 교육을 통해 저는 자연스럽게 리더십을 키울 수 있었고 중, 고등학교에서 간부로 또 대학교에 진학해서는 학부 학회장으로서 제가 속한 단체를 이끌며 맡은 임무를 성공적으로 수행해왔습니다. 여러 활동들을 해오면서 많은 사람들과 인맥을 형성해왔습니다. 많은 사람들과의 만남을 통해 설득력 있는 의사소통능력을 키워왔고 다른 사람들에게 신뢰를 받는 삶을 살아왔습니다. 많은 사람들과의 인간관계, 많은 경험을 통해 누구보다 뛰어난 적응력을 키워왔으며 맡은 임무를 충실히 해내는 책임감을 가질 수 있었습니다.

Counseling

1. 은행에서는 학생회장과 같은 단체를 대표한 경력을 지닌 사람을 선호하지 않는 경향이 있습니다.

2. 은행은 은행에서 인턴이나 아르바이트를 했던 경험을 중시합니다.

3. 예전에는 평가 비중이 스펙 60%, 자기소개서 40%를 차지하는데 최근에는 스펙을 적는 난이 없어지고 자기소개서가 90%를 차지합니다. 나머지 10%는 금융권에 적합한 이미지를 봅니다. 자기소개서에는 은행에 적합한 성향과 업무수행력을 기술해야 평가를 하는데, 이력서 내용을 그대로 옮겨 놓을 경우에는 최악의 평가로 이어질 수 있습니다.

4. 자기소개서는 인생에 살아온 스토리를 전개하는 것이 아니며 지원하는 회사의 산업이나 지원하는 직무에 대해 잘할 수 있는 내용을 깊이 있게 써내야 성공할 수 있습니다.

② 식상한 내용으로 일관했을 경우

학생들은 기업을 잘 모릅니다. 그래서 자신에 대한 이야기나 식상한 내용으로 자기소개서를 작성합니다.

기업은 회사의 인재상에 부합되고 지원하는 직무에 최고로 적합한 인재를 선별하기 위해 비용을 들여가며 관계자들이 모여서 채용기준을 정하고, 부서에 적합한 성향과 지원 직무를 수행할 수 있는 역량을 분류하고 조율하는 작업을 채용공고 전에 전체 부서의 팀장들이 모여서 토론을 통해 기준을 정하고, 심지어는 외부 전문가들을 모셔서 선진기업의 사례나 좋은 정보를 얻기 위해 비용을 아끼지 않고 있습니다.

식상한 내용으로 구성된 대표적인 사례는 다음과 같습니다.

- 저는 강원도 강릉에서 태어나 아버지 OOO와 어머니 OOO 사이에 2남 2녀 중 셋째로 태어나……
- 1남 2녀중 장녀로 태어나서……
- OO년에 군대에 입대하여……
- IMF때 아버지 사업이 어렵게 되어……
- 돈은 많지 않지만 자상한 부모님 밑에서 교육을 잘 받고 자랐으며……
- 항상 남을 위해 먼저 배려해야 한다는 부모님 가르침을……

자기소개서는 지원동기만을 우선 검토하는데 다음의 내용을 중점적으로 확인합니다.

1. 지원한 직무에 대해 경험했거나 할 수 있는 역량을 적은 사람
2. 회사에 문제를 제기하고 대안을 제시한 사람
3. 신상품 또는 새로운 전략을 제안함으로써 회사에 기회를 제

공하는 사람

식상한 내용으로 시작한 서류는 1초만에 휴지통에 들어갑니다.
그것을 피하기 위해서는 각 항목에 타이틀을 먼저 적어야 합니다.
타이틀은 그 항목에 말하고 싶은 결론을 개조문화해서 간략하
게 작성해서 전달해야 합니다.
그래야 눈에 띄고 읽어보게 됩니다.

실패사례

1남 2녀 중 둘째로 태어나 할아버지, 할머니와 함께 지내어 주위로부터 예의가 바
르다는 소리를 많이 들으며 자랐습니다. 감귤농사를 지으시는 부모님을 도와 드리
며 크다 보니 어릴적부터 부지런함과 성실함이 자연스럽게 몸에 배었습니다. 성인
이 되어서는 누리사업단 아르바이트, 국가장학생 아르바이트, 수학여행 학생단체
인솔관리 등의 각종 아르바이트를 통해서 생활비를 벌었습니다. 그리고 4년 내내
장학금을 받으며 부모님의 학비부담을 덜어드렸습니다. 1학년 때부터 공학인증 수
업을 받으며 생물, 화학, 물리 등 탄탄한 기초를 갖추었고 4학년 때에는 물산업 에
듀워터 프로그램을 통해 새로운 제품개발과 사람들과의 교류를 접하면서 적극적
인 모습과 리더십 있는 저를 발견하였습니다.

지원동기

대인관계 구축능력, 생각하면 꼭 이루어 내는 집념, 책임감, 성실함, 목표를 향해
나아가는 도전정신 이 모든 저의 장점들과 재능들을 가장 잘 발휘할 수 있는 일이
제약영업이라고 생각합니다. 때로는 어려움도 따르겠지만 유연성을 발휘하며 극
복하겠습니다. 제 생활신조가 유지경성입니다. 뜻이 있으면 반드시 이루어 낸다는
의미입니다. 늘 말보다는 행동으로 보여드리는 인재가 되도록 하겠습니다. 요즘
인성을 갖춘 인재를 찾는 것이 회사의 입장에서 가장 큰 어려움이라고 생각합니
다. 한림이 원하는 인성을 갖춘 저는 한림의 큰 일꾼이 되기 위해 이렇게 지원하게
되었습니다.

1. '타이틀'이 빠졌습니다.

   내가 말하고 싶은 내용의 결론을 압축해서 제일 상단에 적어야 합니다.

2. 식상한 내용으로 시작했습니다.

   1남 2녀 중 둘째로…… 1초에 클릭 휴지통으로 갑니다.

3. 내용은 좋으나 작성기법과 구성이 잘못되었습니다.

   편지글로 작성하기보다는 3단 구조로 작성해야 합니다.

4. 지원동기에 적어야 할 핵심키워드에서 벗어났습니다. 밥값 할 수 있는 능력을 적지 않았습니다.

5. 읽는 사람을 가르치려는 내용은 절대 금물입니다.

③ 이력서에 기록한 스펙, 역량과는 전혀 다르게 쓴 사람

이력서에 기록된 학점이 3.1입니다.

자격증에는 전공 관련 자격증은 하나도 없었고, 컴퓨터 자격증도 없었습니다. 그러나 자기소개서에는 다음과 같이 적혀 있었습니다.

> 강점과 단점을 기술하시오. 500자
> 저의 장점은 계획이 세워지면 성실하게 그 일을 끝까지 수행한다는 것입니다. 동아리 연합 회장을 하면서 조직을 이끌었으며, 서울 지역 동아리 연합 행사를 주관하여 성공리에 끝낸 경험도 있습니다. 이러한 경험은 회사생활을 하는데 있어서 주어진 책임감을 다할 수 있으며 맡겨진 일에 대해서는 책임감을 가지고 임무를 완수하는데 도움이 될 것으로 확신합니다.

책임감을 가지고 성실하게 했다면 최소한 학점은 3.5이상 이어야 합니다. 학점도 낮고 토익점수도 없고 관련 자격증이나 심지어 컴퓨터 자격증 하나 없다는 것은 학교생활을 성실하게 하지 않은 것으로 간주하기 때문에 내용이 일치하지 않습니다.

Counseling

1. 일단 묻는 항목이 장점, 단점 두 가지를 묻고 있습니다. 따라서 묻는 항목 두 가지를 나눠서 작성해야 합니다.

2. 장점은 지원직무에 적합한가를 보는 것으로 직무의 특성을 분석해서 적합한 성향을 기술해야 합니다.

   [예] : 영업부에 지원 - 열정과 도전정신이 강한 인재로 표현해야 됩니다.

3. 단점의 경우 지원직무에 치명적인 단점은 피해야겠지만 단점이라고 생각하는 것을 적고 ○○한 과정을 통해서 개선하고 있다고 적으면 아무 문제 없습니다.

4. 학점이 낮은 경우 다른 목표와 목적을 위해 무엇을 했는지를 명쾌하게 적어야 하고, 그에 따른 성과를 적어야 평가를 올바르게 할 수 있습니다.

왜 맥킨지식 3단 프레임워크를 활용해야 하는가?

기업에서는 편지글 형식의 문서는 단 한 장도 없습니다.

그러나 대부분의 학생들이 입사지원서를 작성할 때 편지글로 적어서 보내고 읽혀지지 않은 채로 휴지통을 향하는 이력서가 많습니다.

편지글과 회사문서 비교

회사에는 여러분이 작성하는 편지글 형식의 문서는 단 한 장도 없다. 따라서 기업에 근무하고 있는 사람들이 눈에 익숙해 있는 형식으로 자기소개서를 작성해 읽어 본다.

과장으로 진급하기 위해서는 진급포인트가 6점이 되는 대리사원 중에서 영어는 TOEIC 575점 이상, OA는 활용급을 취득하는 것이 기본자격이며, 능력평가와 업적평가의 결과를 반영하여 인재개발위원회에서 결정한다.	1. 과장 진급 자력요건 　① 진급 Point : 6점 이상 　② TOEIC : 575점 이상 　③ OA : 활용급 2. 반영사항 : 능력, 업적평가 결과 3. 심의처 : 인재개발위원회

위의 편지글과 회사문서를 비교해 보세요.

생각을 편지형식의 줄글로 나열해 놓은 것과 틀에 맞춰서 작성한 것을 객관적으로 비교해 보세요.

어떤 것이 생각을 전달하는데 유리합니까?

기업에는 문서 때문에 상사와 부하직원 사이에 많은 갈등이 생깁니다.

문서란 것은 작성하는 사람의 생각을 글로 옮겨서 상대방을 설득하는 도구이기도 합니다.

문서 때문에 생기는 갈등의 원인을 발견하고 개선함으로써 상사와 부하직원 간에 좋은 관계를 형성하고자 하는 목적에서 설문조사를 했습니다.

설문조사 결과는 다음과 같았습니다.

1. 6위로 싫어하는 서류

지나치게 어려운 문장이나 외국어를 많이 써서 상사가 해석하지 못하게 쓴 서류

[예] 知之者 不如好之者, 好之者 不如樂之者

2. 5위로 싫어하는 서류

글자와 숫자만 나열해서 도대체 무슨 말인지 알 수 없게 쓴 서류

[예] 모 기업에 제출한 자기소개서 지원동기에 작성한 글

[잘 다져진 밑바탕 / 영업이익?]

1. 매출 : CPA 수험 기간 동안의 회계, 세법 기초 지식
2. 매출원가 : 5년 × 365일 = 1,825일
3. 매출총이익 : 선배님의 가르침을 받아 들일 수 있는 기본 바탕
4. 판매 및 관리비 : 신입사원 연봉
5. 영업 손실 : - 30,000,000
6. 주석 : 초기 손실이 예상되나 업무 숙달시, 레버리지 효과로 회사에 값을 할 수 있는 인재라 판단됨

3. 4위로 싫어하는 서류

근거 없는 주장을 할 경우 논리성이 부족해서 혼쭐 나는 경우가 많습니다.

[예] 귀사의 제품은 A사에 비해 소비자 가격이 20%가 높아서 판매가 저조하다고 판단됩니다.

4. 3위로 싫어하는 서류

같은 내용인데 말을 바꿔서 분량을 많이 늘어놓는 경우다.

[예] 모 기업의 성장과정에 기술한 내용임

　　제가 하는 업무에서 신뢰감을 주고 싶습니다. 정직하게 일하며, 제가 상대하는 사람이 절 믿고 저와 함께 일할 수 있게 되길 원합니다. 학창시절, 부모님께서 참고서 비용을 책값보다 넉넉하게 주셨지만, 저는 항상 거스름돈을 부모님께 돌려드렸습니다.

　　부모님께서 피땀 흘려 버신 돈이기 때문에 늘 부모님께 정직한 아들이 되고 싶었습니다. 거짓말을 해서 부모님께 불편한 마음을 드리는 것이 두려웠습니다.

5. 2위로 싫어하는 서류

서류를 다 읽어 봤는데, 도대체 뭘 할 줄 안다는 거야?

[예] 모 제약회사에 제출한 지원동기임
즐기고 싶습니다. 매번 지루한 표정을 지어봤자 돌아오는 건 없다 생각합니다. 입만 나불거리긴 싫습니다. 지금까지의 표면적인 능력은 100% 채워지지 않은 저이지만 최선을 다할 준비는 200% 되어 있습니다. 이러한 즐김을 위해선 건강이 최우선이라 생각됩니다. 나 혼자만의 건강이 아닌 모든 사람들의 건강하고 질 높은 삶을 위해 귀사에 입사해 같이 동참하고 싶습니다.

6. 1위로 싫어하는 서류

상사가 싫어하는 스타일로 작성된 서류입니다.
위 사례에서 본 것처럼 편지글로 서류를 작성해서 보고했다면 아마도 서류는 하늘을 날아 다녔을 것입니다. 회사에서는 그런 서류가 단 한 장도 없기 때문에 상사가 싫어하는데 여러분이 쓰는 자기소개서와 비교해 보세요. 대부분의 학생들은 편지글로 씁니다. 그래서 좋은 역량을 지니고 좋은 아이디어를 제공하는데도 불구하고 탈락하는 경우가 많습니다.

다음의 편지글 형식의 사례를 참고하기 바랍니다.

편지글 형식의 사례

(800byte)

● 지원동기 및 열정에 대하여

저는 하나로마트, 롯데백화점에서 아르바이트를 하였고, 지금은 GS25시에서 아르바이트를 하고 있습니다. 일을 하다보니 마트와 백화점은 박리다매와 매출을 중요시 생각하는 반면, GS25는 행사 상품이라던지 FF상품 혹은 제품의 센스 있는 이름 등과 같이 고객에게 그저 일로서의 쇼핑이 아닌 쇼핑의 즐거움을 주기에, 물품 구입에 즐거움을 더한다는 점에서 저의 생각이 GS리테일의 생각과 일치한다고 느낍니다. 항상 고객의 동태를 보며, 무엇을 생각하고 무엇을 원하는가, 고객이 원하는 제품이 고객이 찾기 편하게 되어 있는가를 자주 생각하면서 매장에 섰고 단순히 물품 구매를 넘어, 사람과 사람이 만나는 곳, 거기에 사는 즐거움과 직원의 친절을 많은 사람에게 전달해주고 싶다는 생각에 GS리테일에 지망했습니다.(676)

● **입사 후 포부(vision)에 대하여**

입사 후의 생활은 저에게 배움의 연속이라 생각됩니다. GS리테일의 경영이념과 조직가치와 함께 업무에 맞는 역량을 키우기 위해서 지속적인 노력이 필요하다고 생각합니다. 물론 배움에 있어서 항상 순조로울 수는 없기에 저는 항상 긍정적인 마인드를 가지고 앞으로의 일에 도전할 것입니다. 긍정의 암시는 그때까지의 과정을 즐겁게 만들고, 그런 즐거움은 저에게 달성한 모습이 명확히 보이기 때문에 노력하는 즐거움이 있습니다. 물론 회사생활에서 인간관계에도 어려움이 있을 것이라고 생각합니다. 그러나 이는 일생에 있어 새로운 만남이기도 하며, 긍정의 힘으로 자신의 성장과 실력을 키워나간다는 점에서 인간관계 속에서 배울 점이 있다고 생각합니다. 앞으로의 저는 상품과 고객을 연결하는 매개역할과 고객과의 커뮤니케이션을 통해 고객의 요구를 받아들여 그것을 좀 더 회사와 고객에게 도움이 되는 제안을 할 수 있는 사원이 되고 싶습니다.(797)

위의 사례들을 봤듯이 편지글 형식으로 글을 썼을 때는 문장을 처음부터 끝까지 자세히 읽어봐야 하고 묻고자 하는 핵심키워드를 밑줄치면서 찾아내는 번거로움이 있기 때문에 휴지통으로 던져질 경우가 많습니다.

직장인들이 익숙해 있는 문서형식으로 생각을 디자인해서 기술해야 합니다.

맥킨지식 3단 프레임워크의 구조와 활용사례

3단 프레임워크란?

생각을 3단으로 구분해서 작성하라는 말입니다.

결론	타이틀 : 내가 말하고 싶은 결론
근거	커버링 메시지 : 왜 위와 같은 결론을 내렸는지에 대한 이유 2~3줄
방법	생각을 개조문화해서 1. 2. 3. 식으로 나열하면 됨

회사에서 업무보고를 할 때도 결론부터 말을 합니다.

회사 사람들은 서론, 본론, 결론으로 말하는 것을 싫어합니다.

그래서 결론부터 말하고 결론에 대한 근거를 제시하고 어떻게 하겠다는 방법을 말하면 전달력도 빠르고 읽기도 편합니다.

학생들은 서론, 본론, 결론식으로 배워왔기 때문에 말할 때나 글을 쓸 때도 서론부터 쓰거나 말을 합니다.

이제는 결론부터 쓰고 말하는 습관을 익혀야 합니다.

면접 때도 면접관의 질문에 장황한 서론을 설명하다보면 면접관이 말을 끊어버리고 다시는 질문하지 않습니다.

3단 프레임워크를 활용한 사례와 편지글 형식의 사례를 비교해 보세요. 어떤 것이 더 빨리 상대를 설득할 수 있겠습니까?

편지글은 글을 쓴 사람의 생각을 이해하기 위해서 펜을 들고 밑줄을 그어가면서 읽어야 합니다. 얼굴도 모르는 학생의 성공을 위해서 밑줄을 그어가면서 자기소개서를 읽어줄 인사담당자는 단 한 사람도 없다는 사실을 기억하기 바랍니다.

본인의 역량과 가치를 읽는 사람이 좋아하는 스타일로 작성해서 보내야 관계자들이 읽어줍니다. 제자들 중에는 3단 프레임워크로 작성해서 서류를 제출한 결과, 자기소개서를 매우 잘 썼다는

[자기소개서 작성 프레임]

[지원동기]

다각화 전략으로 판로개척	전하고자 하는 결론 = 타이틀

유한킴벌리의 해외사업부에 지원한 동기는 주력상품인 여성생리대와 화장지가 국내 시장점유율 경쟁에서 1위를 점하고 있지만 매출이 급감하고 있다는 사실을 감지하였기 때문입니다. 이는 새로운 산업에서 적이 출현하였기 때문이며, 새로운 적은 '비데산업'으로 사료됩니다.	전하고자 하는 결론 = 타이틀

1. 시장확대전략으로 이동 시대의 대세로 비대산업은 향후 계속적인 시장 확대를 예측할 수 있으며 이는 …… 2. BRIC'S중심의 이동경로 검토 적합한 해외시장은 우선 BRIC'S중심의 시장을 개척해야 하며, 진입의…… 3. 전략적 제휴와 M&A 고려 해외시장을 개척하는 데는 기술이전을 통하여 지분을 확보하는 방법과……	전하고자 하는 결론 = 타이틀

이유로 채용된 사례가 많습니다.

컴퓨터에서 1,000원을 주고 다운받은 식상한 자기소개서를 믿고 그와 같은 형식으로 쓰고 있다면 지금 당장 작성법을 바꿔야 합니다.

스토리맵을 활용한 항목별 생각을 정리하는 기술과 사례

≫ 스토리맵 사례 1

프로스펙스라는 스포츠용품 회사에 입사지원서를 제출한 자기소개서의 스토리맵입니다.

자기소개서를 작성할 때 대부분의 학생들이 편지글 형식으로만 서류를 쓰던 습관이 있어서 3단으로 구분하기가 어렵다고 합니다.

일단 스토리맵에다 생각을 정리해서 옮기면 쉽고 명쾌해집니다.

1단계 : 주제의 키워드 발견

주제의 키워드 발견이란?

기업에 자기소개서 문항을 통해 지원자들에게 던지고 있는 '메시지'의 의도가 뭔가를 파악해야 합니다.

- 왜 이런 내용을 묻는 것일까?
- 기업의 입장에서 듣고 싶어 하는 '메시지'는 뭘까?
- 어떻게 하면 묻는 메시지에 적합한 답을 보낼 수 있을까?

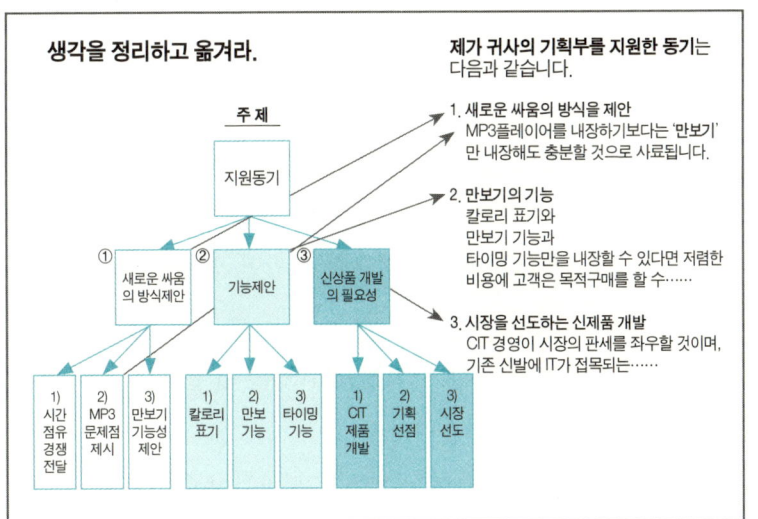

간단하게 묻는 자기소개서 질문 항목이 있는가 하면, 최근에는 복잡하게 구성되는 자기소개서도 많습니다.

간단한 경우에는 성장과정, 성격의 장단점, 지원동기, 미래포부로 구성되어 있지만 복잡한 경우에는 한 문장에 여러 가지 질문 항목을 포함하고 있습니다.

[예] 1. 자신이 회사에 필요한 사람임을 알릴 수 있도록 자신에
　　 대해 좀 더 자세히 적어 주십시오(자기소개 400자 이내).

　　2. 현대자동차에 지원하게 된 동기와 희망직무 및 이유를 서
　　 술하십시오(경험, 관심, 전공 과목 등 연계) 500자.

　　3. 외환은행에 지원한 동기와 입행한다면 어떠한 역할을 통
　　 하여 본인의 성장과 외환은행의 발전에 기여할 수 있는지
　　 설명하여 주십시오.

　질문 항목에 대한 분석과 기업이 듣고자 하는 키워드를 발견해
야 기업이 원하는 정답을 적어서 보낼 수 있습니다.

2단계 : 키워드 나열

　자기소개서에 나열된 문항들은 기업이 그 문항을 통해서 지원
자의 역량을 파악하고 회사에 필요한 적합한 인재를 찾아내려는
의도를 가지고 있습니다.

　따라서 자기소개서 문항에 맞는 키워드를 나열해야 글의 범위
와 전문성을 담아낼 수 있습니다.

　앞의 스토리맵을 살펴보면 스포츠용품 회사인 나이키는 시장점
유율 1위를 차지했음에도 불구하고 매출이 빠지고 있습니다. 같
은 산업의 아디다스가 경쟁사지만 아디다스 역시 매출이 빠지고
있습니다. 그렇다면 다크호스로 떠오르는 다른 브랜드가 있어서
매출이 빠지는 것일까요?

　새로운 산업에 새로운 적이 출현했기 때문에 매출이 빠진다는
사실을 시장 경쟁관계를 분석하면서 알게 되었습니다.

스포츠용품 회사인 나이키의 경쟁사는 게임산업의 닌텐도라고 스티브잡스가 이야기했습니다.

현재 기업환경은 혼자서만 잘해서도 부족합니다. 새로운 산업에서 융복합화 상품들이 만들어지면서 생각지도 못한 산업에 영향을 미치고 있습니다.

한때 MP3 플레이어가 생겨나면서 작고 앙증맞은 디자인으로 레인콤이라는 작은 기업이 한국시장 58% 점유, 세계 시장 27%를 점유하는 놀라운 성장을 계속했습니다. 그러나 얼마가지 않아서 휴대전화에 음악을 100곡 다운 받을 수 있는 콘텐츠가 추가되면서 MP3 플레이어를 만들던 회사들은 시장에서 사라지기 시작했습니다.

미디어 세상으로 전환되면서 인쇄와 출판업들이 사라지고 있습니다. 이런 환경에서 기업은 살아남기 위해 인재 채용에 각고의 노력을 기울일 수밖에 없습니다.

2단계로 스포츠용품 회사에 지원한 키워드를 나열한 것이 다음과 같습니다.

- 새로운 싸움의 방식을 제안
- 기능 제안
- 신상품 개발의 필요성을 어필하고자 키워드를 3가지 나열하고 구체화시키는 작업을 정리해야 기본 틀이 완성됩니다.

3단계: 구체화시킬 수 있는 내용 정리

기업이 듣고자 하는 메시지를 담아서 제시한 자기소개서 문항에 알맞은 키워드를 발견하여 나열한 다음 세부항목을 구체화하는 작업이 필요합니다.

1) 새로운 싸움의 방식을 제안

① 시장점유율 경쟁의 한계성과 신발을 신고 돌아다니는 시간 점유율 경쟁으로 전환된다는 사실을 어필한다.

나이키 스포츠용품의 표적고객은 젊은 청소년들입니다. 그들은 재미있는 닌텐도를 하느라 신발을 신고 돌아다니지 않습니다. 기존에 시장을 점유하면 제품이 팔려나갔는데 이제는 특별함을 주지 못하면 신발을 신고 돌아다니지 않게 되었습니다. 스티브잡스는 자신이 만든 아이팟을 신발에 내장해서 음악을 듣고 다니면 신발을 오래 신고 다닐 것이라 제안했습니다.

② 신발에 비싼 MP3 플레이어 기능을 탑재한 문제점을 지적한다.

나이키는 스티브잡스의 제안을 받아들여서 신발에 아이팟을 내장해서 음악을 듣고 다닐 수 있도록 했습니다. 그러나 가격이 너무 비쌌고, 음악을 들을 수 있는 전자제품들이 많다보니 생각처럼 팔려나가지 않았습니다.

③ MP3 플레이어 기능을 대체할 수 있는 만보기의 가능성을 어필한다.

시장판세를 분석해 보면 음악을 들을 수 있는 전자제품은 많기 때문에 다른 대체품을 연구해야 합니다. 그것이 만보기면 충분하다고 생각합니다. 다만, 만보기 기능만으로는 부족하기 때문에 표적고객들이 관심을 가지고 물건을 구매할 수 있는 경쟁력 있는 콘텐츠를 연구해서 제안해야 합니다.

2)기능제안

사람들은 다이어트에 관심이 많습니다. 따라서 만보기의 기능에 다이어트를 할 수 있는 기능을 탑재함으로써 목적구매를 할 수 있도록 만들어야 합니다.

① 칼로리 표기

다이어트를 하는 사람들은 자신이 하루 섭취한 칼로리와 소모한 칼로리에 대해 관심이 높습니다. 만보기 기능에 소모한 칼로리를 볼 수 있는 기능이 필요합니다.

② 만보기 기능

하루 만보를 걷기로 했다면 만보를 걷기 위해 소요되는 시간을 점유할 수 있습니다. 신발을 신고 돌아다니는 시간을 점유할 수 있습니다.

③ 타이밍 기능

3시간 운동하겠다고 생각했다면 3시간 운동 후에 음악소리가 나오면 그만하면 됩니다. 3시간 신발을 신고 돌아다니는 시간을 점유한 것입니다.

고객이 원하는 니즈를 발견하고 요구를 충족시킬 수 있는 콘텐츠를 신발에 탑재하는 것이 나이키와 아디다스를 공략할 수 있는 전략입니다.

3) 신상품 개발의 필요성

산업별로 최근의 화두는 대체품을 개발하는 것입니다. 기존의 기술력을 활용해서 다른 제품을 어떻게 만들어 내느냐가 큰 문제로 부상되고 있습니다.

① CIT 산업으로 전환

CIT(Convergence + IT : 기존 제품과 IT의 결합) 산업으로 전환되고 있습니다. 기존의 제품과 IT가 결합해서 새로운 시장과 고객을 창출하고 있습니다. TV도 IT와 결합해서 다양한 콘텐츠를 탑재한 THINK TANK로 시장을 확산해 가고 있습니다.

② 기회선점

신발의 기능이 신고 이동하는데 편리를 제공하는 것 이외에 건강을 관리하고 다이어트에 도움을 주는 역할을 한다면 기존의 신발보다는 더 많은 고객을 불러 모을 수 있을 것입니다.

③ 시장선도

제품이 가치를 지니고 있으면 시장의 판세를 바꾸고 회사의 경쟁력을 높여줌과 동시에 시장을 선도하는 힘을 얻게 됩니다.

이런 식으로 스토리맵을 활용하여 자기소개서를 작성하기 전에 반드시 생각을 스토리맵에다 정리할 수 있어야 하고, 그 정리된 내용을 옮겨 놓게 되면 그것이 문서작성 기법입니다.

자기소개서가 문서가 되어서는 안되기 때문에 하단부에 구체적인 내용을 붙여서 스토리로 만드는 것이 방법에 해당되는 것이고, 그것은 많은 자료와 정보를 수집하고 산업 분석을 통한 연구가 필요합니다.

≫ 스토리맵 사례 2

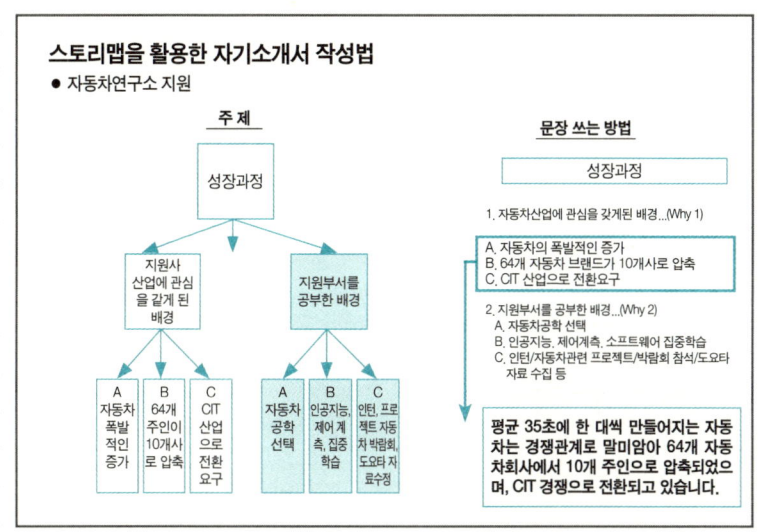

위 사례는 자동차연구소에 지원한 내용입니다.

회사측은 성장과정은 어디서 태어났고, 형제가 어떻게 되고, 부모님이 어떻게 키웠다는 내용을 듣고자 '성장과정'이라는 주제를 던진 것이 아닙니다. 지원하는 산업에 관해 관심을 갖게 된 배경이나 공부하게 된 배경을 적어야 합니다.

부주제에 해당되는 키워드를 2가지로 생각하고, 부주제별 구체화 작업을 3개씩 나열하였습니다.

1. 자동차산업에 관심을 갖게 된 배경

　①자동차의 폭발적인 증가

② IMF 이후 세계 64개 자동차 주인이 10개로 인수합병된 사실

③ CIT 산업으로 전환되는 자동차 시장

2. 연구소를 지원하게 된 배경

① 자동차 공학을 선택

② 인공지능형 자동차 개발과 제어계측 관련 학문 집중

③ 인턴 ; 자동차 센서 개발 프로젝트 참여 외

이렇게 나열한 것이 문서작성법입니다.

1번의 3가지 구체화 사실을 연결해서 스토리로 표현하라는 것입니다.

구체화된 내용	연결시킨 스토리
A. 자동차의 폭발적인 증가 B. IMF 이후 세계 64개 자동차 주인이 10개로 인수합병된 사실 C. CIT 산업으로 전환되는 자동차 시장	평균 35초에 만들어지는 자동차는 경쟁관계로 말미암아 64개 자동차회사에서 10개 자동차회사로 압축되었으며 CIT 산업으로 전환되고 있습니다.

스토리맵을 활용하는 이유는 생각을 정리하고 정보와 자료가 누락되거나 중첩되는 것을 막기 위함입니다.

어떤 내용을 써서 전달할 것인가가 중요한데 그러기 위해서는 지원하는 회사에 대한 관련 정보와 자료를 많이 찾고 분석해야 좋은 키워드를 찾아낼 수 있고 구체화시킬 수 있습니다.

삼성전자에 입사한 박인혜 입사 후기 요약

임용고시를 준비하다 어렵겠다는 판단을 하고 취업을 준비했습니다. 처음에는 서류를 제출해서 여러 번 탈락했는데, 교수님 강의를 들으면서 자기소개서 작성에 대해 많은 도움을 받게 되었고, 지원하는 회사의 경쟁관계나 시장판세를 분석해야 한다는 사실을 알게 되었습니다.

자기소개서를 작성하는 10가지 노하우 전수

부모들이 자녀들에게 자기소개서를 명확하게 작성하는 카운슬러를 해주기를 바라는 마음에서, 대학에서 학생들의 진로 및 취업 카운슬러로 12년간 일하면서 체득한 노하우를 알려드리겠습니다.

자기소개서를 제출해서 탈락한 사람들은 왜 탈락했는지에 대한 이유를 발견하고, 역량과 가치로 디자인함으로써 1초에 알아볼 수 있는 자기소개서가 될 수 있도록 글쓰는 방법을 새롭게 바꿔보기를 권합니다.

구체화시키는 기술과 사례

≫ 구체화 사례 1

● **자기소개서 구체화시키는 작성법**

저는 이마트에서 6개월간 식료품 매장관리팀에서 열심히 일한 경험이 있습니다. 경험을 살려서 홈플러스에 입사하게 된다면 최선을 다해 일하겠습니다.

이마트에서 6개월간 식료품 매장 관리팀에서 일하면서 다음과 같은 업무를 수행했습니다.
1. 재고 파악
2. 발주업무
3. 거래처 관리
4. 상품진열 및 유효기간 점검
5. 클레임 처리

자기소개서 클리닉을 진행하면서 학생들에게 특히 많이 지적하게 되는 부분이 바로 '글을 구체화시키는 것'이었습니다.

위에서 본 바와 같이 6개월간 이마트 식료품 매장에서 일했다고만 서술하고 무슨 일을 했는지는 나열하지 않았습니다. 홈플러스 인사담당자 입장에서는 이마트 식료품 매장에서 6개월간 어떤 일을 했는지 알아야 직무수행력을 인정할 수 있습니다.

따라서 왼쪽의 글을 오른쪽처럼 구체적으로 기술해야 합니다. 이런 식으로 했던 업무를 구체적으로 기술해 줘야 읽는 사람이 판단하기 쉽습니다.

홈플러스 인사담당자는 구체적으로 나열한 업무를 보고 홈플러스 식료품팀에 채용하게 되는 것이고, 즉시 현업에 활용할 수 있겠다는 판단을 해야 면접을 진행하게 되는 것입니다.

탈락한 서류의 대부분은 'OO에서 OO한 일을 한 경험이 있다'라고만 씁니다. 읽는 사람은 무엇을 했는지 몰라서 망설이게 됩니다. 읽는 사람이 궁금해 하는 것을 앞서 판단하고 식료품 매장에서 근무한 경험이 있다면 식료품팀에서 어떤 일을 했는지 구체적으로 적어주면 판단하기 쉬워집니다.

경험한 것들을 이처럼 구체적으로 기술할 수 있어야 성공할 수 있습니다.

Counseling

1. 공부만 한 사람이 유통분야로 지원하고 싶다면 어떻게 하면 될까요?

⇒ 집 근처에 있는 편의점에서라도 아르바이트 경험을 하세요.

공부만 한 사람과 지원한 직무관련 유사 산업에서 경험한 사람이 만나면 현장 경험을 해본 사람을 선호합니다. 편의점에서 아르바이트를 한 경험을 구체적으로 기술하면 유통회사(이마트, 홈플러스 외)에서 일하는 것과 다를 바 없습니다.

　　○○편의점에서 다음과 같은 업무를 수행했습니다.
- 자금관리
- 유통기간 점검 및 반품 처리
- 상품 진열 및 청소업무
- 고객응대 및 판매업무
- 발주 및 거래처 관리업무
- 클레임 처리 및 문제해결
- 일일 매출 정리 및 보고업무
- 근무자 조편성 및 출결 체크

　　이렇게 편의점에서 했던 업무를 구체화시켜놓고 보면 이 업무가 유통회사 이마트나 홈플러스에서 하는 업무와 다를 바 없습니다.

　　진로를 선택하고 지원할 회사가 정해졌다면 그 회사가 속한 산업군에서 경험을 하고 위와 같이 구체적으로 했던 업무를 나열할 수 있으면 경쟁력을 갖게 됩니다.

≫ 구체화 사례 2

● 자기소개서 구체화시키는 작성법

귀사는 글로벌 경쟁에 대응하기 위해서는 BRIC'S 중심으로 이동하여야 하며, 그 중에서 가장 좋은 선택은 중국으로 진입하는 것이라 사료됩니다.

중국으로 진입하기 위해서는 다음의 방법이 있습니다.
1. M&A
2. 기술이전을 통한 지분 확보
3. 중국 A사와 50 : 50 합작
4. MOU 체결
5. 직영
이중에서 기술이전과 MOU 체결 방법을 제안합니다.

모 분유회사에 제출한 자기소개서입니다.

신생아 출산율이 감소하면서 분유회사 뿐만 아니라 모든 산업에 지각변동이 생겼습니다. 따라서 지각변동이 생기는 기업들의

사례 - 매년 신생아 출산율이 70,000명씩 줄어든다. 남양분유에서는 제품 매트릭스를 사용하여 전략을 기획하라.

Sample

제품-시장 매트릭스

	기존 시장	신규 시장
신규 제품	제품확장	다각화
기존 제품	시장침투	시장확대

70,000명 × 42,000원 × 4통 × 12개월 = ?

◇ **과제** 새로운 전략을 강구하라.

◇ **결론** 시장확대전략으로 중국시장을 개척하라

갈증요인을 해결할 수 있는 전략을 제시하는 것으로 대단한 가치를 지닐 수 있었는데, 왼쪽처럼 작성했을 경우에는 그저 막막하기만 합니다.

이런 경우 경영학에 있는 제품·시장 메트릭스를 활용하면 쉽게 전략을 도출해 낼 수 있습니다.

1. 시장침투 전략

시장침투 전략은 기존 제품을 기존 시장에 침투하는 전략을 말합니다. 기존 제품의 외형을 바꿔서 회사의 손실을 만회하려고 가격을 높일 경우, 소비자가 알게 되면 회사는 존폐위기에 놓일 수 있습니다.

따라서 시장침투 전략은 좋은 선택은 아닙니다.

2. 제품확장 전략

신제품을 개발하여 기존 시장에 침투시키는 전략입니다. 우선 신제품을 개발하기 위해서는 시간, 비용, 인력을 투입해야 합니다.

아이들에게 좋은 성분을 추가로 첨가해서 기존에 42,000원 하던 분유를 60,000원짜리 프리미엄급으로 제품을 출시하고, 아이들의 머리가 좋아지고, 피부가 깨끗해지고, 면역력이 강해지며, 키도 쑥쑥 커진다고 광고하면 주부들은 똑똑하고 키가 큰 건강한 아이로 키우기 위해 60,000원짜리 분유를 선택할 것입니다.

그러나 이것은 일시적입니다.

출산율이 빠지면 또 신제품을 만들어야 합니다.

따라서 제품확장 전략은 잠시 보류해두겠습니다.

3. 시장확대 전략

기존 제품을 새로운 시장으로 가지고 나가는 전략입니다.

신시장을 어디로 정할까?

중국에서는 중국 기업에서 생산한 분유를 먹고 유아들이 머리가 커지고 눈에 핏줄이 생기더니 끝내 숨을 거두었다는 보도를 들은 바 있습니다.

부모들은 중국 기업이 생산한 분유를 아이들에게 먹이지 않습니다.

이런 혼탁한 환경은 한국 기업에게는 호재로 작용할 수 있습니다.

한국의 신생아 출생은 439,000명 정도 됩니다. 중국은 대략 40,000,000명 됩니다. 한국 시장의 약 100배에 달합니다.

이런 시장에서 아이들의 생명을 위협할 수 있는 사건이 발생한 것은 우리 기업이 시장확대를 시키기에는 최적의 조건이 마련된 셈입니다. 기존의 제품을 중국으로 이동시키면 됩니다.

한국에서 생산된 우수한 품질의 분유를 중국으로 어떻게 가지고 갈 것인가가 문제입니다.

구체화된 사례 2에서 본 바와 같이 2가지로 생각을 정리할 수 있습니다.

1) 중국으로 진입하는 것이 바람직함

2) 중국으로 진입하는 방법은 다음과 같음

    ① M&A

    ② 기술이전을 통한 지분확보

    ③ 직영하는 방법

    ④ 중국 내 유통망을 갖추고 있는 A사와 MOU를 체결하는
      방법

    ⑤ 중국 A사와 50 : 50 합작하는 방법

이중에서 기술이전과 MOU((Memorandom of Understanding) : 양
해각서) 체결 방식을 제안합니다.

위 1) 항목과 2) 항목을 비교해보면 1) 항목도 중국으로 가야 한
다는 주장을 제안했고, 2) 항목도 중국으로 가야 한다는 내용을 제
안했으나 1) 항목과 2) 항목은 큰 차이가 있습니다.

보통 학생들이 쓸 때는 1) 항목처럼 자기소개서를 작성합니다.
그러한 제안은 누구나 할 수 있습니다. 2) 항목처럼 구체화시켜서
작성한 제안을 해야 합니다.

2) 항목처럼 작성했을 경우에는 면접 때 무엇을 물어볼까요?

당신은 기술이전과 MOU 체결방법 중 어떤 것을 선택하겠습니
까?

⇒ MOU 방식을 선택하겠습니다.

왜입니까?

⇒ 기술이전은 중국 기업에 기술을 빼앗길 수 있지만, MOU 체
결방식은 A사에 마진을 보장하는 상태에서 수출만 하면 A사의

유통망을 활용한 중국 시장을 조기에 선점할 수 있다고 사료되기 때문입니다.

이런 자기소개서가 가치를 지닌 서류이며, 채용에 가장 우선합니다. 또한 이렇게 쓰는 자기소개서가 면접장의 질문까지 만들어 내는 고수기법입니다.

따라서 시장확대전략은 비용과 인력이 들지 않으면서도 기존 제품을 중국 기업과 전략적으로 제휴한 다음 수출만 하면 됩니다.

가장 적합한 전략이라 생각됩니다.

4. 다각화 전략

신제품을 개발하여 새로운 시장으로 판매를 하는 전략입니다.

앞서 말한 바와 같이 신제품을 만들려면 비용과 인력이 들기 때문에 부적합합니다.

프레임워크나 툴을 이용하여 전략을 만들어 내고, 근거와 정보를 제공할 수 있다면 최적의 가치를 만들어 낼 수 있습니다. 따라서 이런 가치를 만들어 내는 과정들을 구체화시킬 수 있으면 취업 성공할 수 있습니다.

≫ 모 분유회사에 지원한 자기소개서 사례

이런 수준의 아이디어를 제공하고 작성하는 기법도 편지글 형식이 아닌 3단 프레임워크를 활용한 3단 구성법으로 바꿔야 성공할 수 있습니다.

1. 프레임워크나 툴을 활용하여 논리적인 산출물을 만들어 낼 것

2. 구체적으로 생각을 나열할 것

3. 산업과 경쟁관계를 분석하고 정보와 자료를 모을 것

개조문화시키는 기술과 사례

당사를 지원한 동기와 목적에 대해 기술하시오.

[지원동기]

NY분유의 갈증요인 해결

신생아 출산율 감소로 인해 NY분유에 막대한 매출손실을 예상할 수 있었습니다. 이는 회사의 제품이나 직원들의 문제가 아니라 출생률 감소에 따른 영향으로 사료 됩니다. 이런 현상은 계속적이고 장기화 될 전망이며, 이를 극복하기 위해서는 새 로운 제품 및 판로를 개척해야 합니다.

1. 신생아 출산율 감소에 따른 매출저조 극복
2. 제품 · 시작 매트릭스를 활용한 전략 연구
3. 매출확대를 위한 아이디어 제안

[지원목적]

시장확대 전략으로 중국으로 진입

중국 신생아 출산은 4천만 명에 이르고 있으나 최근 중국산 분유를 먹은 아이들이 사망하는 사고가 발생했으며, 중국산 분유에 대한 불매운동이 일고 있습니다. 한 국 시장의 100배에 달하는 중국 시장으로 진입할 것을 제안드리며, 진입방법은 다 음과 같습니다.

1. M & A
2. 중국 A사에 기술이전을 통한 지분확보 방법
3. MOU를 통한 시장선점
4. 중국 A사와 50 : 50합작
5. 직영

이들 중 기술이전과 MOU 체결 방법을 제안합니다.

문항별 제일 상단에 적을 결론 부분의 '타이틀'은 개조식 문장으로 작성해야 합니다. 개조식으로 간략하게 단어를 압축 요약해서 짧고 간결하게 써야 합니다.

■ 개조식(個條式) 표현 : 문장의 앞에 번호나 기호를 붙여 가며 짧게 끊어 중요한 요점이나 단어를 나열하는 방식임

개조식 표현 예시

• 당사의 고객은 품질을 중시함

* 경쟁사는 아시아 시장에서 M/S를 확대하고 있음

a. 신속한 의사결정이 가장 중요

ㄱ. 문서 공통의 Skill up 교육이 필요

① 경기가 급속히 하강하고 있음

5장 취업을 위한 부모의 가운슬링 기법

주로 사용하고 있는 서술식 문장을 개조식 표현으로 바꾸는 연습

서술식 표현	개조식 문장 연습
저는 항상 아이디어가 될 수 있는 뭔가를 찾고 개선하면 좋을 것 같은 방법을 늘 연구합니다.	
GS25시 편의점에서 아르바이트를 하면서 물건을 판매하는 일을 했습니다.	
잘하는 것도 없지만 그렇다고 못하는 것도 없는 사람입니다.	
컴퓨터를 잘 만지며 친구들이 컴퓨터에 대해 많이 물어옵니다. 그럴 때면 이해하기 쉽게 가르쳐 줄 수 있습니다.	
저를 채용해 주신다면 그간 경험한 인턴 및 아르바이트 경험을 살려 최선을 다해 일하겠습니다.	

1. 길게 쓰는 문장을 짧고 간결하게 만들 것

2. 압축 요약해서 키워드만 전달할 것

3. 결론 부분, 타이틀, 방법부분 나열은 개조문화 시킬 것

문서작성 항목 부호를 잘 표현해서 성공한 사례

최근 기업에서는 문서작성과 관련해서 항목 부호 붙이는 것들이 모두 바뀌었습니다. 이런 사실을 학생들이 알리 만무합니다.

그러나 문서에 부호나 항목 표기하는 것이 중요합니다.

다음은 현대자동차에 제출한 자기소개서이며 항목 부호를 잘 붙여서 면접관으로부터 크게 칭찬을 받은 바 있는 서류입니다.

231

---

1. 지원동기

X가. 로 시작함.

X는 한 칸 띄운다는 표시임. 그 아래 부호는 2칸이 들어가서

XX1)로 표기함. 그 다음은 3칸 들어가서

XXX가)가 됨.

예전에는 항목 하나씩 내려올 때 3칸씩 들어가서 표기를 했으나 최근 문서작성 항목 표기법이 개정되면서 항목 하나씩 내려갈 때 1칸씩 들어가서 표기하는 것으로 바뀌었음.

≫ 항목 표기를 잘한 사례

■ 묻는 질문의 항목을 나열하라

현대자동차에 지원하게 된 동기와 희망직무 및 이유를 서술하시오.

(경험, 관심, 전공과목 등 연계)

1. 지원동기 - 러시아 시장 공략의 적임자

인공지능형 텔레메틱스 자동차만이 소비자에게 '놀라움'을 전할 수 있으며, 21세기 산업트렌드인 '스마트'를 충족시킬 수 있습니다.

가. '시장확대전략'으로 판로 개척 - BRIC'S 시장을 중심으로 시장판로를 확대시켜가는 전략이 필요할 것이며, 특히 무궁한 잠재력을 지니고 있는 러시아 해외연수를 통한 현지 문화 이해와 현지의 인맥네트워크는 현지 업무를 수행하는데 많은 도움이 될 것으로 확신하며, 시간절약과 업무효율을 높이는데 기여할 것입니다.

나. '상트페테르부르크'에 적합한 인재 - 러시아 해외연수를 통한 현지 문화 이해와 현지의 인맥네트워크는 현지 업무를 수행하는데 많은 도움이 될 것으로 확신하며, 시간절약과 업무효율을 높이는데 기여할 것입니다.

2. 희망직무 및 이유

[희망직무] 해외영업본부 동구팀

[지원이유] '상트페테르부르크'에서의 유학생활과 인맥네트워크 활용

가. 상트페테르부르크에서 유학생활을 했습니다. 현지투입과 동시에 업무수행이 가능합니다.

나. 유학을 하면서 쌓은 인맥이 업무를 수행하는 데 많은 도움이 될 것입니다. 한국인 교민을 비롯하여 법조계에서 일하고 있는 러시아 친구, 대학 교수님 등 활용 가능한 네트워크를 갖고 있습니다.

바뀐 항목 부호를 정확하게 활용하세요.

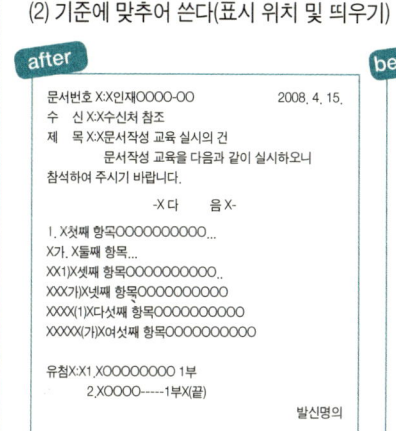

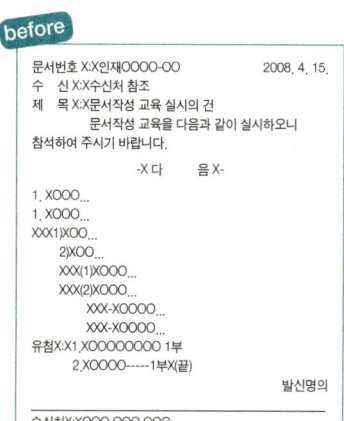

233

기업에서 사용하는 언어와 단어선택의 기술과 사례

학생들이 자기소개서를 작성할 때는 대부분 학생들이 사용하는 언어들을 선택합니다. 그러나 기업의 실무자들은 학생들이 사용하는 언어를 좋아하지 않습니다.

군인들에게는 군인들의 언어가 있듯이 기업은 기업에서 사용하는 언어와 단어가 있습니다. 기업에서 사용하는 단어들을 써야 관심을 갖고 읽어 보게 됩니다.

다음은 학생이 삼성제일모직에 쓴 자기소개서를 클리닉한 내용입니다. 학생이 사용한 단어를 정리해 보면 다음과 같습니다.

학생이 사용한 단어	클리닉한 단어
■ 창의적인 졸업작품	- 패션을 사랑하는 열정
■ 어학연수와 동아리	- 기회를 파악하는 빠른 판단력
■ 다양한 사람과 교류	- 정해진 예산 최고 매출
■ 밝은 성격과 사교성	- 상품을 기획하는 인재
■ 영화감상 동아리 부회장	- 목표고객, 잠재고객
■ 고등학교 때 활동	- 브랜드 품격과 새로운 디자인
■ 창작동아리와 선후배들	- 예산, 원단, 디자인
■ 봉사활동	- 클래식 가치
■ 시각장애인 복지관	- 원단, 단추, 실, 협력업체
■ 미술지도 도우미	

■ 직무와 연관된 단어와 언어 선택

삼성 제일모직 자기소개서 샘플

after

자기소개서-자신이 회사에 필요한 사람임을 보일 수 있도록
자신에 대해 좀더 자세히 적어주세요.
(자기소개 400자 이내)
제일모직을 위한 '열정, 글로벌 인적 네트워크와 나누는 마음'
을 가진 사람입니다.
첫째, 최고의 가치를 추구하는 열정을 가졌습니다. 외부적인
요인에 의한 문제를 기회로 삼아 목표한 바를 꼭 이루겠다는
집념으로 창의적인 졸업 작품을 완성하였습니다.
둘째, 어학연수와 동아리를 통해 다양한 사람과 교류하고 있
습니다. 밝은 성격과 사교성으로 영화감상 동아리 부회장을
역임하고 고등학교 때부터 활동했던 시 창작동아리의 선후배
들과도 각별한 관계를 유지하고 있습니다.
셋째, 학교의 사회봉사와 Toronto Univ.의 봉사활동으로 나누
는 법을 배웠습니다.
성북시각장애인복지관에서 미술 지도도우미와 교구 제작을
통해 시각장애를 가져도 정도에 따라 색을 구분 할 수 있으며
작은 봉사로 나누는 기쁨과 감사하는 마음을 배웠습니다.

before

자기소개서-자신이 회사에 필요한 사람임을 보일 수 있도록
자신에 대해 좀더 자세히 적어주세요.
(자기소개 400자 이내)
패션을 사랑하는 열정과 기회를 파악하는 빠른 판단력이 상
품 기획 MD의 요건입니다.
1. 정해진 예산으로 최고의 매출을 올리는 상품을 기획하는
   인재.
2. 목표고객을 설정하고 잠재고객을 끌어들이는 시장을 확장
   하는 인재.
3. 제일모직 브랜드 품격과 일치하는 새로운 디자인을 제안
   할 수 있는 인재.
저는 이런 인재가 되기 위해 다음과 같이 노력하겠습니다.
1. 최소의 예산, 최고의 원단, 최고의 디자인을 잡아라!
            학생이었기에 의상을 제작할 때 언제나 예산
   의 한계가 있었습니다. 하지만 최소의 예산, 최고의 원단,
   최고의 디자인은 언제나 저의 모토였습니다. 발품을 팔아
   서 최고를 찾아내겠습니다.
2. 클래식의 가치를 아는 목표고객과 잠재고객중 장년층에게
   는 클래식의 가치를 제안하고, 젊은층에게는 고품격의 대
   명사가 되어야 합니다.
3. 디자인 속에는 디자인, 원단, 단추, 실, 협력업체의 인력 등
   수많은 요소가 포함되어 있습니다. 상품기획 MD로 예산을
   정확히 배분 · 분석하여 트렌드와 부합하면서도 제일모직
   브랜드 품격과 일치되는 디자인을 제안하겠습니다.

취업시장에서는 졸업예정자들만이 경쟁을 하는 것이 아닙니다.

현업에 근무하면서 이직을 생각하는 사람들과 함께 경쟁을 치

루고 있습니다. 회사생활을 해왔던 사람들은 학생들이 사용하는

언어나 단어들을 사용하지 않습니다.

군대에서 휴가를 나오면 군인들이 평상시에도 군생활 중에 사용하던 언어와 단어들을 사용하게 되는 모습을 목격하게 되는데, 현업에 1~3년 근무한 중견기업 재직자들 중 큰 기업으로 이직하려고 준비하는 사람들이 지원자 중에 10% 정도 된다는 것을 신문기사를 통해 읽은 적이 있습니다.

현업에 재직 중인 사람들의 강점은 대학을 졸업하려는 예정자들보다 많습니다.

첫째, 조직 내에서 팀 활동을 통해 커뮤니케이션이 원활함

둘째, 지원직무에 대해 경험했기 때문에 지원동기 부분에서 경쟁력을 갖춤

셋째, 기획력 및 문서작성이 자유로움

넷째, 시장판세와 경쟁관계 분석이 용이하며 전략 도출이 가능함

다섯째, 학생 때 사용하던 언어와 단어를 사용하지 않고 회사에서 사용하는 언어와 단어를 사용하며 역량과 가치를 동시에 전달하기 용이함

Counseling

1. 학생들이 사용하는 언어나 단어를 사용하지 말 것

2. 직장에서 사용하는 언어와 단어를 사용할 것

3. 현업에 근무하는 선배나 지인에게 클리닉을 받을 것

자기소개서 질문 항목의 핵심 키워드에 맞춰서 작성하는 기술과 사례

취업의 과도기인 지금 예전의 자기소개서를 사용하는 기업이 있어서 설명하고자 합니다.

자기소개서의 기본항목은 성장과정, 성격의 장단점, 지원동기, 입사 후 미래 포부 정도입니만, 요즘에는 질문 항목들이 다양하고 복잡해지고 있습니다. 하지만 기본항목을 분석하면 다른 복잡한 질문들도 해석이 가능해집니다.

■기본항목과 핵심 키워드

성장과정 /--
지원한 산업이나 부서에 대해 관심을 갖거나 공부를 하게 된 배경
(준비된 사람)

장단점 /--
지원부서의 특성을 고려한 자신의 강점 표현
단점은 개선 프로그램을 통해 보완하고 있음을 표현
(적합한 인재)

지원동기 /--
가장 주요한 부분
- 지원하는 부서의 업무를 수행할 수 있는 역량
- 시장 판세를 읽고 지원사의 차등화 전략 제안
(밥값 할 수 있는 인재, 돈 벌어줄 인재)

장래포부 /--
지원분야 전문가로 성장할 수 있는 단계별 전략을 구체적으로 기술
(명쾌한 비전제시, 단계별 기술)

‖ 성장과정

성장과정을 왜 질문할까요? 말 그대로 어디서 태어나서 어떻게 자랐는지를 보는 걸까요? 아니면 특별한 의도가 있는 것일까요?

학생들은 자기소개서를 적성해본 경험이 없어서 말 그대로 해석해서 어디서 태어났고 어떻게 자라왔다는 내용을 적습니다.

그러나 기업의 의도는 그것이 아닙니다.

기업이 듣고자 하는 성장과정의 메시지는 지원회사가 속해 있는 산업군에 관심을 가졌거나 지원한 직무에 대해 공부했거나 관련 분야에서 경험한 것들을 듣고자 합니다.

따라서 성장과정은 지원한 자가 얼마나 관심을 가지고 준비했는지를 확인하는 것이 핵심 키워드입니다.

성장과정에는 지원한 회사가 속해 있는 산업군에 관심을 가지고 있던 사실과 지원한 직무를 학습했거나 경험한 사실들을 기술함으로써 '준비된 인재'임을 보여야 합니다.

‖ 장단점

장점은

지원자의 자랑을 듣고자 하는 것이 아닙니다.

지원자가 잘하는 것을 소개하라는 것도 아닙니다.

회사가 듣고자 하는 것은 '지원직무에 적합한 성향을 지닌 인재' 인가를 확인하고 싶은 것입니다.

예를 들어 인사팀에 지원하는 사람일 경우 가장 필요한 성향은 '이성적인 판단과 객관성을 지닌 인재'입니다.

인사팀은 채용에서부터 퇴사까지 인력을 관리하는 업무를 합니다. 사람을 관리하는 업무다보니 개인적인 감정이 개입되는 것도 주의해야 하고, 원칙과 규정에 의한 객관적인 판단력을 지녀야 공정하게 업무를 처리할 수 있습니다.

인사팀을 지원할 경우

장점에는 '이성적인 판단과 객관성을 지닌 인재'라는 타이틀을 걸고 설명을 해나가는 것이 인사업무에 적합한 성향의 인재라고 판단이 될 것입니다.

자금, 회계 분야에 지원할 경우 장점에는 어떤 타이틀이 좋을까요?

'윤리와 도덕성'입니다.

첫째, 자금 사고를 내지 말아야 합니다.

둘째, 타인의 자금을 관리하는 업무라서 믿음과 신뢰를 줘야 하고, 책임감을 가지고 일할 수 있다는 것을 어필해야 합니다.

셋째, 숫자 개념이 있어야 합니다.

이런 장점이 있어야 적합한 인재라고 봅니다.

장점은 지원직무에 '적합한 인재'인가를 확인하려는 것이 기업의 의도입니다.

단점은 왜 적으라는 걸까요?

어떤 지원자들은 단점을 적지 않고 장점 같은 단점을 적습니다.

'너무 업무에 집중한 나머지 가끔 스트레스를 받을 때가 있습니다.'

회사 입장에서는 바라는 바이며 좋은 장점이라 판정합니다.

적당한 단점을 적고 ○○한 과정을 통해서 개선의 노력을 하고 있다고 적으면 됩니다. 자신의 단점을 시인할 줄 아느냐를 확인하는 문항이므로 시인하고 개선하는 노력을 적어주면 아무런 문제가 없습니다.

그러나 치명적인 단점은 피해야 합니다.

예를 들어 인사팀에 지원하는 사람이 '정이 너무 많다. 감성적이다. 천기누설을 잘한다'라고 적게 되면 인사팀에 부적합한 사람이라고 판단되며, 자금팀에 지원하는 사람이 '도벽이 있다'라고 적는 것 역시 치명적인 단점으로 부각될 수 있습니다.

‖ 지원동기

대기업에서는 지원자가 너무 많아서 1차 자기소개서를 검토할 때 지원동기와 사진만을 보는 경우가 있습니다.

지원동기는 다른 어떤 것보다 중요합니다.

지원동기를 어떻게 써야 할까요?

학생들이 질문해오는 경우가 있습니다.

본인의 지원동기가 뚜렷하지 않거나 회사이름만 보고 지원할 경우에는 스스로 준비되어 있지 않은 상황이기 때문에 막연한 것이 당연합니다.

이런 상황에서는 '남들이 다 가니까 나도 지원한다'라고 써야 할까요?

생각조차 없었던 회사에 입사지원서를 제출한다고 합격하겠습니까? 할 수도 있겠지만 성공률은 높지 않을 것 같습니다.

준비된 것이 없기 때문에 내용이 부실할 수밖에 없고 인사담당자를 움직일 수 있는 매력을 갖추지 못해서 휴지통에 들어갈지도 모릅니다.

지원할 회사를 미리 정하고 직무도 미리 정해서 회사와 관련된 정보와 자료를 많이 모으면 모을수록 가치있는 것들을 만들어 낼 수 있고, 한방에 취업이 되는 기적을 만들 수도 있습니다.

필자는 학생들이 지원한 회사에 한번에 입사하는 것을 원칙으로 생각하고 지도합니다. 그러기 위해서는 학기 초에 개인별 스펙과 역량을 분석하고 진로 카운슬링을 통해서 방향과 지원회사의 수준과 직무를 선택하여 관련된 산업을 분석하게 합니다.

이러한 과정은 자기소개서에 역량과 가치를 담아내기 위해서 준비하는 것들입니다.

지원동기에는 무엇을 적어야 할까요?

1. 지원할 직무를 수행할 수 있는 역량을 기술하라.

2. 회사가 성장하는데 기여할 수 있는 아이디어를 제공하라.

3. 회사의 문제를 지적하고 타당성 있는 대응전략을 제시하라.

이 세 가지가 핵심 키워드입니다. 세 가지 중에 하나라도 명쾌하게 작성할 수 있어야 면접장까지 갈 수 있습니다.

1. 지원할 직무를 수행할 수 있는 역량을 기술하라.

지원할 직무를 수행할 수 있는 역량을 적는 것은 가장 기본입니다.

인턴이나 아르바이트를 했을 경우에는 일을 하면서 경험한 것들을 구체적으로 기술하면 되고, 공부만 했을 경우에는 지원직무와 연관성 있는 전공분야를 활용할 수 있도록 작성하면 됩니다.

또 다른 것이 있다면 학교 내에서 취업을 위해 했던 캠프나 과정 등을 통해서 취득한 자격증이나 수료증과 관련해서 회사에 도움이 될 수 있겠다는 내용을 적어도 좋습니다.

인터넷에 있는 지원회사의 안내들을 카피해서 적는 것은 최악의 결과를 얻을 수 있으므로 피해야 합니다.

예를 든다면 OO회사는 창사이래 OO한 것을 개발하여 재계 O위에 있고……
하는 내용들입니다.

2. 회사가 성장하는데 기여할 수 있는 아이디어를 제공하라.

이것은 가치를 제공하는 것이며 다른 어떤 것보다도 우선합니다.

가치를 만들어 내려면 지원하는 회사와 산업에 대해 많은 정보와 자료를 찾아서 분석하고 경쟁관계까지도 연구해야 좋은 결과물을 만들 수 있습니다.

학기 초부터 지원회사와 직무를 정하고 그 회사가 속해있는 산업을 분석하고 회사에 제안할 아이디어를 만드는데 집중합니다.

이러한 이유로 서류를 한 번 내고 합격한 제자들이 많습니다.

회사에 기여할 수 있는 아이디어들은 다음과 같습니다.

① 기존 기술을 기반으로 새로운 제품을 만들어 낼 수 있는 대체품에 대한 아이디어 제안

② 새로운 판로를 제안하는 아이디어

③ 전략적 제휴나 파트너십을 제안하는 아이디어

④ 기존제품에 추가될 콘텐츠를 제안하는 아이디어

⑤ 비용을 줄일 수 있는 아이디어 등

3. 회사의 문제를 지적하고 타당성 있는 대응전략을 제시하라.

경험했던 것들을 기술해 본다면 다음과 같습니다.

① 식음료 산업에 지원하는 자가 식음료 산업을 분석하고 지원회사와 경쟁사의 제품 포장에 대한 디자인을 제안해서 성공한 사례

② 믹스 캔커피(커피, 설탕, 프림이 들어있는 커피)는 시중에 있지만 블랙 캔커피에 대

> 한 소비자들의 요구를 조사해서 제안했던 사례
> ③ 시장판세를 읽고 경쟁관계에 대한 경영 전략 및 마케팅 전략 제시
> ④ 전통적 비즈니스 방식의 문제 제기와 대안 제시(급여테이블, 출근문제, 고정비 손실의 문제 등)

‖ 취업에 성공하기 위해서는

4학년 초부터 아니면 그 이전부터 지원하고 싶은 회사와 직무를 선택해야 하고, 산업군이나 경쟁관계들을 철저하게 분석해서 나름대로 타당성 있는 아이디어를 만들어 내야 합니다.

어느 날 갑자기 채용공고가 난 이름이 알려진 회사에 아무 생각 없이 예전에 썼던 자기소개서 내용을 날짜와 부서를 수정해서 제출할 경우에는 탈락한 경력 한 줄이 더 쌓일 뿐입니다.

복잡한 구조를 가진 자기소개서 작성법

최근 자기소개서는 질문하는 항목이 복잡해졌고 회사는 그에 따른 전문성을 요구하고 있습니다.

다음은 외환은행에서 사용한 자기소개서 샘플입니다.

한 문장에 여러 가지 내용을 묻기도 합니다.

이런 경우 학생들은 당황해 하고 어떻게 작성해야 하는지를 많이 물어옵니다.

1) 묻는 항목을 나열하라

질문항목 : 타인을 위하여 봉사한 경험과 이유, 느낀 점을 구체적으로 기술하여 주십시오.

이런 경우에는 항목을 나눠야 하는데 3가지를 묻고 있습니다.

- 경험
- 이유
- 느낀 점

일단 묻는 질문에 알고자 하는 3가지를 구분해서 나열한 후에 작성해야 합니다. 3가지를 묻고 있는데도 불구하고 학생들은 편지글로 3가지를 포함해서 작성합니다.

3가지를 알고 싶은데 줄글로 작성해서 보내면 읽지 않습니다.

결국 회사는 이런 경험과 이유, 느낀 점을 통하여 지원자가 회사에 어떤 도움이 될까를 판단하는데 그 판단을 '회사기여도'로 지원자가 미리 적어서 보내면 읽는 사람 입장에서는 긍정적인 평가를 하게 됩니다.

주어진 각 질문사항에 대한 명료하게 구분되는 대답을 통해 지원자가 회사에 어떠한 영향을 미치고 도움이 될지를 정확하게 기술하는 것이 복잡한 구조를 갖고 있는 형식에서는 바람직한 작성법이라 할 수 있습니다.

2) 알아보기 쉬운 글과 힘든 글의 차이점

■ 경험 ■ 이유 ■ 느낀 점	말귀를 알아듣는 사람
■ 회사기여도	일을 잘할 사람

3가지 질문의 답변을 편지글로 풀어내면 알아보기 힘든 글이 됩

니다.

자기소개서 질문항목은 회사가 지원자에게 던지는 '메시지'입니다. 메시지의 내용을 파악하지 못하고 편지글 형식으로 작성한다면 채용 후에 일을 할 때도 말귀를 못 알아들을 인재라는 평가를 받기 십상입니다.

3가지를 구분해서 알아보기 쉬운 글로 작성하는 사람은 말귀를 알아듣는 사람입니다. 회사는 이를 소통이 가능한 사람으로 평가하고 채용해서 일을 하더라도 업무를 지시하면 기본은 할 수 있을 것으로 평가합니다.

더 나아가 읽는 사람이 기대하는 것에 대한 정리를 미리 해서

■ 묻는 질문의 항목을 나열하라

1. 타인을 위하여 봉사한 경험과 이유, 느낀 점을 구체적으로 기술하여 주십시오.
   [경험]
   [이유]
   [느낀 점]

   [회사기여도]

2. 아마존의 눈물 제작진의 노력과 열정에 큰 의의를 둘 수 있을 것입니다. 귀하가 가장 열정적으로 활동한 경험 및 동기, 결과에 대하여 구체적으로 설명하여 주시기 바랍니다.
   [경험]
   [동기]
   [결과]

   [회사기여도]

3. 외환은행에 지원한 동기와 입행한다면 이떠한 역할을 통하여 본인의 성장과 외환은행의 발전에 기여할 수 있는지 설명하여 주십시오.
   [지원동기]
   [역할]
   [회사기여]

기술해주는 사람은 일을 잘할 사람으로 평가합니다. 하나를 가르치면 열을 깨우치고 행동할 사람으로 평가해서 선택하는데 주저하지 않습니다.

최소한 지원서류를 통해서 말귀는 알아듣는 사람이라는 인상을 주어야 하며, 어떻게 회사에 기여할지 명쾌한 정리를 내려야 일 잘하는 사람으로 평가 받을 수 있을지를 고민해야 합니다.

업무수행 역량을 표현하는 기술과 사례

지원 직무와 관련이 있으면 더 좋겠지만 그렇지 못하더라도 인턴이나 아르바이트를 했던 경험은 꼭 적어야 합니다. 공부를 잘한 것보다 경험한 것을 더 중요시 여기기 때문입니다.

학생들 입장에서는 공부한 것이 전부일 수 있지만 채용하려는 회사 입장에서는 현장 경험을 해본 사람을 더 선호합니다.

다음의 사례는 자동차 보상서비스 분야를 지원하는 학생의 글입니다.

자동차 보상서비스에 필요한 3종 대인 손해사정인 시험을 준비하면서 습득한 지식을 기반으로 병원에 있는 교통 사고자를 대상으로 보상만족도 조사를 했던 경험을 구체화시켜서 성공한 사례입니다.

이처럼 자격증을 취득했거나 공부하면서 배운 것, 또는 경험한 것들을 연관성 있게 기술하면 좋은 평가를 받습니다. 경험한 것을 지원직무와 연관성 있게 작성할 수 있는 기술이 필요합니다.

기업 입장에서 채용하려는 직무에 필요한 역량이 무엇일까를 고민한 다음 본인이 경험했거나 알고 있는 것들을 조합해서 한 눈에 알아볼 수 있도록 나열하는 기술을 익히기 바랍니다.

≫ 아르바이트를 통해 경험한 업무역량을 구체화시킨 사례

---

1. 본인이 희망하는 직무와 선택이유, 그리고 희망직무를 수행하기 위해 준비해온 과정에 대하여 기술하여 주십시오.

[희망직무] : 자동차 보상 서비스 분야

[선택이유] : 보험의 2차 역할을 정확하게 수행할 수 있는 역량 보유

미래의 위험을 예방하는 것이 보험의 1차 역할이라면 사고발생 손해를 보상하는 것이 보험의 2차 역할이라 할 수 있습니다. 저는 고객의 가치를 창출하는 보험의 2차 역할자로서 '일하기 좋은 한국의 기업'을 9년째 수상한 현대해상과 함께 하겠습니다.

[준비과정] : 손해사정 기초지식 습득 교통사고 환자 보상서비스 만족도 조사 참여

저는 위 직무를 성공적으로 수행해 낼 수 있는 능력 3가지가 있습니다.

1. 대학재학시절 3종 대인 손해사정인 시험을 준비하면서 보상책임 여부판단의 기초지식을 쌓았으며, 실제로 저의 기초지식으로 주변지인들에게 도움을 준 경험이 있습니다.

2. 고객들의 니즈파악은 현장에서 해야 한다는 생각으로 병원에 있는 교통사고 환자들을 직접 만나 보상서비스에 대한 만족도 조사를 한 경험이 있습니다. 고객들로부터 얻어낸 자료를 토대로 잘 응용한다면 피해자들과의 합의를 할 때 큰 빛을 발휘하리라 생각합니다.

3. 대형 마트에서 일할 당시 고객서비스 우수직원상을 받은 경험이 있습니다. 저의 CS마인드는 향후 업무를 수행하는 보상직에 큰 장점이 될 것입니다.

기업 갈증요인의 가치를 전달하는 기술과 사례

요즘 기업의 갈증요인 중에 하나가 기존의 기술을 활용하여 다른 산업이나 신제품을 어떻게 만들어 낼 것인가가 경영의 핵심 키워드입니다.

이러한 때 지원자들이 제안하는 아이디어들은 가끔 기업을 위기에서 탈출시키는 명약이 되기도 합니다.

예전에 S그룹 계열사인 MP3 플레이어를 만드는 회사에 신입사원이 대체품으로 홈시어터를 만들어야 된다는 제안을 했습니다. 회사가 미처 생각지 못했던 아이디어로 학생이 제안한 내용은 휴대전화에 음악을 다운받아 들을 수 있는 콘텐츠가 내장될 것이므로 MP3 플레이어를 만드는 회사는 위기에 처할 것이란 의견이었습니다.

학생이 제안했던 내용은 현실이 되었으며, S그룹 계열사는 기반 기술인 소리를 소리로 바꾸는 대체품을 홈시어터로 결정해서 현재 대한민국 홈시어터 대표 브랜드로 시장을 선점하고 있습니다.

이처럼 학생들이 제안하는 아이디어는
회사를 위기에서 탈출시키는 역할을 할 수 있으며,
가치있는 아이디어를 제안하는 사람은
학교 레벨이나 스펙, 어학실력, 자격증, 인턴 경험들과 무관하게 채용시 가장 필요한 인재로 꼽힙니다.

앰코코리아가 국내 반도체 산업에 미친 영향과 향후 나아갈 방향은 무엇인지 기술하세요.

[영향] 반도체 강국 건설

앰코코리아는 자원 불모지인 대한민국에서 지식자원만으로 탄생시킨 반도체를 세계 최고의 기술력으로 반도체 강국을 건설한 주인공이라고 생각합니다.
[나아갈 방향] 기존의 뛰어난 기술력을 바탕으로 대체품 개발
과포화 상태인 반도체 시장에서 우리 앰코코리아가 나아가야 할 방향은 앰코코리아가 가진 뛰어난 기술력을 바탕으로 대체품을 개발해야 한다고 생각합니다.
가. 자동차 내외부 관리 시스템
자동차의 운행거리에 맞춰 타이어 교체시기 및 오일, 와셔액, 정비일자 등 운전자가 쉽

게 자신의 자동차 상태를 파악할 수 있어 최적의 주행상태를 유지시킬 수 있습니다.

나. 보안 및 범죄방지 신제품(ex.어린이 책가방 GPS)
보안과 범죄방지가 화두로 떠오르고 있는 시점에서 우리 앰코코리아가 시장에 발
빠르게 뛰어든다면 큰 성장을 할 수 있다고 생각합니다.

다. 다기능 복합화된 제품
기존의 경박단소한 범주를 뛰어넘어 다기능 복합화된 제품을 대체품으로 생산해
야 한다고 생각합니다.

인턴, 아르바이트 경험을 지원부서와 연계시켜서 작성하는 기술과 사례

학생들이 경험한 사회생활은 버릴 게 하나도 없습니다.

디자인을 잘하면 업무를 수행할 수 있는 역량으로 변하기 때문입니다. 이미 역량을 지니고 있는데도 불구하고 어떻게 표현하는지를 몰라서 못하는 사람이 많습니다.

표현하는 방법과 기술을 설명하면 다음과 같습니다.

1. 지원하는 직무에 관한 업무를 이해하고 있어야 한다.
2. 자신이 경험한 것들 중 가장 연관성 있는 것을 선택한다.
3. 일은 서로 연관성을 가지게 되어 있다. 구체적으로 나열해보면 연관성이 보인다.
4. 성과 또는 회사기여도로 표기하고 해봤던 경험이 지원하는 업무중 ○○ 부분에 기여할 것이라는 내용으로 마무리 한다.

경력기술(인턴 등) [100자 이상 600자 이내]

[경력 기술] 현장 실무를 경험한 인재

현대자동차 이탈리아 법인의 영업부서에서 6개월간 판매 촉진을 위한 이벤트와 프로모션 실무를 경험했습니다.

2010년 현대자동차 월드컵 프로모션 in Italy

1. '가족을 위한' 월드컵 홍보행사 진행 · 풋살게임, 인간 테이블 축구 게임 등 자동차의 직접적 소비자인 어른뿐 아니라, 미래 잠재고객인 어린이와 청소년층에 브랜드 어필(친근감과 호감 심어줌)

2. 월드컵 기간 동안 자동차 구매고객에게 삼성 노트북 지급
한국산 자동차와 함께 노트북의 우수성이 시너지 효과 창출, 해외 시장고객에게 한국의 브랜드 파워 어필

이때의 경험을 통해, 매출 기획은 장기적이고 전사적인 시각으로 이루어져야 하고, 단순히 제품 알리기를 넘어 그것들이 가진 '가치'를 시장에 전달할 수 있음을 깨달았습니다. 식품은 자동차보다 소비자의 일상생활에서 구매 빈도가 높은 품목인 만큼, 소비자에게 전달할 수 있는 메시지도 그만큼 크다고 생각합니다. 더 큰 메시지를 전달하고자 하는 열정으로 매일유업에 지원했습니다. 실무에서의 배움을 바탕으로, '건강'과 '행복'이란 가치를 전하는 매일유업의 CM 전문가가 되고 싶습니다.

통하는
면접스킬

면접을 왜할까?

면접을 하면서 어떤 것들을 물어볼까?

면접 준비는 어떻게 해야 할까?

왜 면접이 복잡해지고 있을까?

PT 면접, 토론 면접은 어떻게 하는 걸까?

특별한 답변기술이 있을까?

첫 이미지는 면접 결과에 어떤 영향을 미칠까?

　면접은 다양하고 복잡한 과정들을 거치면서 함께 일할 코드가 맞는 파트너를 선택하는 과정이라 정의할 수 있습니다.

　최근 인재 채용에서 서류심사, 외국어 능력, 학점, 자격증 등의 기초자료에서 지원하는 사람들의 수준이 모두 비슷해서 별반 차이가 없기 때문에 면접시험이 중요한 평가 요소로 작용하고 있는 것입니다. 불과 얼마 전까지만 해도 스펙만으로 취업이 가능했지만 이제는 기업을 경영하는 환경이 더 악화되고 경쟁이 글로벌화됨으로써 채용할 때 봐야 할 것들이 더 많아지고 전문화되고 있습니다.

회사가 정해둔 커트라인을 통과하고 인력충원을 요청한 팀에서 면밀하게 서류를 검토한 후 업무를 수행할 수 있다고 판단되거나 가치를 지닌 사람, 또는 특별한 끼나 확인이 필요한 사람들을 5배수 정도 불러서 확인해가는 절차가 면접과정입니다.

지원직무에 적합하고, 사람들과 잘 어울릴 수 있는 성향을 지니고, 회사에 돈을 벌어줄 수 있는 사람을 선택하기 위해 다양한 절차와 과정을 개발해서 확인해 가는 과정들은 점점 복잡해지고 있습니다.

친구들 사이에 달변가라는 말을 듣는 사람이라 해서 면접에 합격하고, 말 주변이 없어서 남들 앞에 나서본 경험이 한번도 없는 사람은 면접에서 탈락할 확률이 높을까요?

면접에서는 말하는 '기술'이 필요하다고 생각합니다. 짧은 5~10초 사이에 자신의 생각을 정리해서 전달하는 기술이 필요합니다.

말 잘하는 것과 잘 말하는 것은 같은 맥락일지라도 확연하게 차이가 납니다. 지금까지 말 잘하는 사람이었다면 이제부터는 잘 말하는 방법을 배워서 생활화하는 것이 좋습니다.

본장에서는 기업에서 활용하고 있는 면접 평가표와 면접 실전 사례들을 기반으로 면접의 다양한 종류별 분석과 해결책을 제시할 것이며, 성공적인 면접을 위해 무엇을 어떻게 준비해야 하는지를 명쾌하게 풀어가겠습니다.

1. 왜! 통(通)하는 면접인가?

말이 통하는 사람을 만나면 소통이 원활해지고 더불어 시너지 효과를 낼 수 있습니다. 반면 소통이 불가능하면 모든 것이 단절되고 폐쇄됩니다.

살을 맞대며 살아가는 부부라도 이혼을 하는 경우가 있습니다. 이혼사유 중에 '성격이 맞지 않고 소통이 되지 않는다'는 이유가 가장 많습니다.

아이를 둔 부부도 이혼을 하는데, 하물며 돈 몇 푼 벌자고 성격도 다르고 소통도 되지 않은 사람과 함께 지내고 싶은 사람은 없을 것입니다.

회사는 여러 부서에 다양한 사람들이 모여서 하나의 목표를 향해 일사분란하게 일하는 경제생활의 전쟁터입니다. 경제생활의 전쟁터에서 생존하거나 성장하기 위해서는 조직원간에 소통이 원활해야 하며 눈빛만 봐도 상대의 마음을 읽을 수 있어야 전쟁터에서 승리할 수 있습니다.

면접장에서도 학생과 회사임원 간에 소통이 통하는 것이 중요합니다.

회사임원들은 학생들의 입장에서 이해하려고 하지 않습니다. 회사 입장만 생각하고 회사에 이익이 될 사람을 선발하고 회사 직원들과 잘 어울릴 수 있는 소통력을 지닌 인재를 선발하려고 할 뿐입니다.

면접장에서의 소통이란?

상호 니즈에 코드를 정확하게 맞출 수 있어야 됩니다.

기업은 부서에 알맞는 '맞춤형 인재'를 찾고 있으며, 면접 형태도 다양화되고 있습니다.

지원자(sender)와 기업(receiver)간 서로 통하는 대화를 준비해야 성공할 수 있습니다.

서로 통하기 위해서는 기업이 속한 산업환경, 경쟁관계, 시장선점 요인, 제품의 변화 예측, 기존 기술을 기반으로 대체품 개발에 대한 아이디어, 전공에 대한 지식과 직무에 대한 이해, 논리적 표현기술 등을 두루 준비해야 됩니다.

2. 일반 기업 면접 평가서와 면접 항목

기업마다 다소 차이는 있겠지만 대동소이합니다.

대부분의 학생들은 면접 평가표가 어떻게 생겼는지, 평가 항목이 무엇인지 알지 못합니다.

면접 평가서에는 학교와 학점, 토익점수를 표기하는 곳이 없습니다. 지원서가 합격한 사람에 한해서 면접에 참여할 수 있는 기회를 얻으며 면접은 제로 베이스에서 처음부터 다시 시작하는 것입니다.

스펙에 연연해 할 필요가 없다는 말입니다.

면접관이 출신학교를 물어봤는데 함께 면접장에 있던 지원자들 중 여럿이 명문대출신이었고, 그로 이해 자신감을 잃어버리고 소심하게 답하는 바람에 떨어졌다는 학생들을 수차례 본적이 있습니다.

면접장에서 학교며 토익점수며 학점을 왜 물어봤을까요?

자신감도 없는 사람을 누가 채용하고 싶겠습니까?

면접 평가표는 용모와 태도, 전공 및 직무적합도, 인성, 기타 성향이나 경험 등으로 구성되어 있습니다.

서류심사를 통과해서 면접까지 갔다는 것은 이력서에 기록된 사실만으로 지원회사에 근무하는 수준이 가능하다는 증거고, 면접은 입사지원서에 기록된 사실들을 확인하고 사람 됨됨이를 파악하기 위해 대면을 하면서 궁금한 것, 확인하고 싶은 것들을 테스트하면서 평가하는 과정입니다.

일반 기업 면접 평가표

지원자 성명	출생년도(나이)	지원분야	전송

평가수준	최우수	우수	평균이상	평균	평균이하
용모 및 태도					
1. 복장의 청결함 / 단정함 / 준비성	20	18	16	14	12
2. 말하는 태도, 자세 / 답변기술(결론-부연설명)					
3. 건강상태, 신입사원다운 자신감 등					
전공 및 직무적합성					
1. 전공의 성실한 이수여부 / 지원부서 적합성	30	28	26	24	22
2. 각종 자격 / 면허취득 정도					
3. 업무 수행력 및 경험(인턴, 아르바이트, 비정규직 등)					
인 성					
1. 올바른 가치관 형성	30	28	26	24	22
2. 원만한 인간관계					
3. 건전한 사고방식					
4. 투철한 책임감 / 사명감					
5. 윤리의식 및 봉사활동					
기 타					
1. 자신감과 적극성	20	18	18	14	12
2. 도전정신과 창의력					
합계					

용모 및 태도

용모는 외적으로 보여지는 이미지입니다.

1) 두발상태

일단 귀가 나오고 목선이 보여야 하며 단정해야 합니다.

남자의 경우 덥수룩한 머리보다는 깔끔한 스타일이 더 좋습니다. 젊은 분위기의 기업에는 문제가 될 것이 없지만, 그렇지 않은 면접관들이 연세가 있으시고 보수적 성향이 있는 기업이라면 문제가 되기도 합니다.

이마에 흉터가 없다면 가능하면 이마를 보여주는 것이 좋습니다.

여자의 경우 다음 사진을 참고하면 좋습니다.
한 사람이 찍은 두 가지 유형의 스타일입니다.
여러분은 어느 쪽이 좋아 보이십니까?
결론은 이마를 드러낸 왼쪽 사진이 좋습니다.

왼쪽 사진의 이미지는 밝고 경쾌한 느낌이 들며 자신감이 있어

보이는데, 오른쪽 이미지는 얌전하며 청순한 느낌을 줍니다.

면접 때마다 두발상태를 점검해야 합니다. 일주일 전에 머리손질을 했다 하더라도 다시 손질을 하고 가야 합니다. 면접관 입장에서는 당신이 우리를 위해 어떤 준비를 하고 왔는지를 보기 때문입니다.

왼쪽의 사진처럼 이마가 보이도록 사진도 찍고 면접장에도 가는 게 좋습니다. 오른쪽에 있는 사진처럼 이마를 가리고 면접장에 오는 사람들이 많은데, 기업이 좋아하는 이미지는 아닙니다.

목선이 보이도록 긴 머리는 뒤로 묶고 그물망으로 단정하게 한 후 면접장에 갑니다. 머리에 비싼 비용을 들여서 염색한 긴 머리를 면접관이 보면서 어떤 생각을 할까요?

1. 일하기보다는 머리에 신경을 더 쓰겠군?
2. 머리 손질하려면 2시간은 걸리겠군, 일하는데 지장있겠는걸.
3. 면접에 대한 기본도 모르고 온 학생이군.

남자들은 머리에 무스를 바르는 것은 기본입니다. 남자들도 머리에 염색한 사람들이 더러 있습니다. 심지어는 귀걸이까지 하고 오는 경우도 봤습니다.

취업하고 싶은 생각이 없는 사람으로 간주합니다.

두발상태는 그 사람의 성격이나 스타일을 나타내므로 깔끔하고 단정하게 준비하는 것이 최선입니다.

2) 슈트와 맵시

리크루트 슈트를 준비할 때는 단색 정장으로 준비하는 것이 좋습니다.

컬러는 검정색, 쥐색, 진한 군청색이 무난합니다. 가끔은 회색이나 베이지색을 입고 오는 사람이 있는데 백 명 중에 한 명 정도가 입고 옵니다. 입지 못하는 것은 아니지만 혼자 튀게 되면 별생각이 다 들어 미리부터 초조감이 들 것 같습니다.

남자의 경우에는 바지 주름 잡는 것을 잊지 말아야 합니다.

일주일 전에 바지를 다렸더라도 다시 바지 주름을 잡아야 합니다. 그 회사에 입사를 위해 준비했다는 성의를 보여야 합니다.

와이셔츠는 주로 흰색과 하늘색 컬러가 대부분입니다.

흰색이 일반적이지만 하늘색을 골라야 하는 사람이 있습니다. 얼굴이 하얀 사람은 하늘색 컬러를 선택하면 건강미가 좋아 보입니다. 얼굴이 검은 사람은 흰색을 선택하면 오히려 강해 보여서 좋습니다.

타이는 어떻게 맞추는 것이 좋을까요?

직무에 따라서 다를 수 있는데 특히 연구직이나 개발직을 선택한 경우 스마트하게 보이는 것이 좋습니다.

흰색 와이셔츠에 붉은색 타이를 하게 되면 상당히 돋보입니다.

타이의 컬러는 단색이 좋은데, 색깔이 매우 다양합니다.

얼굴이 시골스럽게 생긴 사람들은 좀 세련되게 보이도록 진한 타이를 선택하는 것이 좋고, 날카롭게 보이는 사람들은 흰색 와이

서츠를 선택하는 것은 최악입니다. 하늘색 와이셔츠에 좀 더 진한 하늘색 타이를 선택하면 부드러운 이미지를 연출할 수 있습니다.

검정색 와이셔츠에 검정색 타이를 하는 경우도 있는데 피하는 것이 좋습니다.

구두는 검정색이 무난합니다.

검정색 정장에 밤색 구두를 신고 오는 사람들도 있습니다. 개성이긴 하지만 후회하지 말고 검정색 구두를 선택하세요.

여자의 경우 어떤 옷을 선택해야 할까요?

여자의 슈트도 남자와 같이 단색 컬러로 합니다.

검정색, 쥐색, 진한 군청색이 일반적인 여자 슈트 컬러입니다.

옷의 스타일이나 디자인은 9시 앵커가 입고 있는 정도면 됩니다. 요란한 문향이나 디자인이 아닌 단순한 정장이면 됩니다.

유행에 뒤떨어지는 엄마나 언니의 옷을 빌려 입지는 마세요.

여자의 경우 블라우스는 두 가지 종류가 있습니다. 옷깃이 있는 경우와 없는 넥 블라우스입니다.

옷깃이 있는 경우에는 목이 길다고 판단되는 사람들이 선택하면 좋습니다. 목이 긴 사람이 옷깃이 없는 넥 블라우스를 입었을 경우에는 썰렁해 보입니다.

반면에 목이 길지 않다고 생각되는 사람은 옷깃이 없는 넥 블라우스를 선택하는 것이 좋습니다. 그래야 목이 길어 보입니다.

　블라우스를 선택할 때 액세서리가 요란하게 장식된 옷들이 있는 것은 피하는 것이 좋습니다.

　옷을 입어본 사람이 옷맵시가 좋습니다.
　일본 학생들은 3학년부터 대부분이 정장 차림으로 학교를 다닙니다. 우리나라에서도 호텔경영학과 학생들이 1학년 때부터 정장 차림으로 등교하는 것을 봤는데 고학년이 될 때는 옷맵시가 상당히 세련되고 멋져 보였습니다.

　청바지 차림에 잠바를 걸치고 운동화 신고 다니다가 면접하는 날 정장을 입었는데 마치 남의 옷 빌려 입은 것 같아 본인 스스로도 어색하게 생각된다면 면접관들이 볼 때는 더 불안정해 보일 수 있습니다.
　3학년 때부터 정장차림으로 학교를 다니면 좋습니다. 자세도 바르고 태도도 바뀌게 되며 취업할 때쯤 되면 옷맵시도 좋아집니다.

3) 표정관리와 전체적인 이미지

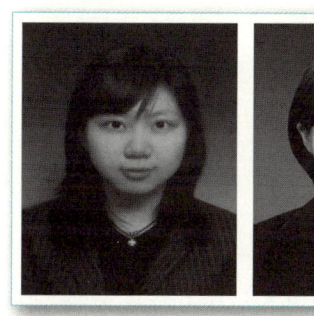

표정관리와 전체적인 이미지를 한마디로 표현하면 첫 이미지라 할 수 있습니다.

첫 이미지는 면접에 상당한 영향을 미칩니다.

첫 이미지를 구성하는 것들이 머리 스타일, 정장 스타일과 옷입은 맵시, 구두 상태, 바지 주름, 얼굴 표정 등 외적으로 보이는 것들로 이루어집니다.

첫 이미지는 면접장에 입실할 때 아주 짧은 시간에 형성되며, 형성된 이미지는 면접의 전체를 좌우할 수 있습니다.

밝은 표정을 짓는 사람, 여유롭고 편안한 느낌을 주는 사람, 옷을 입어도 맵시가 나는 사람, 이런 사람들에게 호감을 갖게 되고 그런 사람에게 더 많은 질문을 하게 됩니다.

면접관이 질문을 많이 한다는 것은 채용할 의지가 있기 때문이라고 해석해도 무방합니다. 표정관리나 이미지가 좋지 않은 사람은 함께 일하고 싶은 생각이 들지 않기 때문에 질문도 하지 않습니다.

좋은 표정을 만드는 것은 하루아침에 할 수 없습니다. 그러나 훈련을 통해서 어느 정도 만회할 수는 있습니다.

거울을 보면서 입 꼬리를 올리는 훈련을 반복적으로 한다거나 아, 이, 우, 에, 오를 발음하면서 표정변화를 읽어가며 교정하기도 합니다.

4) 바른 자세

태도는 신입사원다운 자세를 보고자 함입니다.

면접 전 대기하는 태도를 인사담당자들은 모두 체크하고 있습니다. 면접장 밖에서도 면접은 이루어지고 있다는 사실을 알기 바랍니다.

인사팀 담당자들이 싫어하는 사람은 다음과 같습니다.

- 대기하면서 옆 사람과 큰 소리로 이야기하는 사람
- 신문을 넓게 펴고 읽으면서 옆 사람에게 피해를 주는 사람
- 불필요한 질문을 하는 사람
- 다리를 꼬고 앉아 있는 사람
- 책상에 엎드려 있는 사람
- 부산하게 여기저기 옮겨 다니는 사람

대기하면서 좋은 느낌을 주는 사람은 어떤 사람일까요?

- 회사 사보나 정보, 자료를 검토하는 사람
- 책을 조용하게 읽고 있는 사람
- 안내하는 인사담당자와 아이컨텍을 잘하면서 밝은 표정을 짓고 있는 사람
- 지시나 안내에 잘 따르는 사람

● 바른 태도와 좋은 매너를 갖춘 사람

면접장 밖에서 대기하는 동안에도 바른 자세나 태도는 인사담당자로부터 체크되고 있습니다. 바른 자세는 허리를 곧게 펴고 눈을 크게 뜨고 전방을 응시하며, 얼굴에는 미소를 머금은 정도면 됩니다.

남자의 경우 손은 무릎 위에 가볍게 주먹을 쥐고 올려놓으면 되고, 여자의 경우에는 양손을 모아서 아랫배 단에 올려놓으면 됩니다.

면접관들이 싫어하는 태도는 다음과 같습니다.
● 등이 굽은 사람
● 말을 하면서 눈동자가 좌우로 많이 움직이는 사람
● 말을 하면서 면접관과 눈을 맞추지 못하는 사람
● 다리나 손가락을 떠는 사람
● 표정이 너무 굳어 있는 사람
● 남이 말할 때 귀기울이지 않는 사람
● 남이 웃기는 대답을 했을 때 큰 소리로 웃는 사람
● 특이한 행동을 하는 사람(질문을 받으면 자리에서 벌떡 일어나는 사람, 질문을 받으면 손가락으로 자신을 가리키면서 '저 말입니까?' 확인을 하는 사람, 질문을 했는데 자기가 아닌 것처럼 시치미를 떼고 있는 사람)
● 무릎 사이에 손을 넣고 비비고 있는 사람
● 양복 상의를 벗고 와이셔츠만 입고 들어오는 사람

● 긴 머리카락을 늘어뜨리고 있는 사람

이런 사람들은 면접관이 싫어합니다. 질문도 하지 않습니다. 준비가 덜 된 사람으로 간주해 버립니다.

5) 인사법

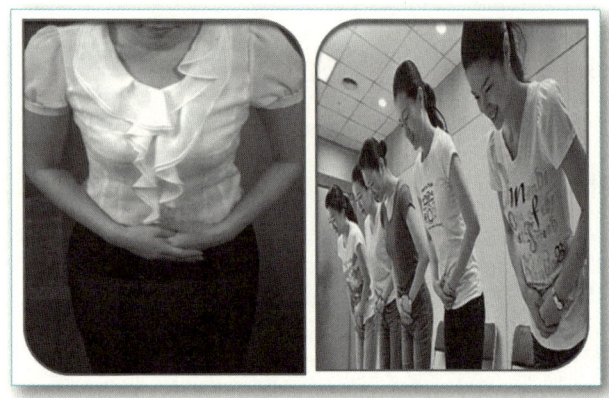

면접장으로 들어서면서 면접이 끝날 때까지 인사를 몇 번이나 할까요?

다섯 번 합니다.

첫 번째는 면접장으로 문을 열고 들어서면서 인사를 합니다. 이때가 면접관과 첫 대면을 하는 순간이어서 상당히 중요합니다.

90도로 깊게 인사해야 하는 회사가 있고, 가볍게 목례만 해도 되는 회사가 있습니다. 역사가 오래된 회사들과 은행의 경우 깊이 인사하는 사람이 예의가 바르다고 평가합니다. 젊은 기업이나 벤처 기업들의 경우엔 목례로 가볍게 눈인사만 하는 경우가 많습니다.

두 번째는 자리에 앉기 전에 면접관들에게 인사를 합니다.

이때는 정중하게 45도 정도로 숙여서 인사를 하는 것이 좋습니다.

세 번째는 자리에 앉으면서 '감사합니다'라고 인사합니다.

이때 주의할 점은 세팅된 의자를 자신이 잡고 당기면서 자리에 앉지 말아야 합니다. 엉덩이를 맞춰서 앉아야 하고 의자에 손을 대거나 소리가 나서는 안됩니다.

네 번째는 면접이 끝나고 면접관들이 '수고하셨습니다. 돌아가십시오'라는 사인이 들어오면 '수고하셨습니다'로 응수하는 인사입니다. 이때는 면접에서 실수했더라도 큰 목소리로 인사를 해야 합니다.

면접에서 제대로 답변을 못한 사람이라도 큰 소리로 인사하면 가산점을 주기도 합니다. 그렇지 못하고 목소리가 낮거나 목만 꾸벅 숙이는 사람이 있는데 이럴 때는 평가서에 '성격이 소심함'이라고 적힐 수 있습니다.

다섯 번째는 앉은 자리에서 '수고하셨습니다' 인사와 동시에 자리에서 일어나서 '감사합니다. 돌아가겠습니다'로 인사를 마무리합니다.

어떤 회사는 2번 인사를 하는데 들어가서 인사하고 마치고 나올 때 하는 회사도 있습니다.

인사는 '솔'톤으로 하는 것이 좋은데 그래야 열정적이고 자신감도 있어 보이고 합격해야겠다는 의지도 엿볼 수 있기 때문입니다. 인사를 할 때 정중함을 표시하는 것은 천천히 머리를 숙였다가 천천히 머리를 드는 것입니다.

인사할 때 주의할 점은 다음과 같습니다.

● 인사말을 던지고 머리를 숙여라

'안녕하십니까?' 면접관과 아이컨텍을 하면서 머리를 든 상태에서 말한 후에 머리를 숙여야 합니다.

● 웃음을 머금은 밝은 표정을 지어라

무표정하거나 면접관들과 아이컨텍 없이 인사를 하는 사람이 있는데 좋은 이미지를 주지 못하게 되고, 호감도 주지 못한 관계로 질문도 하지 않는 경우가 있습니다.

● 정중하게 마음을 담아서 하라

머리만 꾸뻑 숙이고 빨리 머리를 들어 올리는 사람이 있습니다. 이런 경우에는 채용 대상에서 멀어집니다. 천천히 머리를 숙였다가 잠시 멈춘 다음 머리를 드는 것이 좋습니다.

● 왼손으로 넥 블라우스의 상단을 가리고 인사하라

넥 블라우스를 입은 여성 지원자의 경우 왼손으로 블라우스의 상단을 가리고 인사하면 좋습니다.

6) 안정성과 유연성

면접을 하면서 면접관들이 유심히 살피는 것 중에 하나가 안정감과 유연한 태도입니다.

답변할 때 다양한 스타일의 유형을 보게 됩니다.

● 말하면서 땀을 많이 흘리는 경우

면접장에 들어오면서부터 땀이 나기 시작해서 질문을 받으면 더 많이 흘리는 사람이 있습니다.

이런 경우에는 건강상에 문제가 있느냐는 질문까지 받는 경우가 있으며 다른 관점에서 보면 배짱이 없어 보이고 자신감이 없어 보이는 것으로 평가하기 쉽습니다.

응급처치법은 긴 호흡을 통해 마음을 가라앉히는 것입니다.

● 얼굴이 붉어지면서 말을 더듬는 경우

평소에는 얼굴이 붉어지는 경우도 없고 말을 더듬지도 않습니다. 그러나 면접장에만 들어가면 말을 더듬는다는 학생이 있습니다.

어떤 학생은 얼굴에 경련까지 일으키는 경우가 있는데, 이런 경우에는 정말 가고 싶은 회사이거나, 자신에게 약점이 있어서 그것이 마음을 불편하게 해서 이런 현상이 생길 수 있습니다.

보통 지원자들보다 나이가 많은 경우, 입사는 하고 싶은데 준비된 스펙이나 역량, 경험 등이 남보다 못할 경우, 지방대학을 졸업했다는 콤플렉스를 생각하는 경우 등 다양하지만 중요한 사실은 면접을 잘 봐야 취업에 성공할 수 있다는 것입니다.

마음에 평안을 찾고 긴장을 줄여야 합니다.

약점을 생각하면 할수록 말은 더 더듬게 됩니다. 할 수 있다고 확신을 갖고, 아랫배에 힘을 주고, 눈을 크게 뜨고 면접관을 응시하면 좋아집니다.

●남의 말에 살을 붙이는 경우

하나의 질문을 여러 사람에게 계속해서 물어보는 경우가 있습니다.

이런 경우 옆 사람이 답한 것을 다시 말하는 경우 좋은 평가를 받지 못합니다. 그것은 옆 사람이 한 답변이므로 본인의 생각을 말해야 합니다.

●손을 사용하면서 말하는 경우

대화를 할 때 손을 편안하게 사용하면서 말하는 것이 보통입니다.

면접장에서도 유연하고 부드럽게 보이기 위해서는 편하게 손짓을 하면서 말할 수 있어야 합니다. 어떤 경우에는 부동자세로 머리나 눈빛만으로 이야기하는 경우가 있는데 어색하고 무겁게 보입니다.

답변할 때 편하게 손짓을 하는 것은 좋습니다.

●얼굴표정이 수시로 바뀌는 경우

요즘 압박 면접이 대세입니다. 왜 압박 면접을 할까요?

면접관들은 면접자들의 진실을 밝히려고 계속 꼬리를 물고 압박해가면서 질문의 강도를 높입니다. 진실과 거짓을 밝히려는 것도 있고, 면접자들의 태도를 보려고 하는 경우도 있습니다. 경우에 따라서는 감정을 건드리는 경우도 있는데 이것은 이럴 때 어떻게 응대하느냐하는 태도를 보려는 것입니다.

스펙이나 경험한 사실들, 답변에 꼬리를 물고 계속 압박해 가거나 감정을 건드릴 때 얼굴표정이 수시로 변하게 되면 좋은 평가를 얻지 못합니다. 압박 면접에 적절한 대응을 하게 되면 그만큼 채용될 확률이 높아진다는 사실을 알고 적당한 긴장을 늦추지 말고 즐기면서 답변하면 됩니다. 채용할 가치가 없는 사람에게 압박까지 해가면서 시간을 낭비하지는 않습니다.

표정관리를 잘하는 것은 면접 준비가 완벽하면 그만큼 좋아지므로 기업의 입장에서 무엇을 물을 것인지 미리 예상 질문에 대비해 관계되는 정보와 자료를 모아서 준비를 철저히 하는 수밖에 없습니다.

● 면접관과 눈을 마주치지 못하는 경우

면접관과 눈을 마주치지 못하는 면접자들이 의외로 많습니다. 습관적인 사람도 있고, 불안감을 느낄 때 무의식적으로 나오게 되는 행동일 수도 있습니다.

이런 경우 면접관들은 거짓을 말하거나 말을 만들고 있다고 판단해서 좋은 평가를 하지 않습니다. 이런 현상은 회사 업무를 수행하는데 부적합하다고 판단하기 때문입니다.

평소 거울을 보고 많은 연습을 해야 하며, 동료나 면접 동아리를 만들어서 주변 지인을 통해 수정하는 연습을 하기 바랍니다. 나아가 상대방의 눈을 쳐다보지 못하는 것은 사회생활에도 치명적일 수 있다는 것을 염두에 두십시오.

3. 금융기관에서 사용하는 면접 평가서와 항목별 점수 배당

면접 평가표를 미리 알고 있다는 것은 큰 행운입니다.

금융권의 면접은 대부분 전문성과 인성분야를 집중적으로 보는 경향이 있습니다. 돈과 관련된 업무를 하기 때문에 무엇보다도 윤리와 도덕성이 뛰어나야 합니다.

외적으로 보여지는 이미지도 중요합니다. 신뢰를 줄 수 있어야 하고, 안정적인 이미지를 지니는 것도 중요합니다.

‖ 목표달성의지

직원들의 역량 중에 열정과 도전정신은 가장 기본입니다.

예를 들면 이런 질문을 하기도 합니다.

> 학창시절 했던 경험 중에 목표를 세워서 달성한 사례를 말해보고, 본인은 어떤 역할을 했으며 목표를 달성하는데 어떤 기여를 했는지 말해보시오.

답변의 사례를 선택할 때는 학점을 올리기 위해 노력했던 것, 토익점수를 올리기 위해 했던 경험들을 많이 드는데, 그런 것보다는 사회 경험을 통해 얻은 결과를 사례로 선택하는 것이 좋습니다.

스펙이나 토익점수는 누구나 하기 때문에 중요시 여기지 않습니다. 독특한 경험이나 기발한 발상을 통해서 얻은 결과를 더 중요시 여깁니다.

열정과 도전정신을 갖고 있으면서 창의적인 발상을 할 수 있는 인재를 선호하기 때문에 많이 물어보는 질문입니다.

면 접 평 가 표				
조 번 호		대상자	생년월일	
평가항목	평가요소		면접평가	종합의견
목표달성의지 문제해결능력	업무에 대한 열정, 준비성, 프로 의식, 창의력, 분석력, 종합적인 판단능력		[S, A, B, C, D]	
은행적응력 성장가능성	지원동기/사유, 대인관계, 은행 이해도		[S, A, B, C, D]	
표 현 력	말투, 자신감, 정확성, 설득력		[S, A, B, C, D]	
기 본 소 양 윤 리 의 식	성격, 가치관, 품성, 예절, 인상, 태도, 일반 상식, 윤리의식, 봉사활동 등		[S, A, B, C, D]	
종합평가	착안사항		Check	추천분야
반드시 채용(S)	나의 부하직원으로 꼭 함께 일하고 싶다.			○ 영업점( ) - 개인금융 - 기업금융 - PB ○ 본 점 (직무:)
채용추천(A)	함께 일한다면 성과창출과 부서발전에 기여할 것이다.			
채용가능(B)	결점이 뚜렷하게 보이지 않으며 자기 역할을 무난히 수행할 것으로 기대된다.			
채용유보(C)	결정적인 단점은 보이지 않으나 나의 부하직원으로 받아들이고 싶지 않다			
채용불가(D)	결격 사유가 보이며 반드시 불합격 시켜야 한다			
면접위원	직		성명	(서 명)

‖ 문제해결력

회사생활의 절반 이상은 문제를 해결하는데 시간을 투입한다고 봐도 과언이 아닙니다.

회사는 성공을 위한 프로젝트가 항상 진행 중이며 진행되는 과정에서 다양한 문제가 생길 수 있습니다. 그런 문제를 지혜롭게 해결할 수 있는 사람이 필요합니다. 명문대학을 졸업하고 학점이 높은 사람이라 해서 문제를 잘 해결하는 것은 아닙니다.

많은 경험과 지혜가 있어야 해결할 수 있고, 때에 따라서는 전문성이 있어야 해결되는 문제도 있습니다.

은행에서 있었던 사례입니다.

은행이 판매한 BRIC'S펀드에 가입했던 고객이 깡통계좌가 되었다고 객장에 찾아와서 소란을 피우고 있습니다. 업무시간이어서 많은 사람들이 객장에 있다고 가정한다면 당신은 소란을 피우는 고객을 어떻게 해결하겠습니까?

이런 경우 어떻게 문제를 해결하겠습니까?

'일단 소란을 피우는 고객을 객장에서 일반 고객과 분류시키는 데 가능한 VIP룸이나 은행 내에 가장 시설이 잘된 공간으로 모시겠습니다.'

'그런 다음 어떻게 하겠습니까?'

'소란을 피우는 원인을 듣고 상세한 정보를 팀장이나 최고 경영자에게 말씀드려서 해결하겠습니다.'

문제해결의 키워드는 문제의 원인을 파악하고 그 원인을 제거하는 것이 중요합니다.

다른 산업에도 문제해결력은 중요합니다.

면접할 때 꼭 한두 가지의 문제해결력에 관한 질문을 합니다.

건설회사의 경우에는

현장에 추락사가 생겼습니다. 당신은 이 문제를 어떻게 처리하겠습니까?

모 항공사에서는

비행기가 이륙했습니다. 기내에 세 살배기 어린 아이가 울기 시작했습니다. 여기저기서 손님들이 시끄럽다고 항의하고 있습니다. 당신은 어떻게 하시겠습니까?

이처럼 산업별로 일어났거나 일어날 수 있는 문제들을 제시하면서 문제해결력을 지닌 인재를 찾기 위해 회사는 많은 노력들을 하고 있습니다.

지원하는 회사나 산업에서 일어날 수 있는 예상 문제를 만들어서 답변하는 방법을 연구해야 합니다.

‖ 은행적응력

은행이나 금융권은 고도의 서비스를 제공해야 하고 야근이 잦으며 돈을 다루는 곳이기 때문에 사원들이 스트레스를 많이 받는 곳입니다.

부모나 가족 중에 누군가가 은행에 근무하고 있을 경우 은행에 대한 사전 정보를 익히 알 수 있기 때문에 적응력이 빠를 것으로 판단합니다. 은행에서 인턴을 해본 경험이 있는 사람도 마찬가지로 평가합니다.

은행은 차분하고 이성적인 성향의 소유자를 좋아하고 남을 위해 배려할 줄 아는 서비스 마인드를 갖춘 인재를 선호합니다.

‖ 성장가능성

지원동기와 미래의 포부를 중심으로 질문을 하면서 성장가능성을 확인합니다.

은행을 많이 이해하고 경험한 적이 있다면 다른 사람들보다 좋은 평가를 받을 것입니다. 시장에 금융상품을 분석하고 상품에 대한 해박한 지식을 지니고 있는 부분 또한 높은 가능성으로 평가받습니다.

동종 산업에 상품개발 공모전에 입상한 경력들은 성장가능성에 많은 도움이 되고 채용에 직접적인 영향을 줍니다.

‖ 표현력

말하는 방법이자 설득의 기술이라고 할 수 있습니다.

짧고 간결하게 전달하는 것이 좋습니다.

금융기관의 임원들은 다른 기업에 비해 나이가 많은 편입니다.

그런 분들은 서론, 본론, 결론 식으로 이야기할 경우 답하는 중에 자르고 다른 사람으로 질문이 넘어가는 경우를 가끔 봤습니다. 질문에 대한 답할 내용을 개조문화시켜서 가능한 간결하게 답할 수 있어야 합니다.

질문의 첫 번째 답은 결론을 말하고 기다려야 합니다.

면접관이 궁금해서 다시 물어올 수 있도록 답하는 것이 기술입니다.

‖ 기본 소양과 윤리의식

기본 소양은 은행에 대한 업무이해와 매너, 예의범절 같은 태도를 보는 경우가 많고, 윤리의식은 돈에 대한 가치관과 부정한 일에 대한 정의를 묻는 질문이 많습니다.

> 상사가 부당한 거래를 지시한다면 당신은 어떻게 하겠습니까?

4. 성공적인 면접을 위한 준비

면접은 더 과학적이고 더 복잡해지며 더 전문화되고 있습니다.

시장경쟁이 치열해질수록 적합한 인재를 채용하기 위해 면접방법은 맞춤식으로 개선되고 지원자들을 테스트하는 과정들도 세분되리라 봅니다.

모 벤처회사는 면접 과정을 5단계로 구성하고 3개월 동안 면접을 직무별로 세분화해서 치렀으며 최종 5명을 채용했습니다.

1단계 : 지원 직무에 대한 이해

2단계 : 회사의 비즈니스 모델에 대한 이해

3단계 : 업무수행력 점검(컴퓨터 활용능력, 문서작성능력, 프레젠테이션 작성 및 발표능력, 문제해결력)

4단계 : 프로젝트 수행(5명씩 1개조로 구성하여 주제를 설정하고 조원의 역할분담 및 시간계획, 토의, 결론도출을 통한 최종 산출물 보고서 작성)

5단계 : 미래 비전 선포 및 임원 면접

미래 면접은 비즈니스를 수행할 수 있는 역량들을 평가하고 팀원들과 프로젝트를 수행하면서 개인의 성향과 구성원으로서의 역할수행력을 충분한 시간을 통해 검토하는 방식으로 변해갈 것입니다.

면접은 언제부터 시작되는가?

서류가 합격한 순간부터 면접은 시작됩니다.

모 은행 상무께서 서류합격자에게 일일이 전화를 하고 메모하고 있는 것을 봤습니다. 인사팀 대리가 전화해서 면접 일정을 통보하면 될 일인데 임원이 직접 하루 종일 전화기를 붙들고 서류합격자들에게 전화하는 이유는 뭘까요?

'지원자들의 상태를 점검하기 위해서다'라고 말했습니다.

비록 모습은 보지 못하더라도 목소리를 통해서 상대방의 됨됨이를 알 수 있다는 말을 했으며 전화를 하면서 느낀 감정을 면접에 반영한다고 했습니다.

1) 전화 받는 목소리를 통해서 적합한 인재임을 확인할 수 있습니다

전화 음성으로 상대방의 기분이나 태도, 성격 등을 알 수 있습니다.

낯선 전화가 걸려 왔을 때 어떻게 전화를 받습니까?

무표정한 목소리로 '여보세요 어디세요' 마치 귀찮거나 화난 목소리를 내지는 않는가요? 전화상으로 전해지는 목소리를 듣고 대략 상대방의 태도나 반응상태를 느낄 수 있지 않습니까?

'감사합니다. ○○○입니다'라고 상냥하게 말하면 상대방은 어떻게 생각할까요?

은행에 적합한 사람이란 느낌을 받을 것 같습니다.

전화를 하면서 느낀 것들을 각자 기록해 두었다가 면접장에서 확인한다고 합니다. 놀라운 사실은 전화했을 때 친절하고 상냥하게 전화를 받았던 사람들 대부분이 채용되었고, 회사생활에도 역시 좋은 성과를 내고 선배들로부터 인정받고 있다는 사실입니다.

Tip

지원한 회사의 대표전화와 인사팀 전화번호는 반드시 휴대전화에 저장해 두어라.

2) 인간관계나 사람 수준을 파악할 수 있습니다

서류합격자들에게 전화를 하면서 3가지로 구분해서 기록하고 있었습니다.

첫 번째는 전화가 오면 전화를 받는데 여러 유형이 있습니다.

● 감사합니다. ○○○입니다.

● 누구세요? 어디세요?

● 네

세 가지 유형 중에 어느 것이 좋을까요?

'감사합니다. ○○○입니다'가 가장 좋습니다.

이런 경우 미리 휴대전화에 지원회사의 대표번호와 인사팀번호를 저장해 두지 않으면 답하기 어렵습니다.

전화를 했을 때 얼마나 친절하게 전화를 받느냐를 등급으로 ○표시해두고 면접 때 가산점을 주기도 하고 60~70% 질문을 합니다.

두 번째는 전화를 걸었는데 받지 않는 경우입니다.

낯선 번호가 찍히면 귀찮아서 받지 않는 사람도 있습니다. 주변 관계가 복잡한 사람으로 간주합니다.

등급은 □로 표시해 둡니다.

회사에서 전화는 다시 하지 않습니다. 인터넷으로 서류가 합격했다는 것은 확인할 수 있습니다. 그러나 면접장에 오면 질문을 하지 않습니다. 예의상 간단한 것 하나 물어볼 정도입니다.

세 번째로 전화를 못 받았다고 전화를 해오는 경우입니다. 사정상 전화를 못 받을 수 있습니다.

전화가 온 것을 확인하고 그 번호로 전화를 걸어오는 사람이 있습니다. 그럴 경우에는 등급으로 △표시를 해둡니다.

이런 사람은 면접장에서 확인을 합니다.

○표한 사람보다는 못하지만 30~40%의 질문을 합니다.

회사를 지원했다면 그 회사의 대표번호와 인사팀번호를 반드시 저장해 두었다가 전화가 오면 '감사합니다. ○○○입니다'로 명쾌하게 인사할 수 있어야 합니다.

3) 열정과 채용의지를 확인할 수 있습니다

전화 목소리를 통해서 상대방이 얼마나 좋아하는지 알 수 있습니다.

목소리에 힘이 실려 있다는 것도 알 수 있고, 감사한 표현을 하는 것에도 채용의지를 확인할 수 있습니다. 밝고 건강한 목소리로 감사의 표시를 할 수 있어야 합니다.

면접 준비와 범위

서류상 합격한 제자들이 면접 준비를 어떻게 하면 되냐는 질문을 많이 합니다.

필자가 지도하는 제자들은 특별히 면접을 준비하지 않습니다.

자기소개서를 작성할 때 시장분석과 경쟁관계, 직무수행능력 등을 모두 분석하고 자기소개서에 적어서 보냈기 때문에 면접 볼 때는 자기소개서를 기반으로 생각만 정리해두면 됩니다.

‖ 면접 준비

저는 모 그룹에서 인사팀 과장을 했던 경험이 있습니다.

채용공고도 내봤었고, 면접 평가표를 만들어서 면접을 진행해 봤고, 실무진과 임원들이 어떤 사람을 원하는지, 면접 볼 때 좋은 평가를 받는 사람들의 태도와 답변기술이 어떻게 해야 좋은 점수를 받는지도 잘 알고 있습니다.

● 1차 면접(실무진 면접) 준비

실무진 면접이란?

지원팀의 팀원들과 팀장급 면접이라 할 수 있습니다.

1차 면접은 인력충원 요청을 한 팀에서 서류를 검토한 후 1차 선발된 인원을 채용인원의 5배수 정도로 추려내서 면접을 진행하게 됩니다. 입사지원서에 기록한 사실들을 확인하는 절차이며, 이들이 가장 중요하게 생각하는 것은 지원한 직무를 수행할 수 있느냐에 대해 세심하게 파악하는 것입니다.

팀장들은 크게 두 가지를 봅니다.

첫째로 지원한 직무를 수행할 수 있는가를 봅니다. 직무를 수행하지 못하면 팀 내 누군가가 붙어서 가르쳐야 합니다. 팀원들 각자 할 일들이 정해져 있어서 신입사원을 가르치는데 투입될 사람이 없습니다.

둘째로 팀원들과 함께 생활할 수 있는 좋은 성향을 지녔는지, 소통이 가능한지를 봅니다.

1차 실무진 면접에서는 지원하는 직무를 수행할 수 있는 역량을 준비해야 하고, 소통할 수 있는 역량을 지녀야 합니다.

소통할 수 있는 역량은 유연하고 부드러워야 하며, 간단명료하게 답하는 기술을 갖춰야 합니다.

말이 많은 사람과 일하고 싶은 사람은 없을 겁니다. 모르는 것을 아는 체하는 사람과도 일하고 싶지 않습니다. 옆 사람이 말할 때 귀 기울이지 않는 사람도 싫어합니다.

다른 사람의 이야기를 함께 공감하는 사람을 좋아합니다.

● **2차 임원진 면접**

임원들은 1차 실무진에서 좋은 평가를 받은 사람들을 대상으로 면접을 보는데 채용인원의 2~3배수 정도 인원을 면접합니다.

임원들은 실무진에서 직무와 관련해서 평가했기 때문에 주로 인성과 관련된 질문을 많이 합니다.

인생관, 직업관, 회사에 대한 가치관, 미래 포부, 학교생활, 팀원으로서의 역할과 기여도, 충성심 등을 확인합니다.

‖ **면접 범위**

면접 범위는 10여 가지 정도 됩니다.

1. **시사적인 문제** : 최근 이슈가 되고 있는 내용들을 신문자료나 인터넷을 통해 정리해 둡니다. 임원 면접 때 많이 물어봅니다.
2. **경쟁관계분석** : 자사와 경쟁사 간의 장단점을 분석하고 경쟁에서 이길 수 있는 전략을 준비하거나 제품이나 디자인, 소비자들의 반응, 양사의 마케팅 전략 등을 분석해 두는 것은 필수입니다. 자사와 경쟁사의 제품을 파악해 두는 것도 중요합니다.
3. **직무수행능력** : 지원한 직무가 어떤 일을 하는지 알고 있어야 하며, 업무

를 수행할 수 있는 근거를 준비해야 됩니다. 직무수행에 필요한 경험이나 자격증, 수료증 등을 비롯해 직무를 수행해본 경험을 간략하게 정리해 두는 것도 필요합니다.

4. **인생관, 직장관, 직업관** : 임원들이 주로 묻는 질문에 해당되며, 간단명료하게 답할 수 있도록 정리해 두는 것이 좋습니다. 회사가 당신에게 어떤 의미가 있는지도 생각해 둬야 합니다.

5. **문제해결력** : 지원하는 회사와 관련된 산업에서 일어났던 일이나 일어날 수 있을 것 같은 문제를 예상해 보고 어떻게 문제를 해결할 것인가를 미리 생각해 두는 것이 좋습니다.

6. **시험형, 충성도** : 지방으로 발령이 나면 어떻게 하시겠습니까? 야근도 많고 가끔은 주말에도 일할 경우가 있는데 가능합니까? 기획부보다는 영업부에서 일하는 것은 어떨까요? 상사가 부당한 업무를 지시한다면 어떻게 하시겠습니까? 당신의 성과를 상사가 가로챘다면 어떻게 하시겠습니까? 이런 질문으로 시험 또는 충성도를 확인하기도 합니다.

7. **직장생활의 로드맵** : 5, 10년 후 당신은 우리 회사에서 어떤 일을 하고 있을까요? 입사 3년차, 5년차, 10년차 최종 목표 정도는 정리해둬야 합니다.

8. **결혼관계** : 여자에게 주로 묻는 질문입니다. 결혼은 언제 하실 겁니까? 자녀계획은? 출산 이후 회사생활은? 아이는 누가 키울 겁니까? 여자들은 결혼관에 대해 구체적인 계획을 세우고 있어야 합니다.
   결혼은 입사 후 5~7년이 적합하고, 자녀계획은 1~2명, 출산 이후 계속 근무할 생각이며, 가족 중에 누군가가 아이 양육을 도와줄 것 등으로 생각을 정리하면 됩니다.

9. **전공 관련** : 전공과 관련해서는 전문성을 요하는 직무일 경우 많이 묻습니다. 기술개발직군, 연구직군, 생산직군 등이며, 주로 이공계 분야라 할 수 있습니다.

10. **자기소개** : 자기소개는 주로 영어로 30초 가량 준비합니다. 최근에는 자기소개 범위가 넓어져서 지원직무 수행력에 대해 말하는 경우도 있습니다.

면접 범위가 넓어지고 영어 면접이 확대되는 추세에 있습니다.
큰 기업 입사를 희망하는 사람들은 영어 면접을 미리 대비해 두는 것이 좋습니다.

이력서와 자기소개서에서 50% 질문과 사례

제자들이 입사지원서를 쓸 때 지원사의 갈증요인을 해결할 수 있는 아이디어를 적거나, 경험한 사실을 기반으로 지원하는 직무를 수행할 수 있다는 내용을 반드시 적도록 지도합니다.

이런 경우에는 면접할 때 주로 자기소개서 내용을 중점적으로 확인하게 되며, 제안한 아이디어나 구체화시킨 직무수행력이 적합하다고 판단될 경우 채용될 확률이 높습니다.

다음은 모 기업에 1차 합격한 서류를 기반으로 면접 예상 질문을 카운슬링 해줬던 사례입니다.

5장 취업을 위한 부모의 카운슬링 기법

지원동기

최상의 기술력과 경험으로 전력사업의 선진화와 해외로 진출하는 글로벌 전력 IT 기업인 한전 KDN에 힘을 보태며, 한전 KDN에서 전력 IT의 전문가가 되기 위해 지원하였습니다.

최상의 기술력
1. 원자력기기수리수행능력 품질인증 'Q-Class 인증' 취득
2. ISO/IEC 27001 인증
3. CMMI Level 3 S/W 개발 및 서비스 분야 세계 최초 동시 인증 글로벌 전력 IT 기업
    1. 3,000억 원 규모 미 태양광발전소 건설 프로젝트 수주
    2. 인도 전력현대화 IT 사업 600억 원 수주

질문1. 본인이 지원한 동기에 대해 말해 보세요.
질문2. 업무수행능력에 대해 말해 보세요.
질문3. 우리 회사에서 무엇을 할 것이며, 할 수 있는 당신의 역량을 말해 보세요.
질문4. 전력 IT 전문가란 어떤 것입니까?

희망업무

전력통신 IT

대학교에서 배운 전공을 살리고 전문적인 기술을 배움으로써 정보통신기술사가
되고 싶습니다.
또한 저의 통신에 관련한 경험들은 전력통신 IT를 수행하는데 도움이 될 것입니다.

1. 통신공학을 전공한 학생으로서 정보통신기술사가 되기 위해 노력하겠습니다.
2. 전력통신 IT 분야는 저의 RF 및 광섬유에 대한 경험을 활용 할 수 있을 것이라고
   생각했습니다.
3. 광섬유복합가공지선(OPGW) 설계, 구축, 유지보수와 초고속광전송망 구축,
   TETRA 전파품질 측정 시스템(TETRA QMS) 등 전력통신 IT 분야는 실질적인 기
   술을 다루는 분야라고 생각했고, 그 기술을 배우고 싶습니다.

질문1. 전공과 관련해서 지원한 직무와 연관되는 분야를 설명해 보세요.
질문2. 통신정보기술사는 취득했나요?
질문3. RF 및 광섬유에 대한 경험이란 게 뭔가요?
질문4. 입사 후 자기개발 계획에 대해 설명해 보세요.
질문5. 자기의 강점을 영어로 소개해 보세요.
질문6. 본인의 미래 비전에 대해 설명해 보세요.
질문7. 동아리 활동이나 특별히 대학에서 했던 경험 중 한 가지를 설명해 보세요.

답변은
1. 짧고 간결하게 하라.
2. 눈빛이 총명해야 한다.
3. 모르면 모른다고 답해야 한다.
4. 진실되게 답하라.
5. 머리에 무스 바르는 것은 기본예의다.
6. 구두도 잘 닦아라.
7. 표정관리와 시선처리를 잘하라.
8. 힘있고 자신감 있게 말해야 한다.

제자들의 서류가 합격하면 제출한 서류를 기반으로 예상 질문
을 만들고 어떻게 답할 것인가를 함께 연구해왔습니다. 신기한 것
은 만들어놓았던 예상 질문들 중에서 서너 가지를 항상 면접관들

이 물어온다는 것입니다.

면접을 준비하면서 회사에 제출했던 자기소개서나 이력서를 기반으로 예상 질문을 만들고 간결하게 답할 수 있도록 준비하시기 바랍니다.

PT 면접과 토론 면접 사례

회사에서는 PT와 토론을 많이 하지만 학교에서는 제대로 해본 경험이 없기 때문에 면접을 통해서라도 역량을 확인하고자 기업이 계획한 면접 과정입니다.

‖ PT 면접

PT 면접은 2가지로 구분할 수 있습니다.

첫 번째는 지원한 직무에 대해 논하는 경우입니다.

- 주제1 : 지원 직무에 대해 작성한 후 발표
- 작성시간 : 20분
- 발표시간 : 5분

지원하는 직무에 대해 20분 동안 A4용지에 작성해서 5분 정도 발표합니다. 이런 경우에는 지원직무에 대해 업무 정의를 내리고, 수행하는 업무에 대해 구체적으로 기술하여 발표하면 됩니다.

다음은 S그룹의 상품기획 MD 업무에 대한 발표 사례입니다.

두 번째로 경쟁관계를 분석하고 대안을 만들어 발표하는 경우가 있습니다.

■ 주제2 : 경쟁관계를 분석한 후 발표
■ 작성시간 : 40분
■ 발표시간 : 10분

이런 경우에는 SWOT를 활용하거나 블루오션 프레임워크를 활용하는 경우가 있는데 SWOT 사례만 소개하도록 하겠습니다.

자사의 강점을 기회와 접목해서 어떻게 더 강화시킬 것인가를 발표하고, 약점은 기회를 활용하여 어떻게 보완할까를 설명하고, 위협은 강점을 활용하여 어떻게 극소화할 것인가를 말하고, 약점과 위협일 경우 어떻게 회피할 것인가를 설명하면 됩니다.

내부환경\n\n외부환경	Strengths(자사의 강점)\n- 우수한 제품경쟁력\n- 경쟁제품을 수용하는 Plug-in 제품\n- 특화된 기술에 대한 특허 출원\n- 슬림한 전문 기술인력으로 조직 구성	Weaknesses(자사의 약점)\n- 경영관리\n- 마케팅 조직 취약\n- 자금력 취약
Opportunities(시장의 강점)\n- CRM, 1 : 1 마케팅 시장의 급성장\n- e-mail 마케팅에 대한 관심 증대\n- 경쟁제품의 한계성 노출\n- e-mail 사용인구의 증가	SO 전략\n- CRM, 1 :1 마케팅 원천 기술개발로 제품경쟁력 강화\n- 경쟁제품에 한계성을 느끼는 업체에 대한 영업강화 (Plug-in 제품)\n- 적극적인 홍보	WO 전략\n- 핵심인력충원\n- SI, CRM 업체, Web Agency 등과의 적극적인 전략적 제휴를 통한 마케팅력 강화
Threats(자사의 강점)\n- 시장진입 장벽이 비교적 낮음\n- 강한 고객 협상력\n- 해외 e-mail 마케팅업체의 국내 시장진출\n- 경제환경의 악화	ST 전략\n- 특허획득을 통한 진입장벽 구축\n- 연관제품군 개발로 추가수익원 개발\n- 고객 니즈에 맞는 커스터마이징 능력 e-mail 마케팅 전략컨설팅 강화\n- 경쟁력 가격전략 구사	WT전략\n- 전략적 제휴를 통한 경쟁력강화\n- 조직의 슬림화

‖ 토론 면접

토론 면접을 왜 할까요?

회사는 프로젝트가 진행되기 위해서는 관련 팀원들이 모여서 항상 아이디어를 교환하고 직원들의 의견을 수렴하여 결정합니다. 소수의 의견을 무시하고 다수의 의견으로 결정된 사안이라면 의견이 무시된 소수는 그 프로젝트에 적극적으로 참여하지 않습니다.

그들의 의견이 전혀 반영되지 않았기 때문입니다.

토론을 통해서 구성원들의 의견을 조합해서 결정하고 결정된 사안에 대해 구성원 전체가 적극적으로 참여함으로써 좋은 성과를 거둘 수 있기 때문입니다.

- 주제 : 초과이익 공유제에 대해 논하라
- 토론시간 : 120분
- 발표시간 : 30분

팀 구성은 주로 홀수로 해서 찬성과 반대의 숫자가 다르게 나타나게 합니다. 구성원이 5명일 경우 찬성하는 사람이 4명, 반대하는 사람이 1명이라고 가정했을 때, 반대하는 1명의 의견을 찬성하는 4명의 의견에 어떻게 수렴해서 결과물을 도출하느냐가 토론 면접의 키포인트입니다.

찬성하는 사람 4명	반대하는 사람 1명
1. 목표를 초과한 이익을 협력회사와 공유해야 한다.	1. 대기업에서 벌었으니 대기업이 투자하는 데 써야 한다.
2. 대기업이 성장하려면 협력회사가 건실해야 함께 동반 성장할 수 있다.	2. 이익을 내기 위해 노력한 직원들에게 보너스를 줘야 한다.
3. 글로벌 경쟁에 대응하기 위해 상호 협조가 필요하다.	3. 협력회사는 물건을 납품할 때 이미 이익금이 포함된 견적을 제출했다.
4. 협력회사가 없는 대기업이란 있을 수 없다.	4. 이익을 나눠줄 것 같으면 대기업은 목표를 상향해서 잡으면 된다.
5. 초과이익의 일부를 지원해야 한다.	

결과물

1. 꼭 돈으로 주는 것보다는 공동으로 기술개발을 하는데 투자하고 특허를 공유하자.
2. 대기업 직원들에게 편의를 제공한 그룹 연수원, 놀이시설 등을 협력회사 직원들도 사용하게 함으로써 상호 공유가치를 갖게 하자.(중략)

대기업과 협력회사가 공동으로 기술개발을 하고 특허를 상호 공유함으로써 계속적인 관계형성이 가능하며, 대기업들이 사용하는 연수원을 이용하여 협력회사들도 직원교육에 활용할 수 있게 하고, 직원교육비를 지원하는 것도 좋은 방안이다.

고수 면접 스킬과 노하우 사례

고수 면접 스킬이란?

자기소개서에 기업의 갈증요인을 해결할 수 있는 '가치'를 담아서 제출함으로써 1차 서류에 합격하고 면접 때는 그 가치에 대해 물어보게 만드는 고수 기법입니다.

역량기반지원서에 사례로 설명했던 분유회사를 예로 든다면 지원목적과 지원동기를 묻는 항목에 '지원회사의 갈증요인을 해결'하겠다는 내용을 타이틀로 적었습니다.

회사 관계자들의 눈에 확 띄는 타이틀입니다.

지원목적 내용을 보면, 분유시장의 판세를 훤하게 읽고 있고, 지원목적의 타당성을 지원동기에 명쾌하게 제안했습니다.

기업의 갈증요인을 해결할 수 있는 전략이나 아이디어를 제안하는 경우 고수라 할 수 있습니다.

자기 PR에 급급하지 않고, 기업의 갈증요인을 찾고 그 문제를 해결할 수 있는 전략이나 방법을 연구해서 제안하는 것이 성공의 키워드라고 할 수 있습니다.

5장 취업들을 위한 부모님이 카운슬링 기법

결론, 근거, 방법 순으로 답변해야 하는 이유

기업에서 근무하는 사람들은 업무보고를 할 때 결론부터 이야기하고 상사가 또 묻게 되면 세부적인 내용을 말합니다. 그들은 장황하게 서론, 본론, 결론식으로 이야기하는 것을 싫어하고 익숙해 있지 않습니다.

반면에 학생들은 학교에서 서론, 본론, 결론으로 글을 쓰는 것을 배웠고, 말을 할 때도 같은 형식으로 전개하는 것이 습관화되어 있습니다.

면접관의 질문에 장황한 서론을 늘어놓기 시작하면 중간에 잘라버리고 다른 사람에게로 질문이 넘어갑니다. 이때 면접자들은 무슨 영문인지도 모르고 당황해 합니다.

면접관들의 스타일과 그들이 좋아하는 것을 모르기 때문에 면접자 중심의 답변기술로 좋은 결과를 얻기란 힘듭니다.

예를 들면 다음과 같습니다.

A반도체 회사의 면접에 '반도체 매출이 줄어들고 있다. 향후 매출을 올릴 수 있는 방법은 무엇이라 생각합니까?'라는 질문을 받았습니다.

답변1 A사는 자원 불모지인 대한민국에서 지식자원만으로 탄생시킨 반도체를 세계 최고의 기술력으로 반도체 강국을 건설한 주인공이라고 생각합니다. 또한 국내에서는 최초로 반도체 산업에 뛰어들어 다양한 산업에 영향을 미쳤습니다.

답변2 제품확장 전략으로 CIT(Convergence+IT)로 이동해야 합니다.

위 두 가지 답변 중에 면접관들은 어떤 답변에 귀를 기울일까요?

답변 1이 주로 면접자들이 답하는 스타일인데 장황한 서론을 말한다는 예입니다. 답변 2는 결론부터 말하는 예입니다.

면접관들은 답변 2에 귀를 기울이고 계속해서 질문을 해갈 것입니다.

'제품확장 전략이란 무엇인가요?'

기존 A사 기술을 기반으로 신상품을 만들어서 시장에 내놓는 전략을 말합니다.

'그렇다면 어떤 신상품을 개발해야 된다고 생각하십니까?'

기존제품과 IT 반도체 기술이 접목되는 신상품을 만들어야 합니다.

'간단한 사례를 들 수 있겠습니까?'

나이키는 신발에 MP3 플레이어(IT기술)를 내장했습니다.

말하는 자동차를 만들 수 있고, 침대와 결합해서 잠자리에서 일어나면서 건강상태를 확인할 수 있는 제품을 만들 수 있습니다.

'CIT란 무엇인가요?'

기존제품(Convergence) + IT가 결합되어 융복합화 상품을 만들어 내는 것을 말합니다.

감초 같은 질문과 답변 스킬(사례 10건)

실무진 면접에서는 지원 직무와 연관된 질문을 많이 하지만 임원 면접에서는 인성을 보는 관계로 여러 회사에서 유사한 질문을 묻는 경우가 많습니다.

주로 많이 질문하는 내용을 기술하고 어떻게 답하는 것이 좋은지 설명하겠습니다.

질문1 저희 회사에 왜 지원했습니까?

질문 포인트 회사가 속해 있는 산업이나 주력 아이템이 갖고 있는 비전과 연관시켜서 기여할 수 있는 부분을 찾아서 답하는 것입니다.

답변1 ○○한 산업은 미래 발전 가능성이 높으며, 저는 ○○한 것을 공부했기 때문에 ○○한 직무에 기여할 수 있으며, 회사의 공유 가치를 함께 키워가고자 지원했습니다.

질문2 전공도 아닌데 왜 이 부서에 지원했나요?

질문 포인트 직무를 수행할 수 있다는 역량을 확인하려는 질문입니다.

답변1 ○○에서 지원한 직무를 수행한 경험이 있으며, 적성에 잘 맞고 좋은 성과를 낼 수 있다고 확신합니다.

답변2 '직무적성검사 결과 ○○한 직무가 1순위로 나왔으며, 저의 잠재력을 따라 지원하게 되었습니다'로 답하는 것도 좋습니다. 직무적성검사를 기업에서는 중요시 여깁니다.

직무적성검사에서 1순위로 나온 직무가 가장 잠재력이 높은 것이고, 1순위의 직무를 수행할 경우 전공은 다르지만 가장 좋은 성과를 낼 수 있다고 면접관들은 알고 있기 때문입니다.

전공이 경영학이라 해서 마케팅을 지원했는데 직무적합도 순위가 15위라면 마케팅을 공부했더라도 마케팅 업무를 하게 되면 폭발적인 에너지를 내지 못한다는 것이 기업의 해석입니다.

질문3 기획업무보다 영업부서에서 일하는 것은 어떻습니까?

질문 포인트 경험이 많은 상사들 입장에서 탈락시키기는 아까운 인재라고 판단해서 적합한 직무를 제안하는 것으로 해석하고 긍정적인 답변을 하는 것이 좋습니다.

답변 필드를 알아야 기획업무를 수행할 수 있다고 생각합니다. 영업을 하면서 고객의 니즈와 경쟁관계에 대해 경험할 수 있는 좋은 기회라 생각하고 열심히 하겠습니다.

질문4 이번에 채용하지 않으면 어떻게 하시겠습니까?

질문 포인트 50%의 당락을 결정한 상태에서 묻는 질문이며 '부족한 역량을 키워서 다시 도전하겠습니다'로 답하는 것이 최악입니다.

답변 '1차 서류가 합격한 ○○회사로 지원할 생각입니다'로 답하세요.

지원자는 많고 채용할 사람은 한정돼 있습니다. 자기 입으로 다시 도전하겠다면 다시 지원할 때 보면 됩니다. 그러나 다른 회사 또는 경쟁사로 간다면 면접관 입장에서는 적극 고려하게 됩니다.

괘심죄에 해당하지 않냐는 질문을 많이 하는데 그렇지 않습니다.

여러분의 가치를 믿고 같은 산업군에 경쟁관계사를 지목하는 것
이 면접관의 결정에 도움을 줄 수 있습니다.

질문5 당신을 우리가 채용해야 될 이유 2가지만 말해보세요.

질문 포인트 밥값 할 수 있는 것이 뭔가를 알려고 묻는 질문입
니다.

답변 ○○에서 ○○한 직무를 경험한 바 있습니다.
기업의 갈증요인을 해결할 수 있는 아이디어를 말하거나, 경쟁관
계에서 이길 수 있는 전략을 말하는 것이 좋습니다.

질문6 자기소개를 영어로 외운 것 말고 해보세요.

질문 포인트 어학수준을 평가하고 회사 근무환경에 적합한지를
확인하려는 것입니다.

답변 획일적으로 답하는 방식을 벗어나야 합니다.
이름, 학교, 전공, 취업, 특기 등으로 구성하는데 너무 식상해서 듣
지 않습니다.

이런 것도 다음의 예와 같이 결론, 근거, 방법순으로 말하면 됩
니다.

결론 직무수행이 가능한 인재

근거 ○○에서 ○○한 경험을 했으며, ○○를 전공했고 ○○한 프
로젝트를 해본 경험이 있습니다.

방법 회사에 ○○한 부분을 기여해서 성과를 내는데 앞장서겠습

니다.

이와 같은 순서로 생각을 정리해서 준비하면 좋습니다.

질문7 우리 회사보다 더 좋은 회사에 합격되었다면 어떻게 하시겠습니까?

질문 포인트 지원자의 의지를 보고자 함입니다.
현재 면접 보는 회사에 지원하겠다는 긍정적인 답변을 준비하는 것이 좋습니다.
'검토해 보겠습니다'로 답하는 것이 최악입니다.

답변 ○○한 분야에 전문가가 되기 위해서는 ○○회사가 최적의 조건이라 판단되므로 ○○에 합격하더라도 ○○회사에 출근하겠습니다.

질문8 상사가 불법적인 업무를 지시한다면 어떻게 하시겠습니까?
질문 포인트 충성도와 도덕성을 확인하고자 묻는 질문입니다.
답변 피해를 제가 감수할 수 있다면 상사의 지시를 따르겠지만, 회사에 피해를 끼치는 일이라면 상사를 설득하는 방법을 연구하겠습니다.

질문9 상사가 당신의 성과를 가로채서 자기 성과처럼 보고했습니다. 당신은 어떻게 하시겠습니까?

질문 포인트 재치 있는 처세술을 보고자 함입니다.
'상사를 따로 만나서 사실여부를 확인시키고 다음부터는 그러지 못하도록 말씀드리겠습니다'로 답하면 최악이 됩니다.

답변 계속 성과를 내서 상사를 지원하도록 하겠습니다.

'왜 그런 생각을 했습니까?'

제 상사를 잘되게 만들면 그 상사가 저를 이끌어 줄 것이라 확신합니다.

질문10 개선문의 높이는 3m이다. 개선문을 통과하려는 2층 버스 높이는 3m 20cm다. 어떻게 하면 버스가 개선문을 통과할 수 있을까?

우리 아이들에게 이 문제를 풀어보게 하세요.

그리고 해결하는 방법에 대해 필자와 연락해서 확인해 보는 것도 좋겠습니다.

5. 취업준비생들의 고민과 문제해결

취업을 앞둔 4학년들과 상담하면서 많이 들었던 고민거리들을 중심으로 쉽고 효율적으로 해결할 수 있는 카운슬링 방법을 소개하고자 합니다.

우리 아이들도 다음의 고민들 중 몇 가지를 고민하고 있을지도 모릅니다.

이제는 과거에 부모님들이 생각했던 방식으로 이름만 들으면 알만한 기업, 급여를 많이 주는 기업으로 밀어붙이지는 않을 것으로 생각됩니다. 아이들 스스로가 더 잘되기를 독려하고 스스로가 행복하게 자신의 삶을 살아갈 수 있는 것이 부모들의 최종 목적이 되어야 합니다.

우선 아이들과 진로나 취업에 대해 어떤 고민을 하고 있는지 이야기해보세요. 그리고 아이의 고민이 필자가 선별한 12가지에 있는지 확인해 보시고 만약 12가지에 없는 고민을 하고 있다면 필자에게 연락주세요.

그 고민을 함께 연구해서 풀어가도록 하겠습니다.

취업은 해야 하는데 무엇부터 준비해야 할까요?
잠재력을 우선 파악하세요

가장 많은 학생들에게 들었던 이야기인 것 같습니다.

● 때가 되면 어떻게 되겠지?
● 취업해야 하는데 기업이 뭘 원하는지도 모르겠다.
● 마치 기업은 인생에 굴곡이 심한 사람만 선호하는 것 같기도 하다.
● 일단 학점과 토익점수, 관련 자격증 하나 따면 되지 않을까?
● 인턴, 봉사활동, 자격증, 해외 어학연수, 토익점수는 필수라고 하던데요.

취업을 준비하는 학생들과 이야기 하다보면 그들이 얼마나 많은 스트레스를 받고 있는지 알 수 있었고, 간단한 해결책을 몰라서 안절부절하는 모습이 안타까웠습니다.

우리가 CEO라면 어떤 사람을 채용하겠습니까?

1. 지원업무는 몰라도 일명 스카이라하는 명문대 졸업생?
2. 학점이 높아서 성실하다고 판단되는 사람?

3. 봉사활동과 헌혈을 많이 한 인성이 높을 것 같은 사람?

4. 인턴(아르바이트) 경험을 통해 지원한 부서에 일을 경험한, 즉 시 현업에 활용 가능한 사람?

아마도 4번에 해당되는 인재를 선택하는데 망설이지 않을 것입니다. 결론은 지원하는 부서에 업무를 수행할 수 있는 역량을 갖추는 일입니다.

그런데 지원부서를 어떻게 결정하면 되는지를 모릅니다.

다음에 제시하는 프로세스에 따라서 준비하면 됩니다.

순서	준비 프로세스
1	직무적성검사를 통해 본인의 잠재력을 파악한다.
2	잠재력이 높은 1~5 이내에 들어 있는 업무 중에 하나를 선택하라. (전공과 무관해도 상관없다)
3	좋아하는 산업군을 결정한다. (유통, 항공사, 은행, 금융권, 서비스, 전자, 기계, 자동차, 제약 등)
4	관련 회사를 3~5단계 레벨로 구분한 후 눈높이에 맞게 선정한다

◉ 프로세스 해석

순서 1 : 직무적성검사를 통해 본인의 잠재력을 파악한다

직무적성검사는 말 그대로 지원한 직무에 적합한 사람인가를 평가하는 검사입니다.

회사입장은 대학에서 공부한 전공보다 더 중요한 것이 직무적합성입니다. 성적순에 의해 전공을 선택하는 학생들이 많기 때문에 전공을 공부했다고 해서 그 분야의 전문성을 지녔다고 판단하기는 어렵습니다.

따라서 기업은 직무적성검사의 결과를 더 신뢰합니다. 직무적성검사의 신뢰도는 97%의 적중률을 나타내고 있기 때문입니다. 취업한 사람들의 85%가 전공과 무관한 업무에 취업했다는 보도가 이를 입증합니다.

대학에서는 직무적성검사를 무료로 제공하기도 하고, 필요에 따라 본인이 직무적성검사 기관을 인터넷으로 찾아서 간단하게 검사를 받을 수 있습니다.

순서 2 : 잠재력이 높은 1~5 이내에 들어 있는 업무 중에 하나를 선택하라

잠재력이 높다는 것은 업무 성과를 높일 수 있는 것으로 해석되기도 합니다.

검사 결과물을 보면 1~17개 Job Size(검사 기관에 따라 다를 수 있으며, 우수한 잠재력 분야만 나오는 경우도 있다)가 나옵니다.

1에 해당되는 분야가 가장 높은 잠재력을 뜻합니다.

17에 해당되는 분야가 가장 잠재력이 낮은 분야입니다.

1~5 이내에 들어 있는 Job Size 중에 전공을 감안해서 가장 좋아하고 잘할 수 있는 업무를 선택하면 됩니다.

순서 3 : 좋아하는 산업군을 결정하라

의류산업, 전자 반도체산업, 음악&영화 등 서비스산업, 항공산업, 생산(공장)·유통산업(백화점, 대형할인점 등), 식음료산업, 건설산업 등 여러 직군 중에서 좋아하는 산업군을 결정하는 이유는 업무 성과를 높이고 일을 즐겁게 하기 위해서입니다.

공장에 기계 돌아가는 소리가 클래식과 같이 들린다면 선택해도 좋지만, 기계 돌아가는 소리가 스트레스라면 출근이 곤욕스럽고, 모든 것이 부정적으로 해석될 수 있으므로 성과를 낼 수 없습니다.

의류에 관심이 많아서 시장 트렌드를 읽을 수 있거나, 사람의 체형과 성향에 따라서 코디할 수 있거나, 의류 산업의 경쟁관계를 파악해서 대안을 제시할 수 있다면 의류산업 분야로 진로를 선택해야 업무 성과도 높일 수 있으며, 즐겁게 일하면서 다양한 아이디어를 개발할 수 있어 기여도를 높일 수 있습니다.

회사를 퇴직, 이직한 이유 중에 회사가 취급하는 상품에 매력을 느끼지 못하거나, 산업이 맞지 않아서 중도 하차하는 경우가 입사 이후 1년 사이에 30%나 되기 때문입니다.

순서 4 : 관련 회사를 3~5단계 레벨로 구분한 후 눈높이에 맞게 선정한다

50개 이상의 회사 또는 100개 이상의 회사에 서류를 제출했다가 탈락한 학생을 만난 적이 있습니다. 면접까지 가본 회사는 방판 영업을 하는 한두 개 회사에 불과했습니다.

이유가 뭘까요?

시장을 형성하는 회사들의 구조를 모르고 있기 때문입니다.

의류산업을 예로 분석해 보겠습니다.

순서	레벨로 형성된 기업의 구조	지원가능자
1	영캐주얼을 취급하는 의류 회사	10%
2	아동 의류 회사	40%
3	마담 의류 회사	50%

◉ 회사 선택의 3단계 구조 해석

순위 1 : 영캐주얼을 취급하는 의류 회사

영캐주얼 회사는 기술적 수준이 가장 높으며, 시장 규모도 가장 큽니다. 경쟁도 가장 치열하며, 높은 마케팅 비용이 요구됩니다.

시장의 유행과 패션 트렌드를 선도하며, 신상품 개발에 집중하고 있습니다. 직원들 급여수준도 가장 높습니다.

따라서 지원자 수준은 상위 10%에 해당되는 사람들이 지원할 수 있습니다.

순위 2 : 아동 의류 회사

자녀가 많지 않은 관계로 아이들에게 좋은 옷을 입히려는 부모가 늘고 있습니다.

신소재를 사용한 디자인의 옷이 놀랍게 발전하고 있으며, 출산율 저하로 판매 수량은 줄어든 반면 시장 규모는 늘어나는 추세입니다. 영캐주얼 시장보다는 작은 규모지만 아동의류는 고급화로 전환되고 있습니다.

지원자 수준은 이하 40%에 해당되는 자들이 지원 가능합니다.

순위 3 : 마담 의류 회사

50대 이후 세대를 마담 세대라 합니다.

따라서 마담 세대는 큰 비용을 들이지 않거나, 판매 회전율도 오래 걸립니다. 변화가 거의 없는 관계로 기술적 수준이 가장 낮습니다.

하위 50%에 해당되는 자들이 지원하게 됩니다.

의류 공부를 했거나, 의류 산업을 선택하는 지원자를 감안해서 본인의 포지션을 냉정하게 파악한 후 회사를 선택해야 합니다.

마담 의류 회사에 입사했다고 그곳에 평생 근무하는 것은 아닙니다. 경력을 쌓은 뒤 상위 그룹으로 얼마든지 옮겨갈 수 있습니다.

경력자가 되면 회사를 옮기는 것은 수월해집니다.

그때는 성과를 가지고 이동하는데, 마담에서 근무한 사람은 아동으로 이동하고, 아동에서 근무한 후에 영캐주얼로 이동하면 됩니다.

소매 유통분야를 선택할 경우에는 1순위가 백화점, 2순위가 대형 할인점, 3순위가 편의점, 마트 순입니다.

딸랑 학점만 있는데 취업할 수 있을까요?

취업할 수 있습니다. 다만 전략적으로 준비해야 성공합니다

취업상담을 요청했던 학생들 중 상당수가 이에 해당됩니다.

이런 학생들의 대부분은 소극적으로 자신을 표현했으며 자신감이 없어 보였습니다. 그러나 학점이 높다고 취업에 성공하고, 낮다고 떨어지는 것은 아닙니다. 또한 토익성적이 높다고 채용하고 낮다고 떨어트리는 것은 아닙니다.

중요한 것은 사람 됨됨이와 역할수행력입니다.

자신감을 갖고 전략적으로 역량과 가치를 만들어 가면 취업에 성공할 수 있습니다.

- 유연하고 부드러운 인간성
- 역할수행력이 가능한 자

≫ 사례 소개

부산 D대학에 재학 중이던 J양은 제가 운영하는 취업 캠프를 수강했던 학생입니다. J양은 학점은 높았으나 어학은 전혀 준비된 것이 없었습니다.

경영학을 전공했으며 교육분야에서 일하고 싶다고 했습니다.

캠프 이후 부산 내에 있는 K교육센터에 인턴으로 입사를 했으며, 인턴기간동안 수행했던 업무들을 꼼꼼히 챙겨서 B제약회사 인사 교육담당자로 현재 근무하고 있습니다.

J양이 K교육센터에서 했던 업무는 다음과 같습니다.

- 센터 교육 계획수립
- 월 진행 프로그램 선정 및 시간계획
- 수강자 선정 및 홍보, 수강생 접수업무
- 강사 섭외 및 교재 개발
- 교육 준비 및 교육장 시스템 점검
- 교육 과정 진행 및 지원업무
- 과정 이수 설문조사 및 과정 평가 보고서 작성
- 평가 결과를 기반으로 차기 교육 반영 항목 작성
- 강사 피드백 및 차기 교육 요구사항 전달

3개월간 인턴 생활을 통해서 얻은 결과물들을 B제약회사 입사지원서 지원동기란에 구체적으로 기술함으로써 취업에 성공했습니다.

회사 내 교육을 담당하는 사람들의 Job Size를 미리 경험함으로써 최소한 교육업무는 수행할 수 있다는 신뢰를 얻어 취업에 성공했습니다.

면접 때도 K교육센터에서 했던 일 중심으로 질문을 했으며, 경험했던 사례를 답변했기 때문에 큰 어려움이 없었다고 합니다.

반면에 옆에 함께 면접을 보던 학생들에게는 심한 압박면접이 이뤄졌다고 합니다.

- 지원한 업무도 모르면서 왜 지원했습니까?
- 채용할 가치가 없는 듯한 데 어떻게 생각합니까?
- 할 줄 아는 것이 뭔가요?

다시 말하지만 학점과 토익점수보다 더 중요한 것이 업무수행력입니다. 높은 학점과 토익점수를 취득한 사람들도 지원업무에 대해 수행할 수 있는 능력을 지니지 못하면 떨어집니다.

학점만 있는 사람이 취업할 수 있는 확실한 카드를 하나 소개하겠습니다. 그것은 지원할 회사의 갈증요인을 찾아서 아이디어를 제안하는 것입니다.

■ 지원사의 갈증요인을 해결하라

기업은 성장과 생존을 매일 고민하고 있는 집단입니다.

늘 경쟁에서 이겨야 하고, 새로운 것을 만들어 내야 합니다.

현존해 있는 것들도 효율성을 높이기 위해 리모델링, 다운사이징을 외치며 슬림화시키는데 혈안이 되어 있습니다. 이는 모두 비용을 줄이고 성과를 높이기 위함입니다. 따라서 기업은 창의적이고 신선한 아이디어를 항상 그리워하고 찾아내려 노력하고 있습니다.

설령 제시하는 아이디어가 황당하거나 엉뚱하게 여겨지더라도, 정답에 가깝거나 틀린 답이라도 상관없습니다. 그들은 그런 제안을 한 사람을 관찰하기 시작하고 관심을 갖고 소통하기를 원합니다.

기업의 갈증요인은 대략 이런 내용입니다.

기업은 다음과 같은 고민을 매일 반복하고 있다.

- 자사의 기술을 활용해서 창의적인 신상품을 만들어 낼 수 없을까?
- 자사 제품에 문제는 무엇이며, 어떤 점을 개선하면 성공할 수 있을까?
- 제품의 경쟁관계에서 소비자들의 진실은 무엇일까?
- 경쟁사를 앞지르기 위해서 판매 전략을 어떻게 하면 좋을까?
- 신상품을 시장에 알릴 수 있는 가장 저렴하고 신속한 방법은 무엇일까?
- 미래 우리산업에는 어떤 제품이 출시될까?
- 새로운 시장을 열 수 있는 블루오션 전략은 없을까?
- 융복합화 상품, CIT 제품으로 이동하기 위해 무엇을 해야 할까?
- 조직원 스스로가 주인처럼 일하면 좋겠는데 방법은 없을까?
- 업무효율을 높이기 위한 방법은 무엇일까?

이러한 기업의 갈증요인 중에 하나라도 해결할 수 있는 아이디어를 제공할 경우 학교레벨과 성적, 토익점수를 뛰어 넘어 채용될 수 있습니다.

≫ 사례 소개

'학점 딸랑 3.16! 에스콰이어 마케팅 근무'

한국외국어대학교 경영학부를 졸업한 Y군은 현재 에스콰이어 마케팅 팀에서 근무하고 있습니다.

Y군은 경쟁사 K제화를 선정하고 시장 경쟁관계를 분석하여 에스콰이어가 시장을 선점할 수 있는 아이디어를 제공해서 취업에 성공했습니다.

Y군은 학점은 3.16이었고 토익시험 한 번 본 적이 없습니다. 그렇다고 관련 업무에 관해 인턴이나 다른 경험을 해본 적도 없었습

니다.

　앞에 제시한 취업할 수 있는 방법 중에 하나를 선택해서 나름대로 프레임워크를 활용하여 시장경쟁관계를 분석했으며, 면접장까지 갈 수 있는 기회를 만들었습니다.

　함께 면접을 받았던 한양대, 서강대, 경원대 학생들도 있었지만 유독 Y군에게 집중해서 질문을 했다고 합니다.

　에스콰이어가 늘 고민하고 있는 K제화와의 경쟁관계를 분석했으며, 시장을 선점할 수 있는 아이디어를 제공함으로써 임원들의 관심을 끌 수 있었습니다. 결국 참신한 아이디어는 Y군을 채용할 수밖에 없는 가치로 평가되었습니다.

　학점뿐인 사람은 업무수행능력, 즉 역량과 가치를 지닌 인재로 거듭나는 것이 취업할 수 있는 유일한 방법입니다.

업무수행능력을 갖춰라.

　학점만 있는 사람은 주변 지인들이 취업을 알선하려 해도 쉽지 않습니다. 최소한 직장을 소개하더라도 업무수행력을 갖춰야 가능합니다.

　높은 학점과 어학실력보다 더 중요하다는 사실을 깨우치고 인턴, 아르바이트를 통하여 지원할 업무를 사전에 반드시 경험하도록 지도하십시오.

영어는 죽어도 못하겠는데 취업은 해야 하고?

영어공부 하지 말고 지원할 회사로 놀러 다녀라

영어 못한다고 취업 못하는 것은 아닙니다.

다만 선택의 폭이 좁아질 뿐입니다.

좀 불편할 수는 있지만 취업에 필수적인 요건은 아닙니다.

영어를 사용하지 않는 부서를 선택하면 됩니다.

토익점수를 보지 않는 좋은 기업들도 많습니다.

토익점수 취득을 위해 공부하지 마세요..

해외 배낭 여행을 떠나서 여기저기 돌아다니며 새로운 문화와 새로운 친구들을 만나며 자연스럽게 배우세요.

그 정도만 영어공부하면 됩니다.

취업을 해야 한다면 취업할 기업에 찾아가서 놀아야 합니다. 점심도 그 회사 근처에서 먹고, 친구들과 맥주를 마신다면 그 회사 근처 맥주집에 들러보십시오.

이런 노력은 취업을 위한 전략적 접근을 위한 것입니다.

지원할 회사의 직원들이 내가 먹는 밥상 옆에 앉으면 더 좋습니다. 맥주를 마실 때 그들 옆에 자리를 잡는 것도 행운일 수 있습니다. 그들은 회사 이야기를 하고, 최근 회사의 이슈를 이야기 할 것입니다.

지원사의 정보를 수집할 수 있는 것은 취업의 판세를 바꿀 수 있습니다. 식당에서 또는 술자리에서 들었던 내용 중에 내가 해결할 수 있는 일이 있다면 큰 성공입니다.

≫ 사례 소개

M군은 현재 S백화점에서 근무하고 있습니다.

M군은 수업시간에 필자가 이야기한 내용을 실천에 옮기기로 했습니다.

시간이 나면 S백화점 근처에서 식사를 했고, 쇼핑도 그곳에서 했으며, 놀러 가는 곳도 S백화점이었습니다. S백화점은 최근 영등포에 오픈했으며 백화점 활성화를 위해 전사적인 노력을 기울인다는 정보를 입수했습니다.

신입사원 채용공고가 뜨자 접수 첫날 서류를 지원했습니다.

물론 영등포 S백화점의 활성화 방안을 제안했습니다. 4차 면접을 치루면서 영어성적에 대해서는 누구 한 사람 이야기하지 않았습니다.

영어성적보다 더 중요한 내용을 다루고 있었기 때문입니다.

전공과 다른 직무를 지원하는데 가능할까?
가능합니다. 취업자 85%가 전공과 무관한 직무를 수행하고 있습니다

전공과 다른 직무를 선택하려는 학생들이 상당히 많습니다.

이런 고민을 하는 학생들은 복수전공을 통해서 취업 문제를 해결하려고 합니다. 그것도 좋은 방법 중 하나입니다만, 전공과 다른 직무를 선택하려면 가능한 결정 시기가 빠를수록 좋습니다.

방향을 잡고 올바른 선택을 위해서라도 가능한 빨리 결정하는 것이 좋습니다.

복수전공을 했다고 해서 취업이 되는 것은 아닙니다.

기업이 생각하고 있는 채용기준은 학생들 생각과는 다릅니다. S그룹을 비롯한 5대 그룹의 커트라인 학점이 3.0입니다. 학점 3.0이 안 되는 사람은 하위 10% 정도입니다.

학부에서 공부한 전공이 현업에 큰 영향을 미치지 않는다는 결론을 내릴 수 있습니다.

물론 연구개발 분야는 전공을 중시하고 석·박사까지 공부한 인재를 원하기도 합니다. 연구개발의 특수성 때문에 전공을 중요하게 여깁니다. 이를 제외한 경우에는 회사가 재교육을 시킬 준비를 하고 있으며 입사하고 나면 기업은 연수나 인턴 기간을 통해서 신입사원을 대상으로 강도 높은 교육을 시킵니다.

S그룹의 신입사원 교육내용을 검토하면 다음과 같습니다.

S그룹의 신입사원 교육 과정의 일부

■ **기본 자질 교육**
- 비즈니스 예절(에티켓)
- 비즈니스 스킬
- 창의력, 아이디어 개발
- 리더십(팔로우십)
- 문서작성(엑셀, 파워포인트 등)
- 프레젠테이션
- 사업장 견학

■ **국제화 과정**
- 강의 : 상생의 국제화
- 토의 : 국제화 포럼
- 실습 / 토의 : 이문화 QUIZ
- 강의 : 이문화 이해와 글로벌 인재상

■ Crepiad
- 실습 : Crepiad 신상품 개발
- 강의 : 디지털과 경영환경 변화
- 3min. Speech in English

■ 경영교육 3개월
- 회사 / 사업 경영환경 및 전략소개
- 회사 공정 / 제품소개
- 마케팅 교육
- 매니지먼트 게임
- 패기훈련
- 창의적 사고와 문제해결
- 인력관리 제도 소개
- 경력개발
- IT 기본과정

대기업과 중소기업은 직원 교육 자체에 차이가 있습니다.

대기업은 미래 비전을 지니는 인재로 성장시키려 하지만, 중소기업은 현업의 성과중심으로 과정들이 개발됩니다.

위 교육 과정을 보더라도 함께 일할 수 있는 기본 자질과 마인드를 교육하는 것이지 전공에 관해서는 언급하지 않고 있습니다.

앞에서도 언급한 바 있지만 기업은 잠재력을 기반으로 인재를 선택하고, 선택 후에는 회사의 문화와 인재상에 맞도록 재교육이 이루어지기 때문에 연구개발 등의 특수 분야를 제외하고는 잠재력 중심으로 채용하고 적합한 부서로 인력배치를 합니다.

잠재력은 직무적성의 적합성을 의미합니다.

어렵게 취업에 성공한 사람들이 근무한지 1년 만에 30% 정도가 회사를 그만두거나 다른 직군으로 이동했다는 보도가 있었습니다. 퇴사를 했거나 이직한 사람들을 대상으로 인터뷰한 결과 놀라운 사실을 발견했습니다.

퇴사한 사람 중에 70%는 직무가 적성에 맞지 않아서 퇴사를 결심했다고 합니다.

회사는 이러한 상황을 반복하지 않으려 노력합니다.

성적순에 의해서 전공을 선택했거나, 전공을 공부하면서 매력을 느끼지 못했다면 과감하게 다른 선택을 해야 합니다.

취업하기에 용이하거나, 돈을 많이 벌 수 있거나, 힘들이지 않고 편하게 일할 수 있기를 바란다면 새로운 선택을 하지는 마세요.

많은 경험을 하게 하세요.

한국 학생들은 몇 가지 되지 않는 업무 또는 직업을 놓고 선택합니다. 업무부서만 해도 인사, 기획, 영업, 마케팅을 가장 많이 선호합니다.

알고 있는 부서나 업무가 없기 때문입니다.

금융권으로 지원하는 사람들 대부분은 은행으로 지원합니다.

K은행은 200명 채용하는데 10만 명이 몰리기도 했습니다.

학교 밖에서 많은 경험을 해야 합니다.

경험을 통해서 잘할 수 있고, 좋아할 수 있고, 매력과 보람을 느낄 수 있고, 다시 태어나도 선택할 수 있는 일이라면, 당장 눈에 보이는 급여가 중요하지 않습니다.

한 분야에 전문가의 명성을 얻게 되면 돈은 그때 충분히 벌 수 있습니다. 마치 산위에서 눈덩이가 아래를 향해 굴러 내려오듯이 말입니다.

학교 레벨 때문에 떨어지는 것 아냐?
내가 만든 변명의 덫에 걸리지 마라

학교 레벨을 보는 회사가 있습니다.

그렇다고 해서 대한민국 내 사업하는 기업 중에 1군이라는 졸업 생만 모아둔 회사는 없습니다. 기업에서 말하는 1군은 서울대, 연세대, 고려대, 포항공대, 카이스트를 말합니다.

기업은 1군~13군까지 나누고 13군까지 들지 못하는 학교는 기타군으로 처리합니다. 이처럼 학교 레벨을 구분해두긴 했지만 현재는 사용하지 않고 있습니다. 기타군에 해당되면 가산점이 없습니다.

기타군에 해당되면서도 삼성증권에 입사한 사람도 있습니다.

삼성증권을 목표로 역량과 가치를 만들어 내기 위해 대학 2학년 때부터 계획을 세워서 준비했습니다. 미래에셋 신상품개발 공모전에 응시해서 대상을 받기도 했고, 미국에 교환학생으로 1년 다녀오면서 어학실력을 키웠고, 시장의 판세를 좌우하는 상품개발을 위해 많은 연구를 했습니다.

그 결과 기타군에 해당되는 대학을 졸업했어도 4개 기업에 동시에 합격했습니다.

합격했던 회사를 살펴보면 특징이 있습니다.

미래에셋, 기업은행, 삼성증권, 현대증권 4개 회사 모두가 금융권입니다. 이는 금융시장을 분석해서 금융권을 집중·공략한 결과입니다.

기업은 시장경쟁에서 이기기 위해 적합한 인재를 찾아내려고 노력합니다. 명문대학을 졸업했다고 해서 모든 조건이 충족되는 것은 아닙니다. 회사에는 많은 사람이 모여서 일을 하고 성과를 만들어 갑니다.

따라서 업무와 조직의 특성에 맞는 적합한 인재를 선발합니다.

4학년 2학기에 취업 준비를 해도 될까?
강점을 더 강화하는 전략에 집중하라

'열심히 공부만 하다보니 어느덧 4학년 2학기가 되었고, 취업을 위해 준비한 것도 없는데 걱정이 많습니다.'

상담했던 학생들의 이야기입니다.

일자리가 많이 줄어드는 현실이기 때문에 늦은 감이 있지만 강점을 더 강화하는 전략으로 접근하면 성공할 수 있습니다.

⊙ 강점이 뭔지를 발견하라

절대 남에게 뒤지지 않을만한 강점이 뭐가 있을까?

남들보다 잘하는 것이 뭐가 있을까?

가장 잘할 수 있는 것을 발견하는 것이 중요합니다.

그것을 발견한 후에는 더 강화시킬 수 있는 전략을 접목하면 됩니다.

≫ 사례 1

커뮤니케이션 능력이 뛰어나고 사람 사귀고 만나는 것을 좋아한다고 가정해 봅시다.

이런 사람은 영업을 지원하면 좋습니다.

커뮤니케이션 능력과 사람 만나는 것을 좋아한다고 해서 끝나는 것이 아닙니다. 여기에 전략을 접목시켜야 합니다. 전략은 영업스킬을 접목시켜서 더 강한 퍼포먼스를 이끌어 내는 것입니다.

> 커뮤니케이션 능력 + 대인관계 + 영업스킬 = 영업에 적합한 성향을 지닌 인재

커뮤니케이션 능력과 대인관계 능력은 영업하는데 필요한 역량이기 때문에 영업분야를 지원하기 위해서는 영업스킬을 익혀서 접목시키면 더 좋은 평가를 받습니다

≫ 사례 2

패션 감각이 뛰어난 사람이라면 코디네이터가 되는 것도 좋습니다.

코디네이터는 사람의 체형과 생김새에 맞춰서 의상을 코디하는 기술이 필요합니다. 코디에 대한 지식과 판매스킬을 익혀서 접목한다면 좋은 결과를 얻을 수 있습니다.

강점은 패션 감각이 뛰어나다는 것이며, 코디기술과 판매스킬을 익혀서 코디네이터로 지원하면 성공할 수 있습니다.

> 패션 감각 + 코디 기술 + 판매스킬 = 코디네이터로 적합한 성향을 지닌 인재

● 단순화시키고 집중하라

생각이 많고 복잡해지면 결정적인 선택을 하기가 어렵습니다.

단순하게 생각을 정리해야 합니다. 지원부서도 하나로 정하고, 회사도 하나의 산업군으로 한정하고 회사를 선택하는 것이 바람직합니다.

가장 잘할 수 있거나 즐기면서 즐겁게 할 수 있는 것을 빨리 찾아서 결정하고 생각과 역량을 좁고 깊게 집중시켜야 합니다. 좁고 깊게 집중시킨다는 말은 업무 수행력 중심으로 구체적인 역량을 갖추는 것을 말합니다.

내가 무슨 삼성그룹에 취업할 수 있겠어?
출근하는 것이 구름을 밟고 가는 것 같습니다

S대학에 출강했을 때 만났던 제자가 첫 출근을 하면서 내게 휴대전화 문자로 보냈던 메시지입니다.

L양은 4학년 2학기 때 학점 3.3, 토익점수 656점으로 진로를 결정하지 못하고 있던 시점에 제 수업을 들었습니다.

> **신샘** 지원하고 싶은 회사는 어디인가요?
> **학생** 저는 학점도 낮고 토익점수 역시 500점대라서 아직 결정하지 못했습니다.
> **신샘** 전공은 뭘 하고 있나요?
> **학생** 메카트로닉스 학과로 자동차 관련해서 공부를 하고 있으며, 복수전공으로 경영학을 하고 있습니다.

신샘 인턴이나 아르바이트 한 경험은 있습니까?

학생 아르바이트는 구청 민원 보조일을 1년간 했던 경험이 있고, 학교 응원부를 만들어서 대외적인 행사 때 열심히 응원하러 다닌 경험밖에 없습니다.

신샘 특별한 경험을 한 것은 좋고, 토익점수를 650점대로 올려서 삼성전자로 가면 어떨까요? 학생 정도의 성적은 오히려 삼성이나 LG같은 대기업으로 지원하는게 훨씬 유리하고 경력란에 인턴한 것을 구체적으로 기술하고 컴퓨터 자격증 2개 정도 적을 수 있으면 될 것 같은데요.

학생 컴퓨터 자격증은 MOS와 검색사를 땄고요, 학점도 낮고 토익점수도 낮은데 삼성전자에 지원이 가능한가요?

신샘 삼성 커트라인은 학점 3.0이상, 토익점수 이공계 650점, 인문계 730점 이상이면 통과됩니다. 토익공부를 좀 더해서 650점만 넘기면 가능하니, 500점대는 기본으로 할 수 있다고 보고 2~3개월만 열심히 하면 650점 이상은 되지 않을까요.

학생 토익성적은 어떻게 올리면 되나요?

신샘 교내 토익 공부하는 학생들과 스터디를 해도 좋고, 근처 학원에 나가는 것도 방법이지요.

10월에 토익점수를 656점으로 올려서 삼성전자에 지원하면서 맥킨지식 3단 프레임워크를 활용한 자기소개서를 명쾌하게 작성였하고, 이력서 경력란에 3칸, 컴퓨터 자격증에 2칸을 메워서 제출한 결과, 삼성전자에 취업해서 출근하고 있습니다.

학점이 3.0에 가깝고, 토익점수가 이공계 650점, 인문계 730점에 가까우면 삼성그룹으로 지원하고, LG그룹은 이공계 600점, 인문계 700점입니다.

이와 비슷한 성적에 있는 학생들은 대기업을 지원해야 하며, 오히려 중견기업이 학점이나 토익점수가 더 높습니다.

적성검사에서 떨어졌어?

신뢰도 80% 이하, 잠재력 1~5번외 해당, 40점 이하 과락

직무적성검사는 지원한 부서 또는 업무와 적합한가를 판단하기 위한 검사입니다.

기업은 전문성을 요하는 부서(R&D, 기술개발, IT 분야 등)외 일반 부서는 전공보다도 직무적합성을 더 중요시 여깁니다. 물론 전문성을 요하는 부서나 업무에도 직무적성검사는 성적이나 토익점수보다도 우선합니다.

직무적성검사는 다음의 항목으로 구성되어 있습니다.

⊙ 신뢰도에 대한 이해

직무적성검사를 분석해 보면 인성검사는 개개인의 성격, 인격을 가늠할 수 있는 검사로 감정적 요인, 사회적 요인, 도덕적 요인으로 구분되며, 이 부분에 대해 질문항목에 답한 결과가 신뢰도로 나타납니다.

신뢰도를 높이기 위해서는 일단 본인의 정체성과 가치관을 명확하게 정한 다음 문제를 풀어야 높은 점수를 얻을 수 있습니다.

■ **본인의 정체성과 가치관을 정립한 후 일관성 유지**

질문에 본인의 생각을 표기하시오.

	내가 쓴다	경찰서에 신고한다
21. 길을 가다가 현금 1만 원을 주웠다.	○	
● ● ●		
38. 길을 가다가 현금 10만 원을 주웠다.	○	
● ● ●		
55. 길을 가다가 아무도 보지 않는 곳에서 현금 1억 원을 주웠다.		○

나쁜 사람! 솔직한 사람
'신뢰도 낮게 나옴'

예시 1의 사례는 유사한 질문이 여러 번 반복되어 출제되는데 21, 38번 항목에는 '내가 쓴다'고 표기하고, 55번 항목에는 '경찰서에 신고한다'에 표기했습니다. 이런 경우에 신뢰도가 낮게 나옵니다.

직무적성검사는 오랜기간 저장해놓은 자료에 의한 수학적 통계 수치입니다. 개발자들이 말하는 정확도는 ± 2.7%의 신뢰도라 하니 상당히 높은 신뢰도를 보입니다.

이런 경우는 누가 보더라도 솔직하게 답했다고 봅니다.

그러나 기계가 누적된 정보들을 조합해서 만들어 내는 결과는 이렇게 표현해서 내보냅니다.

이 사람은 경우에 따라서 이랬다 저랬다 하는 사람이라 신뢰할 수 없다.

≫ 예시-2 사례

■ **본인의 정체성과 가치관을 정립한 후 일관성 유지**

질문에 본인의 생각을 표기하시오.

	내가 쓴다	경찰서에 신고한다
21. 길을 가다가 현금 1만 원을 주웠다.	〇	
● ● ●		
38. 길을 가다가 현금 10만 원을 주웠다.	〇	
● ● ●		
55. 길을 가다가 아무도 보지 않는 곳에서 현금 1억 원을 주웠다.	〇	

상황에 따라서 달라짐
'신뢰도 높게 나옴'

예시 2에 해당하는 경우에는 아주 나쁜 사람이지만 신뢰도 부분에서는 상당히 높은 점수를 얻습니다.

일관성을 유지하고 있기 때문입니다.

일관성을 앞줄에 모두 표기했다라고 말하는 것은 아닙니다. 자신의 생각을 처음부터 끝까지 같은 생각으로 일관했습니다.

경우에 따라서는 1만 원에서 1억 원까지 모두 '경찰서에 신고한다'에 답하는 경우도 있습니다. 그런 사람도 신뢰도는 높게 나옵니다.

예시 2의 경우에는 기계가 누적된 정보들을 조합해서 만들어 내는 결과는 이렇게 표현해서 내보냅니다.

> 나쁜 사람이지만 가르치면 우리 사람이 될 인재다.

예를 들어봅시다.

스테이크를 전문으로 체인을 하는 사업체가 사람을 채용한다면 예시 2에 해당하는 사람을 채용합니다. 예시 2에 해당하는 사람은 일단 신뢰도가 높습니다.

이런 사람을 채용해서 회사가 잘 만들어 놓은 매뉴얼에 의해 교육을 시킵니다.

손님 손님이 원하면 스테이크를 10번이라도 바꿔서 주십시오'라고 교육을 시켰다고 가정해 보겠습니다.

고객 고객이 스테이크를 1/3 정도 남겨놓고 고기가 질기거나, 비계가 많거나, 좀 더 구워달라는 주문을 하면서 계속 직원을 불러 새로운 스테이크를 요구하고 있습니다.

예시 1에 해당되는 사람은 처음에는 매뉴얼에 의해 배웠던 대로 스테이크를 새롭게 구워서 내놓을 것입니다. 그러나 3번 정도가 반복되다보면 신경질적으로 서비스를 하게 됩니다.

직원 입장에서 봤을 때 고객이 부당한 요구를 계속하고 있다고 판단해서 본인의 성향이 겉으로 드러나기 시작합니다. 결국 고객과 실랑이가 될 수 있습니다.

예시 2에 해당되는 사람은 회사 매뉴얼을 통해 학습한 데로 고객이 원하면 10번이라도 서비스를 합니다. 성향 자체가 시키는 대로, 배운 대로 하기 때문입니다.

이런 회사는 박사학위를 땄거나, 높은 학점을 받았거나, 영어를 잘하거나, 명문대를 졸업한 사람보다도 우선시하는 것이 서비스 마인드로 성향이 형성된 인재입니다.

예시 2에 해당되는 사람을 불러다 회사 매뉴얼로 교육을 시켰을 때 회사가 원하는 일과 행동을 하는 적합한 사람이면 된다는 뜻입니다.

어떤 회사가 좋은 회사인지?
마음껏 일할 수 있는 기회를 제공하는 회사

학생들에게 좋은 회사에 대해 설문조사를 했습니다.

다음은 학생들이 답한 것 중에 많이 답한 내용들을 정리한 것입니다.

- 급여 많이 주는 회사가 좋은 회사다.
- 인간적인 대접을 해주는 회사가 좋은 회사다.
- 회사 이름만 말해도 남들이 알아주는 회사가 나의 자존심을 챙겨주기 때문에 좋은 회사다.
- 근무시간에 적당히 쉬어도 누가 뭐라 하지 않는 회사가 좋다.
- 야근이나 휴일에 절대로 일시키지 않는 회사가 좋은 회사다.
- 휴일은 당연히 쉬게 하고 월차도 쉬게 하는 회사가 좋다.

부모님들이 생각하는 좋은 회사는 어떤 회사인가요?

돈 많이 주고, 일은 조금하고, 인간적인 대접도 받아가면서, 복리후생까지 잘 갖춰진, 매달 야외로 나들이 다닐 수 있는 회사가 좋은가요?

꼬집어서 정답을 말하기에는 견해 차이가 있어서 결론내리기는 쉽지 않은 듯합니다.

◉ 회사의 역할

회사는 아이들이 사회생활을 시작하면서 한 조직의 구성원으로 참여시켜 사회생활을 할 수 있는 기회를 제공합니다.

구성원들이 모여서 어떤 목적을 향해 가느냐에 따라서 회사의 역할이 정해집니다.

건설회사는 집을 지었고, 다리를 놓았으며, 도로를 만들어 사회에 기여하고, 식음료 회사는 음식과 음료를 만들어 사람들의 삶에 에너지를 제공하고, 정유 회사는 기름을 제공해서 산업 기계를 돌리게 하고, 자동차를 움직이게 하고, 집집마다 온기를 제공해 줍니다. 항공사는 고객을 태우고 신속하게 이동시켜주는 역할을 합니다.

이처럼 회사는 서로가 추구하는 목적이 있고, 같은 목적을 추구하는 기업끼리 하나의 산업을 이루고 경쟁을 하면서 성장해 갑니다.

시장경쟁에서 명확한 비전을 제시하고 정도경영을 실천해 가는 회사의 일원으로 일하면서 사회적 책임을 다하고 사람들의 생활에 윤택한 편의를 제공하는 기업이 좋은 기업이라 생각합니다.

우리 아이들이 선택하는 기업이 회사의 이익만 생각하는 기업이 아니라, 사람들의 풍요로운 삶을 위해 헌신적인 노력과 사회적 책임을 다하는 기업이었으면 좋겠습니다.

◉ 회사란 곳의 의미

회사는 조직원들에게 급여를 제공함으로써 풍요로운 삶을 살아가는데 필요한 경제적 문제해결의 도움을 줍니다.

급여를 많이 주고, 적게 주는 것은 사실 중요하지 않습니다.

적게 받으면 적게 쓰면 됩니다.

직장생활을 하면서 큰돈을 모으는 사람은 많지 않습니다.

가정을 꾸리고, 아이들이 커가고, 상급학교로 진학을 하면서 그만큼 돈이 들어가기 때문에 실제로 가계부의 잔고는 늘 비슷했던 것 같습니다.

회사에는 봉급쟁이는 많은데 일쟁이는 많지 않습니다. 쟁이란 말은 장인이나 전문가란 말로 대신할 수 있습니다. 봉급쟁이보다는 일쟁이가 되어야 합니다.

일쟁이는 어떤 환경이 오더라도 살아남고 성장할 수 있습니다.

분명한 것은 일자리는 계속해서 줄어들 것이고, 조직은 슬림화되고, 전문가만이 남게 될 것입니다.

회사에서 받는 급여만큼 일하겠다는 사람들이 많습니다. 미래 비전이 보이지 않는 사람들입니다.

아이들이 선호하는 회사들을 보면 이미 시장에서 자리를 잡았고, 남들에게 회사 이름만 말해도 알 수 있는 회사들만 선호합니다. 그것은 급여를 안정적으로 받을 수 있다는 생각과 회사 이름을 공유하면 본인의 가치가 높아진다는 사실을 함께 공유하고 싶기 때문입니다.

회사에 대한 의미를 새롭게 정립시키기 위해 두 가지만 말해보겠습니다.

첫째는 '전문성을 배울 수 있는 기회의 장으로 생각하라'입니다.

● 미래 기업의 구조는 어떻게 변할까?

- 지금처럼 회사가 모든 것을 소유하고 제공하면서 직원들을 채용해서 일을 할까?
- 내 책상이 있어야 하고, 아침에 당연히 출근해야 하고, 회사가 일하는 컴퓨터를 사줄까?
- 상사가 일을 지시하는 지금의 라인구조는 존속될까?

둘째는 '도전정신과 열정으로 창조적인 발상을 하라'입니다.

준비된 사람은 기회를 발견할 수 있으며, 그 기회를 잡을 수 있습니다. 위기 속에 기회가 있다는 말도 합니다.

남들과 다른 가치를 지닌 사람만이 위기 속의 기회를 잡을 수 있습니다.

휴학, 편입하려는데 어떨까요?

특별한 경험을 위해 필요하다면 권하고 싶습니다.

하지만 남들이 다 하는 휴학이라고 맹목적인 휴학을 생각하는 것은 시간의 낭비로 이어질 가능성이 큽니다.

⊙ 휴학
직무 체험을 위해 휴학하라

스펙을 더 쌓기 위해 휴학하는 학생을 많이 봐 왔습니다.

물론 토익점수를 높이고 영어실력이 향상된 학생들도 있지만, 한두 달 지난 뒤에 후회하는 학생들도 많이 있었습니다.

목표가 명확하지 않았기 때문에 실패했다고 봅니다. 스펙을 높이기 위해 휴학을 한다면 말리고 싶습니다.

이유는 두 가지인데, 하나는 스펙이 취업하는데 그렇게 중요하지 않기 때문이고, 다른 하나는 휴학을 할 용단을 내릴 용기라면 학교 다니면서도 충분히 할 수 있기 때문입니다.

⦿ 편입
1군 대학으로 갈 수 있으면 하라

기업은 명문대학을 졸업한 사람이 필요한 것은 아닙니다.

머리가 좋은 사람만 필요한 것도 아닙니다.

다양한 부서에 적합한 성향을 지닌 인재가 필요합니다.

명문대와 높은 성적보다 우선하는 것이 '유연하고 부드러운 적합한 인재'라고 생각됩니다. 조직원들과 잘 어울릴 수 있고, 시켜서 일하기보다는 자발적으로 일할 수 있고, 성실한 자세를 가진 인재를 기업은 원하고 있습니다.

1군 대학을 졸업한 인재만을 채용하는 기업은 없습니다.

지금 있는 학교에서 기업이 원하는 역량을 갖추고, 지원할 회사의 갈증요인을 발견하고 대안을 연구하는 것이 더 좋은 결과를 얻게 될 것이라 확신합니다.

입사해서 회사 생활을 하다가 더 공부해야겠다는 생각이 들면 그때 명문대학원으로 진학하면 됩니다. 석사를 시작했으면 박사까지 공부하는 것이 좋습니다. 석사학위를 활용하거나 인정하는 기업은 없습니다. 박사까지 공부해 두면 선택의 폭이 넓어지고 지금보다 더 좋은 여건을 만들 수 있을 것입니다.

어쩌면 직장경력 10년 이상에 박사 학위를 갖게 되면 대학 강단에 서서 강의할 수 있는 교수가 될 수 있습니다. 공부만 잘한 사람을 교수로 임용하던 시절은 지났습니다. 이제는 직장경험과 학위를 갖춘 사람이 교수임용에 유리합니다.

휴학이나 편입할 목적이 분명하지 않으면 함부로 속단하지 마시고, 그만한 용기로 현재 위치에서 더 열심히 노력할 것을 권합니다.

5학년으로 학교에 남는 것은 어떨까요?
경력자들과 경쟁하는 취업시장

졸업을 유예시켜가면서 학생의 신분으로 남으려는 학생들이 늘고 있습니다. 이런 학생들을 5학년이라 칭합니다.

기업과 취업시장을 이해하면 이 문제가 해결됩니다.

기업의 채용 프로세스는 다음과 같습니다.

팀 내 인원충원 협의 ⇒ 충원인력의 업무사이즈 결정 ⇒ 충원인력의 업무역량 결정 ⇒ 충원요청서 작성 ⇒ 인사팀 제출 ⇒ 채용공고 ⇒ 충원요청에 적합한 인재 선발 ⇒ 충원요청팀에 지원자 서류 제공 ⇒ 충원요청팀 서류 검토 및 면접 대상자 선정 후 인사팀 제출 ⇒ 인사팀 면접자 통보 ⇒ 실무자(팀장)면접 ⇒ 임원면접 ⇒ 최종합격자 통보

‖ 충원요청팀 내 협의사항
인력충원이 필요한 팀은 팀 내부적으로 팀원들과 인력충원에

대한 협의를 합니다. 협의내용은 채용기준을 정하는 것인데 다음과 같은 내용입니다.

채용인원, 학벌, 자격증, 직무적합성, 신입사원이 맡을 업무사이즈, 기타 부가적으로 필요한 역량 등입니다.

‖ 팀원들이 요구하는 인재

함께 일할 새로운 후배를 선택하는 선배들 입장에서 팀장에게 요구하는 내용은 다음과 같이 2가지로 압축할 수 있습니다.

① 맡을 업무사이즈를 수행할 수 있는 인재

입사하는 후배 사원이 맡을 업무사이즈에 대해 입사와 동시에 할 줄 아는 인재를 팀장에게 건의합니다.

팀원들은 각자의 업무사이즈를 가지고 있습니다. 본인에게 맡겨진 업무는 본인이 해결해야 합니다. 다른 사람이 도와주지 않습니다.

신입사원으로 입사하는 후배가 업무수행이 어렵다면 선배들이 붙어서 가르쳐야 합니다. 이럴 경우 사람이 붙어야 하고, 이것은 곧 회사의 손실로 간주됩니다.

요즘 기업은 팀제로 자금을 운영하기도 합니다.

팀에 예산이 집행되고 집행된 범위에서 예산을 운영하는 것인데, 조직원들의 급여를 지급하는 것도 예산 운영의 하나입니다.

한 사람을 채용하면 그만큼 예산을 쓰게 되고, 한 사람 몫의 성과를 더 벌어들여야 합니다. 그렇지 못할 경우 결산 평가에 좋은 성과를 내지 못하고, 성과에 따라 받기로 한 성과급도 줄어들거나 받지 못할 경우가 생깁니다.

따라서 인력풀 시장에서 팀 내에서 요구하는 업무역량을 지닌 인재를 선택하는 것이 회사가 해야 할 일이며, 5학년으로 남아 있었던 것과는 아무런 상관이 없습니다.

② 함께 일하는데 적합한 인재

팀원들은 같은 고민을 하고, 함께 많은 시간을 보냅니다.

그런 과정들을 반복하면서 팀 내에는 보이지 않는 문화가 만들어 집니다.

하나의 예로 밤늦게까지 토론하고 산출물을 만드는 홍보팀을 연상해 보겠습니다.

홍보팀에 적합한 인재는 어떤 인재일까요?

우선 늦은 밤까지 토론을 하려면 체력이 좋아야 하고, 밤에 일하는 습관이 있어야 하고, 토론을 위한 듣고 말하는 기술이 있어야 하고, 밤 시간 일을 즐길 줄 아는 긍정적인 마인드도 필요하고, 홍보를 하기 위한 다양한 경험과 아이디어가 있어야 합니다.

이러한 성향을 지닌 인재가 홍보팀에 적합한 인재인 것입니다.

반면에 체력도 약하고, 시간에 구애받지 않고 일하는 것을 즐기지 않고, 자기주장이 강해서 남들과 토론하기 어렵고, 퇴근시간 이후에 일하는 것을 싫어하고, 기존의 방식만을 고집하는 스타일이라면 홍보팀에서 일하기 부적합한 인재입니다.

팀원들과 성격도 비슷해서 잘 어울리는 사람을 좋아합니다.

팀 분위기를 깰 수 있거나, 원칙과 규정을 앞세워 이기적인 생각과 융통성이 부족하다면 함께 일하기 곤란합니다.

자기 자랑을 너무 하는 사람도 싫어합니다.

말이 많은 사람도 싫어합니다.

표정이 어둡거나, 날카로운 사람도 싫어합니다.

편한 미소와 긍정적인 답변, 자연스런 태도를 지닌 유연하고 부드러운 인재를 선호합니다.

스펙보다 더 중요한 것이 업무수행력이고 직무적합성입니다.

학교 밖으로 나가서 세상 경험을 하면서 기업이 무엇을 원하는지 직접 체험해 보시길 바랍니다.

어학연수 필수인가요?
가산점을 받지만 필수는 아닙니다

같은 조건이라면 어학연수를 다녀온 사람을 채용할지도 모릅니다. 그러나 어학연수가 채용에 필수요건은 절대 아닙니다.

기업에 따라 다소 차이는 있지만 우대하는 요건은 맞습니다.

어학실력을 필요로 하는 부서가 있는가 하면 전혀 사용하지도 않는 부서나 회사도 있습니다.

K은행에 근무하고 있는 제자의 말을 빌리면, 은행에 입사하기 위해 토익점수 930점대를 취득했으며, 캐나다 어학연수도 일 년간 다녀왔지만 K은행에 입사해서 5년 근무하는 동안 단 한 번도 영어를 사용해본 적이 없다고 합니다. 사용도 하지 않는 영어성적을 왜 그렇게 보는 걸까요?

소위 아이들이 입사하고 싶은 회사들은 너무 많은 지원자들이 몰립니다.

서류를 일일이 확인하기에는 역부족이기 때문에 적당한 수준의 학점과 토익점수, 스피킹 레벨을 커트라인으로 정해놓고 1차 서류를 거르는 작업을 합니다. 기업별로 정해둔 커트라인에 해당되지 않는 사람에게는 어학연수가 아무런 의미가 없습니다.

어학연수를 생각할 때 다음 두 가지를 염두에 두었으면 좋겠습니다.

하나는 글로벌 시대에 최소한 외국어 하나 정도는 할 수 있어야 일하기 수월하다는 사실입니다.

영어가 아니라도 좋습니다. 중국은 이미 한국과 일본을 제치고 세계 2위로 부상해 있습니다. 우리나라가 가장 많은 수출을 하는 나라이기도 합니다. 한국기업의 성장 키워드도 중국이 쥐고 있을지도 모릅니다.

따라서 중국어를 할 줄 아는 것은 큰 경쟁력을 갖는 것입니다. 중국에 있는 한국기업에 입사하려면 영어는 필수이며, 중국어를 할 수 있어야 합니다.

BRIC'S(브릭스 : 브라질, 러시아, 인도, 중국)를 중심으로 세상 판세가 짜지고 있는 듯합니다. 이들 나라는 수요창출이 가능해서 선재 공격의 대상이 되고 있습니다.

러시아어를 공부하는 것도 좋습니다.

스페인어도 필요한 때입니다.

인도는 1.5천만 명이 영어를 구사하고 있습니다.

글로벌 시대를 대비해서 영어와 또 다른 하나의 언어정도 능숙

하다면 경쟁력이 있는 인재가 될 수 있습니다.

다른 하나는 면접을 대비해서라도 어학실력을 갖춰야 한다는 점입니다.

예전에는 일반 생활영어, 1분 가량의 자기 PR 정도만 준비해도 면접을 무사히 통과했었지만 최근에 와서는 지원분야의 전문성까지 유창하게 영어로 말할 수 있어야 합니다.

어학연수를 다녀오지 않아서 채용에 탈락한 것 같다는 학생을 만난 적이 있습니다.

반면 외국을 한 번도 나간 적이 없고 집에서 혼자 독학해서 인천국제공항 아나운서에 합격한 학생도 본적이 있습니다.

유창한 어학실력이 꼭 필요한 부서도 있겠지만 대부분은 그렇지 않습니다. 어학공부도 거창한 목표나 취업을 위해 한정짓지 않았으면 좋겠습니다.

배낭하나 메고 홀로 세상의 오지를 돌면서 즐길 수 있는 정도면 충분하지 않겠습니까?

역량과 가치를 명쾌하게 전달하라

100년 동안 이어져온 취업 방법이 바뀌고 있습니다.
스펙과 학교레벨을 쓰지 않는 기업이 늘고 있습니다.
취업하는 방법을 바꿔야 합니다.
시냇가에 피라미들처럼 전국에 학생들이 몰려다닙니다.
이렇게 해서는 취업하기 힘듭니다.

특별한 취업 방법을 제안하고 있습니다.

스펙(학점. 토익점수)만 높이려고
도서실에서 죽도록 영어공부만 하는 학생은 백수 됩니다.
학교 밖으로 나가서 경험을 하면서 아이디어를 만들어 내야 합니다.
SKY 학생들처럼 되려고 하지 말고, 지원회사에 도움이 될 수 있는
아이디어를 제공해야 성공합니다.

일자리는 급감하고 있습니다.
오리처럼 적당히 수영하고, 적당히 걷기도 하고, 적당히 날아서는 안됩니다.
한 분야에서 탁월한 역량을 지녀야 성공합니다.

본서를 통하여 역량과 가치가 무엇인지 이해하시고
학생들이 만들어 놓은 변명에 빠져서 허우적 되지 말고
많은 경험을 하고,
여러분의 잠재력을 따라 진로를 선택하시기 바랍니다.

가림출판사 · 가림 M & B · 가림 Let's에서 나온 책들

건강도 키우고 성적도 올리는 자녀 건강
김진돈 지음 | 신국판 | 304쪽 | 12,000원
알기 쉬운 간질환 119
이관식 지음 | 신국판 | 264쪽 | 11,000원
밥으로 병을 고친다
허봉수 지음 | 대국전판 | 352쪽 | 13,500원
알기 쉬운 신장병 119
김형규 지음 | 신국판 | 240쪽 | 10,000원
마음의 감기 치료법 우울증 119
이민수 지음 | 대국전판 | 232쪽 | 9,800원
관절염 119
송영욱 지음 | 대국전판 | 224쪽 | 9,800원
내 딸을 위한 미성년 클리닉
강병문 · 이향아 · 최정원 지음 | 국판
148쪽 | 8,000원
암을 다스리는 기적의 치유법
케이 세이헤이 감수 | 카와키 나리카즈 지음
민병수 옮김 | 신국판 | 256쪽 | 9,000원
스트레스 다스리기 대한불안장애학회
스트레스관리연구특별위원회 지음
신국판 | 296쪽 | 12,000원
천연 식초 건강법
건강식품연구회 엮음
신재용(해성한의원 원장) 감수
신국판 | 252쪽 | 9,000원
암에 대한 모든 것
서울아산병원 암센터 지음
신국판 | 360쪽 | 13,000원
알록달록 컬러 다이어트
이승남 지음 | 국판 | 248쪽 | 10,000원
불임부부의 희망 당신도 부모가 될 수 있다
정병준 지음 | 신국판 | 268쪽 | 9,500원
키 10cm 더 크는 키네스 성장법
김양수 · 이종균 · 최형규 · 표재환 · 김문희 지음
대국전판 | 312쪽 | 12,000원
당뇨병 백과
이현철 · 송영득 · 안철우 지음
4×6배판 변형 | 396쪽 | 16,000원
호흡기 클리닉 119
박성학 지음 | 신국판 | 256쪽 | 10,000원
키 쑥쑥 크는 롱다리 만들기
롱다리 성장클리닉 원장단 지음
대국전판 | 256쪽 | 11,000원
내 몸을 살리는 건강식품
백은희 지음 | 신국판 | 384쪽 | 12,000원
내 몸에 맞는 운동과 건강
하철수 지음 | 신국판 | 264쪽 | 11,000원
알기 쉬운 척추 질환 119
김수연 지음 | 신국판 변형 | 240쪽 | 11,000원
베스트 닥터 박승정 교수팀의
심장병 예방과 치료
박승정 외 5인 지음 | 신국판 | 264쪽 | 10,500원
암 전이 재발을 막아주는 한방 신치료 전략
조종관 · 유화승 지음 | 신국판 | 308쪽 |
12,000원
식탁 위의 위대한 혁명 사계절 웰빙 식품
김진돈 지음 | 신국판 | 284쪽 | 12,000원
우리 가족 건강을 위한 신종플루 대처법
우준희 · 김태형 · 정진원 지음
신국판 변형 | 172쪽 | 8,500원
스트레스가 내 몸을 살린다
대한불안의학회 스트레스관리특별위원회 지음
신국판 | 296쪽 | 13,000원
수술하지 않고도 나도 예뻐질 수 있다
김경모 지음 | 신국판 | 144쪽 | 9,000원

심장병 119
서울아산병원 심장병원 박승정 박사 지음
신국판 | 292쪽 | 13,000원

교 육

우리 교육의 창조적 백색혁명
원상기 지음 | 신국판 | 206쪽 | 6,000원
현대생활과 체육
조창남 외 5명 공저 | 신국판 | 340쪽 | 10,000원
퍼펙트 MBA
IAE유학네트 지음 | 신국판 | 400쪽 | 12,000원
유학길라잡이 I - 미국편
IAE유학네트 지음 | 4×6배판 | 372쪽 | 13,900원
유학길라잡이 II - 4개국편
IAE유학네트 지음 | 4×6배판 | 348쪽 | 13,900원
조기유학길라잡이.com
IAE유학네트 지음 | 4×6배판 | 428쪽 | 15,000원
현대인의 건강생활
박상호 외 5명 공저 | 4×6배판 | 268쪽 | 15,000원
천재아이로 키우는 두뇌훈련
나카마츠 요시로 지음 | 민병수 옮김
국판 | 288쪽 | 9,500원
두뇌혁명
나카마츠 요시로 지음 | 민병수 옮김
4×6판 양장본 | 288쪽 | 12,000원
테마별 고사성어로 익히는 한자
김경익 지음 | 4×6배판 변형 | 248쪽 | 9,800원
生生공부비법
이은승 지음 | 대국전판 | 272쪽 | 9,500원
자녀를 성공시키는 습관만들기
배은경 지음 | 대국전판 | 232쪽 | 9,500원
한자능력검정시험 1급
한자능력검정시험연구위원회 편저
4×6배판 | 568쪽 | 21,000원
한자능력검정시험 2급
한자능력검정시험연구위원회 편저
4×6배판 | 472쪽 | 18,000원
한자능력검정시험 3급(3급II)
한자능력검정시험연구위원회 편저
4×6배판 | 440쪽 | 17,000원
한자능력검정시험 4급(4급II)
한자능력검정시험연구위원회 편저
4×6배판 | 352쪽 | 15,000원
한자능력검정시험 5급
한자능력검정시험연구위원회 편저
4×6배판 | 264쪽 | 11,000원
한자능력검정시험 6급
한자능력검정시험연구위원회 편저
4×6배판 | 168쪽 | 8,500원
한자능력검정시험 7급
한자능력검정시험연구위원회 편저
4×6배판 | 152쪽 | 7,000원
한자능력검정시험 8급
한자능력검정시험연구위원회 편저
4×6배판 | 112쪽 | 6,000원
볼링의 이론과 실기
이택상 지음 | 신국판 | 192쪽 | 9,000원
고사성어로 끝내는 천자문
조준상 글 · 그림 | 4×6배판 | 216쪽 | 12,000원
내 아이 스타 만들기
김민성 지음 | 신국판 | 200쪽 | 9,000원
교육 1번지 강남 엄마들의 수험생 자녀 관리
황송주 지음 | 신국판 | 288쪽 | 9,500원

초등학생이 꼭 알아야 할 위대한 역사 상식
우진영 · 이양경 지음 | 4×6배판변형
228쪽 | 9,500원
초등학생이 꼭 알아야 할 행복한 경제 상식
우진영 · 전선심 지음 | 4×6배판변형
224쪽 | 9,500원
초등학생이 꼭 알아야 할 재미있는 과학상식
우진영 · 정경희 지음 | 4×6배판변형
220쪽 | 9,500원
한자능력검정시험 3급 · 3급II
한자능력검정시험연구위원회 편저
4×6판 | 380쪽 | 7,500원
교과서 속에 꼭꼭 숨어있는 이색박물관 체험
이신화 지음 | 대국전판 | 248쪽 | 12,000원
초등학생 독서 논술(저학년)
책마루 독서교육연구회 지음 | 4×6배판 변형
244쪽 | 14,000원
초등학생 독서 논술(고학년)
책마루 독서교육연구회 지음 | 4×6배판 변형
236쪽 | 14,000원
놀면서 배우는 경제
김솔 지음 | 대국전판 | 196쪽 | 10,000원
건강생활과 레저스포츠 즐기기
강선희 외 11명 공저 | 4×6배판 | 324쪽 | 18,000원
아이의 미래를 바꿔주는 좋은 습관
배은경 지음 | 신국판 | 216쪽 | 9,500원
다중지능 아이의 미래를 바꾼다
이소영 외 6인 지음 | 신국판 | 232쪽 | 11,000원
체육학 자연과학 및 사회과학 분야의 석 ·
박사 학위 논문, 학술진흥재단
등재지, 등재후보지와 관련된 학회지 논문
작성법
하철수 · 김봉경 지음 | 신국판 | 336쪽 | 15,000원
공부가 제일 쉬운 공부 달인 되기
이은승 지음 | 신국판 | 256쪽 | 10,000원
글로벌 리더가 되려면 영어부터 정복하라
서재희 지음 | 신국판 | 276쪽 | 11,500원
중국현대30년사
정재일 지음 | 신국판 | 364쪽 | 20,000원
생활호신술 및 성폭력의 유형과 예방
신현무 지음 | 신국판 | 228쪽 | 13,000원
글로벌 리더가 되는 최강 속독법
권혁천 지음 | 신국판 변형 | 336쪽 | 15,000원
디지털 시대의 여가 및 레크리에이션
박세혁 지음 | 4×6배판 양장 | 404쪽 | 30,000원

취미 · 실용

김진국과 같이 배우는 와인의 세계
김진국 지음 | 국배판 변형양장본(올 컬러판)
208쪽 | 30,000원
배스낚시 테크닉
이종건 지음 | 4×6배판 | 440쪽 | 20,000원
나도 디지털 전문가 될 수 있다
이승훈 지음 | 4×6배판 | 320쪽 | 19,200원
건강하고 아름다운 동양란 기르기
난마을 지음 | 4×6배판 변형 | 184쪽 | 12,000원
애완견114
황양원 엮음 | 4×6배판 변형 | 228쪽 | 13,000원

하락이수 해설
이천교 편저 | 신국판 | 620쪽 | 27,000원
현대인의 창조적 관상과 수상
백운산 지음 | 신국판 | 344쪽 | 9,000원
대운용신영부적
정재원 지음 | 신국판 양장본 | 750쪽 | 39,000원
사주비결활용법
이세진 지음 | 신국판 | 392쪽 | 12,000원
컴퓨터세대를 위한 新 성명학대전
박용찬 지음 | 신국판 | 388쪽 | 11,000원
길흉화복 꿈풀이 비법
백운산 지음 | 신국판 | 410쪽 | 12,000원
새천년 작명컨설팅
정재원 지음 | 신국판 | 492쪽 | 13,900원
백운산의 신세대 궁합
백운산 지음 | 신국판 | 304쪽 | 9,500원
동자삼 작명학
남시모 지음 | 신국판 | 496쪽 | 15,000원
소울음소리
이건우 지음 | 신국판 | 314쪽 | 10,000원
알기 쉬운 명리학 총론
고순택 지음 | 신국판 양장본 | 652쪽 | 35,000원
대운명
정재원 지음 | 신국판 | 708쪽 | 23,200원

법률일반

여성을 위한 성범죄 법률상식
조명원(변호사) 지음 | 신국판 | 248쪽 | 8,000원
아파트 난방비 75% 절감방법
고영근 지음 | 신국판 | 238쪽 | 8,000원
일반인이 꼭 알아야 할 절세전략 173선
최성호(공인회계사) 지음 | 신국판
392쪽 | 12,000원
변호사와 함께하는 부동산 경매
최환주(변호사) 지음 | 신국판 | 404쪽 | 13,000원
혼자서 쉽고 빠르게 할 수 있는 소액재판
김재용 · 김종철 공저 | 신국판 | 312쪽 |
9,500원
술 한 잔 사겠다는 말에서 찾아보는 채권 · 채무
변환철(변호사) 지음 | 신국판 | 408쪽 | 13,000원
알기쉬운 부동산 세무 길라잡이
이건우(세무서 재산계장) 지음 | 신국판
400쪽 | 13,000원
알기쉬운 어음, 수표 길라잡이
변환철(변호사) 지음 | 신국판 | 328쪽 | 11,000원
제조물책임법
강동근(변호사) · 윤종성(검사) 공저
신국판 | 368쪽 | 13,000원
알기 쉬운 주5일근무에 따른 임금 · 연봉제 실무
문강분(공인노무사) 지음 | 4×6배판 변형
544쪽 | 35,000원
변호사 없이 당당히 이길 수 있는 형사소송
김대환 지음 | 신국판 | 304쪽 | 13,000원

변호사 없이 당당히 이길 수 있는 민사소송
김대환 지음 | 신국판 | 412쪽 | 14,500원
혼자서 해결할 수 있는 교통사고 Q&A
조명원(변호사) 지음 | 신국판 | 336쪽 |
12,000원

알기 쉬운 개인회생 · 파산 신청법
최재구(법무사) 지음 | 신국판 | 352쪽 |
13,000원
부동산 조세론
정태식 · 김예기 지음 | 4×6배판 변형
408쪽 | 33,000원

생활법률

부동산 생활법률의 기본지식
대한법률연구회 지음 | 김원중(변호사) 감수
신국판 | 480쪽 | 12,000원
고소장 · 내용증명 생활법률의 기본지식
하태웅(변호사) 지음 | 신국판 | 440쪽 |
12,000원
노동 관련 생활법률의 기본지식
남동희(공인노무사) 지음
신국판 | 528쪽 | 14,000원
외국인 근로자 생활법률의 기본지식
남동희(공인노무사) 지음
신국판 | 400쪽 | 12,000원
계약작성 생활법률의 기본지식
이상도(변호사) 지음 | 신국판 | 560쪽 | 14,500원
지적재산 생활법률의 기본지식
이상도(변호사) · 조의제(변리사) 공저
신국판 | 496쪽 | 14,000원
부당노동행위와 부당해고 생활법률의 기본지식
박영수(공인노무사) 지음 | 신국판
432쪽 | 14,000원
주택 · 상가임대차 생활법률의 기본지식
김운용(변호사) 지음 | 신국판 | 480쪽 | 14,000원
하도급거래 생활법률의 기본지식
김진흥(변호사) 지음 | 신국판 | 440쪽 | 14,000원
이혼소송과 재산분할 생활법률의 기본지식
박동섭(변호사) 지음 | 신국판 | 460쪽 | 14,000원
부동산등기 생활법률의 기본지식
정상태(법무사) 지음 | 신국판 | 456쪽 | 14,000원
기업경영 생활법률의 기본지식
안동섭(단국대 교수) 지음 | 신국판
466쪽 | 14,000원
교통사고 생활법률의 기본지식
박정무(변호사) · 전병찬 공저 | 신국판
480쪽 | 14,000원
소송서식 생활법률의 기본지식
김대환 지음 | 신국판 | 480쪽 | 14,000원
호적 · 가사소송 생활법률의 기본지식
정주수(법무사) 지음 | 신국판 | 516쪽 | 14,000원
상속과 세금 생활법률의 기본지식
박동섭(변호사) 지음 | 신국판 | 480쪽 | 14,000원
담보 · 보증 생활법률의 기본지식
류창호(법학박사) 지음 | 신국판 | 436쪽 | 14,000원
소비자보호 생활법률의 기본지식
김성천(법학박사) 지음 | 신국판 | 504쪽 | 15,000원
판결 · 공정증서 생활법률의 기본지식
정상태(법무사) 지음 | 신국판 | 312쪽 | 13,000원
산업재해보상보험 생활법률의 기본지식
정유석(공인노무사) 지음 | 신국판 384쪽 |
14,000원

명 상

명상으로 얻는 깨달음
달라이 라마 지음 | 지창영 옮김
국판 | 320쪽 | 9,000원

처 세

성공적인 삶을 추구하는 여성들에게 우먼파워
조안 커너 · 모이라 레너어 공저 | 지창영 옮김
신국판 | 352쪽 | 8,800원
聽 이익이 되는 말 돈이 손해가 되는 말
우메시마 미요 지음 | 정성호 옮김
신국판 | 304쪽 | 9,000원
성공하는 사람들의 화술테크닉
민영욱 지음 | 신국판 | 320쪽 | 9,500원
부자들의 생활습관 가난한 사람들의 생활습관
다케우치 야스오 지음 | 홍영의 옮김
신국판 | 320쪽 | 9,800원
코끼리 귀를 당긴 원숭이-히딩크식 창의력을 배우자
강충인 지음 | 신국판 | 208쪽 | 8,500원
성공하려면 유머와 위트로 무장하라
민영욱 지음 | 신국판 | 292쪽 | 9,500원
등소평의 오뚝이전략
조창남 편저 | 신국판 | 304쪽 | 9,500원
노무현 화술과 화법을 통한 이미지 변화
이현정 지음 신국판 | 320쪽 | 10,000원
성공하는 사람들의 토론의 법칙
민영욱 지음 | 신국판 | 280쪽 | 9,500원
사람은 칭찬을 먹고산다
민영욱 지음 | 신국판 | 268쪽 | 9,500원
사과의 기술
김농주 지음 | 국판변형 양장본 | 200쪽 | 10,000원
취업 경쟁력을 높여라
김농주 지음 | 신국판 | 280쪽 | 12,000원
유비쿼터스시대의 블루오션 전략
최양진 지음 | 신국판 | 248쪽 | 10,000원
나만의 블루오션 전략 - 화술편
민영욱 지음 | 신국판 | 254쪽 | 10,000원
희망의 씨앗을 뿌리는 20대를 위하여
우광균 지음 | 신국판 | 172쪽 | 8,000원
끌리는 사람이 되기위한 이미지 컨설팅
홍순아 지음 | 신국판변형 | 194쪽 | 10,000원
글로벌 리더의 소통을 위한 스피치
민영욱 지음 | 신국판 | 328쪽 | 10,000원
오바마처럼 꿈에 미쳐라
정영순 지음 | 신국판 | 208쪽 | 9,500원
여자 30대, 내 생애 최고의 인생을 만들어라
정영순 지음 | 신국판 | 280쪽 | 12,000원
인맥의 달인을 넘어 인맥의 神이 되라
서필환 · 봉은희 지음 | 신국판 | 304쪽 | 12,000원
아임 파인(I'm Fine!)
오오카와 큐우호우 지음 | 4×6판 | 152쪽 |
8,000원
미셸 오바마처럼 사랑하고 성공하라
정영순 지음 | 신국판 | 224쪽 | 10,000원
용기의 법
오오카와류우호오지음 | 국판 | 208쪽 | 10,000원
긍정의 신
김태광 지음 | 신국판 변형 | 230쪽 | 9,500원

위대한 결단
이채윤 지음 | 신국판 | 316쪽 | 15,000원
한국을 일으킬 비전 리더십
안의정 지음 | 신국판 | 340쪽 | 14,000원
하우 어바웃 유?
오오카와 류우호오 지음 | 신국판 변형
140쪽 | 9,000원
셀프 리더십의 긍정적 힘
배은경 지음 | 신국판 | 178쪽 | 12,000원
실천하라 정주영처럼
이채윤 지음 | 신국판 | 300쪽 | 12,000원
진실에 대한 깨달음
오오카와 류우호오 지음 | 신국판 변형
170쪽 | 9,500원
통하는 화술
민영욱 · 조영관 · 손이수 지음 | 신국판
264쪽 | 12,000원
마흔, 마음샘에서 찾은 논어
이이영 지음 | 신국판 | 294쪽 | 12,000원
겨자씨만한 역사, 세상을 열다
이이영 · 손완주 지음 | 신국판 | 304쪽 | 12,000원

어 학

2진법 영어
이상도 지음 | 4×6배판 변형 | 328쪽 | 13,000원
한 방으로 끝내는 영어
고제윤 지음 | 신국판 | 316쪽 | 9,800원
한 방으로 끝내는 영단어
김승엽 지음 | 김수경 · 카렌다 감수
4×6배판 변형 | 236쪽 | 9,800원
해도해도 안 되던 영어회화 하루에 30분씩
90일이면 끝낸다
Carrot Korea 편집부 지음 | 4×6배판 변형
260쪽 | 11,000원
바로 활용할 수 있는 기초생활영어
김수경 지음 | 신국판 | 240쪽 | 10,000원
바로 활용할 수 있는 비즈니스영어
김수경 지음 | 신국판 | 252쪽 | 10,000원
생존영어55
홍일록 지음 | 신국판 | 224쪽 | 8,500원
필수 여행영어회화
한현숙 지음 | 4×6판 변형 | 328쪽 | 7,000원
필수 여행일어회화
윤영자 지음 | 4×6판 변형 | 264쪽 | 6,500원
필수 여행중국어회화
이은진 지음 | 4×6판 변형 | 256쪽 | 7,000원
영어로 배우는 중국어
김승엽 지음 | 신국판 | 216쪽 | 9,000원
필수 여행스페인어회화
유연창 지음 | 4×6판 변형 | 288쪽 | 7,000원
바로 활용할 수 있는 홈스테이 영어
김형주 지음 | 신국판 | 184쪽 | 9,000원
필수 여행러시아어회화
이은수 지음 | 4×6판 변형 | 248쪽 | 7,500원
바로 활용할 수 있는 홈스테이 영어
김형주 지음 | 신국판 | 184쪽 | 9,000원
필수 여행러시아어회화
이은수 지음 | 4×6판 변형 | 248쪽 | 7,500원
영어 먹는 고양이 1
권혁천 지음 | 4×6배판 변형(올컬러)
164쪽 | 9,500원
영어 먹는 고양이 2

권혁천 지음 | 4×6배판 변형(올컬러)
152쪽 | 9,500원

여 행

우리 땅 우리 문화가 살아 숨쉬는 옛터
이형권 지음 | 대국전판(올컬러)
208쪽 | 9,500원
아름다운 산사
이형권 지음 | 대국전판(올컬러) | 208쪽 | 9,500원
맛과 멋이 있는 낭만의 카페
박성찬 지음 | 대국전판(올컬러) | 168쪽 | 9,900원
한국의 숨어 있는 아름다운 풍경
이종원 지음 | 대국전판(올컬러) | 208쪽 | 9,900원
사람이 있고 자연이 있는 아름다운 명산
박기성 지음 | 대국전판(올컬러) | 176쪽 | 12,000원
마음의 고향을 찾아가는 여행 포구
김인자 지음 | 대국전판(올컬러) | 224쪽 |
14,000원
생명이 살아 숨쉬는 한국의 아름다운 강
민병준 지음 | 대국전판(올컬러) | 168쪽 | 12,000원
틈나는 대로 세계여행
김재관 지음 | 4×6배판 변형(올컬러)
368쪽 | 20,000원
풍경 속을 걷는 즐거움 명상 산책
김인자 지음 | 대국전판(올컬러) | 224쪽 | 14,000원
3.3.7 세계여행
김완수 지음 | 4×6배판 변형(올컬러)
280쪽 | 12,900원
법정 스님의 발자취가 남겨진
아름다운 산사
박성찬 · 최애정 · 이성준 지음
신국판 변형(올컬러) | 176쪽 | 12,000원
자유인 김완수의 세계 자연경관 후보지 21
곳 탐방과 세계 7대 자연경관 견문록
김완수 지음 | 4×6배판(올컬러) | 368쪽 | 27,000원

레포츠

수열이의 브라질 축구 탐방 삼바 축구, 그
들은 강하다
이수열 지음 | 신국판 | 280쪽 | 8,500원
마라톤, 그 아름다운 도전을 향하여
빌 로저스 · 프리실라 웰치 · 조 헨더슨 공저
오인환 감수 | 지찬영 옮김
4×6배판 | 320쪽 | 15,000원
인라인스케이팅 100%즐기기
임숙희 지음 | 4×6배판변형 | 172쪽 | 11,000원
스키 100% 즐기기
김동환 지음 | 4×6배판변형 | 184쪽 | 12,000원
태권도 총론
하웅의 지음 | 4×6배판 | 288쪽 | 15,000원
수영 100% 즐기기
김종만 지음 | 4×6배판 변형 | 248쪽 |
13,000원
건강을 위한 웰빙 걷기
이강옥 지음 | 대국전판 | 280쪽 | 10,000원
쉽고 즐겁게! 신나게! 배우는 재즈댄스
최재선 지음 | 4×6배판 변형 | 200쪽 |
12,000원
해양스포츠 카이트보딩
김남용 편저 | 신국판(올컬러) | 152쪽 |
18,000원

골 프

퍼팅 메커닉
이근택 지음 | 4×6배판변형 | 192쪽 | 18,000원
아마골프 가이드
정영호 지음 | 4×6배판변형 | 216쪽 | 12,000원
골프 100타 깨기
김준모 지음 | 4×6배판변형 | 136쪽 | 10,000원
골프 90타 깨기
김광섭 지음 | 4×6배판변형 | 148쪽 | 11,000원
KLPGA 최여진 프로의 센스 골프
최여진 지음 | 4×6배판 변형(올컬러)
192쪽 | 13,900원
KTPGA 김준모 프로의 파워 골프
김준모 지음 | 4×6배판 변형(올컬러)
192쪽 | 13,900원
골프 80타 깨기
오태훈 지음 | 4×6배판변형 | 132쪽 | 10,000원
신나는 골프 세상
유응열 지음 | 4×6배판 변형(올컬러)
232쪽 | 16,000원
이신 프로의 더 퍼펙트
이신 지음 | 국배판 변형 | 336쪽 | 28,000원
주니어출신 박영진 프로의 주니어골프
박영진 지음 | 4×6배판 변형(올컬러)
164쪽 | 11,000원
골프손자병법
유응열 지음 | 4×6배판 변형(올컬러)
212쪽 | 16,000원
박영진 프로의 주말 골퍼 100타 깨기
박영진 지음 | 4×6배판 변형(올컬러)
160쪽 | 12,000원
10타 줄여주는 클럽 피팅
현세용 · 서주석 공저 | 4×6배판 변형
184쪽 | 15,000원
단기간에 싱글이 될 수 있는 원포인트 레슨
권용진 · 김준모 지음 | 4×6배판 변형(올컬러)
152쪽 | 12,500원
이신 프로의 더 퍼펙트 쇼트 게임
이신 지음 | 국배판 변형(올컬러) | 248쪽 |
20,000원
인체에 가장 잘 맞는 스킨 골프
박길석 지음 | 국배판 변형 양장본(올컬러)
312쪽 | 43,000원

여성 · 실용

결혼준비, 이제 놀이가 된다
김창규 · 김수경 · 김정철 지음
4×6배판 변형(올컬러) | 230쪽 | 13,000원

아 동

꿈도둑의 비밀
이소영 지음 | 신국판 | 136쪽 | 7,500원
바리온의 빛나는 돌
이소영 지음 | 신국판 | 144쪽 | 8,000원

취업 공부를 멈춰야 성공한다

2015년 4월 15일 제1판 1쇄 발행

지은이 / 신정수
펴낸이 / 강선희
펴낸곳 / 가림출판사

등록 / 1992. 10. 6. 제 4-191호
주소 / 서울시 광진구 능동로 334 (중곡동) 경남빌딩 5층
대표전화 / 02)458-6451 팩스 / 02)458-6450
홈페이지 / www.galim.co.kr
전자우편 / galim@galim.co.kr

값 15,000원

ISBN 978-89-7895-388-7 13320